语言学及应用语言学名著译丛

社会与话语

社会语境如何影响文本与言谈

SOCIETY AND DISCOURSE
HOW SOCIAL CONTEXTS INFLUENCE TEXT AND TALK

[荷]特恩·A.范戴克 著

唐斌 付添爵 译

商务印书馆
创于1897 The Commercial Press

根据英国剑桥大学出版社 2009 年英文版译出

总　　序

商务印书馆出版的“汉译世界学术名著”丛书在国内外久享盛名，其中语言学著作已有 10 种。考虑到语言学名著翻译有很大提升空间，商务印书馆英语编辑室在社领导支持下，于 2017 年 2 月 14 日召开“语言学名著译丛”研讨会，引介国外语言学名著的想法当即受到与会专家和老师的热烈支持。经过一年多的积极筹备和周密组织，在各校专家和教师的大力配合下，第一批已立项选题三十余种，且部分译稿已完成。现正式定名为“语言学及应用语言学名著译丛”，明年起将陆续出书。在此，谨向商务印书馆和各位编译专家及教师表示衷心祝贺。

从这套丛书的命名“语言学及应用语言学名著译丛”，不难看出，这是一项工程浩大的项目。这不是由出版社引进国外语言学名著、在国内进行原样翻印，而是需要译者和编辑做大量的工作。作为译丛，它要求将每部名著逐字逐句精心翻译。书中除正文外，尚有前言、鸣谢、目录、注释、图表、索引等都需要翻译。译者不仅仅承担翻译工作，而且要完成撰写译者前言、编写译者脚注，有条件者还要联系国外原作者为中文版写序。此外，为了确保同一专门译名全书译法一致，译者应另行准备一个译名对照表，并记下其在书中出现时的页码，等等。

本译丛对国内读者，特别是语言学专业的学生、教师和研究者，以及与语言学相融合的其他学科的师生，具有极高的学术价值。第一批遴选的三十余部专著已包括理论与方法、语音与音系、词法与句法、语义与语用、教育与学习、认知与大脑、话语与社会七大板块。这些都是国内外语言学科当前研究的基本内容，它涉及理论语言学、应用语言学、语音学、音系学、词汇学、句法学、语义学、语用学、教育语言学、认知语言学、心理语言学、社会语言学、话语语言学等。

尽管我本人所知有限，对丛书中的不少作者，我的第一反应还是如雷贯耳，如 Noam Chomsky、Philip Lieberman、Diane Larsen-Freeman、Otto Jespersen、Geoffrey Leech、John Lyons、Jack C. Richards、Norman Fairclough、Teun A. van Dijk、Paul Grice、Jan Blommaert、Joan Bybee 等著名语言学家。我深信，当他们的著作翻译成汉语后，将大大推进国内语言学科的研究和教学，特别是帮助国内非英语的外语专业和汉语专业的研究者、教师和学生理解和掌握国外的先进理论和研究动向，启发和促进国内语言学研究，推动和加强中外语言学界的学术交流。

第一批名著的编译者大都是国内有关学科的专家或权威。就我所知，有的已在生成语言学、布拉格学派、语义学、语音学、语用学、社会语言学、教育语言学、语言史、语言与文化等领域取得重大成就。显然，也只有他们才能挑起这一重担，胜任如此繁重任务。我谨向他们致以出自内心的敬意。

这些名著的原版出版者，在国际上素享盛誉，如 Mouton de Gruyter、Springer、Routledge、John Benjamins 等。更有不少是著名大学的出版社，如剑桥大学出版社、哈佛大学出版社、牛津大学出版社、MIT 出版社等。商务印书馆能昂首挺胸，与这些出版社策划洽谈出版此套丛书，令人钦佩。

万事开头难。我相信商务印书馆会不忘初心，坚持把“语言学及应用语言学名著译丛”的出版事业进行下去。除上述内容外，会将选题逐步扩大至比较语言学、计算语言学、机器翻译、生态语言学、语言政策和语言战略、翻译理论，以至法律语言学、商务语言学、外交语言学，等等。我也相信，该“名著译丛”的内涵，将从“英译汉”扩展至“外译汉”。我更期待，译丛将进一步包括“汉译英”“汉译外”，真正实现语言学的中外交流，相互观察和学习。商务印书馆将永远走在出版界的前列！

胡壮麟

北京大学蓝旗营寓所

2018年9月

汉译版序

我的《社会与话语》(*Society and Discourse*)一书中文译本现在被列入语言学及应用语言学名著译丛出版，我深感荣幸。正如一些读者所知，该书与我的另一部专著《话语与语境》(*Discourse and Context*)是姊妹篇。这两本书一起提出了一个话语交际语境的多学科理论。与(社会)语言学、话语研究和人类学中的其他语境理论相比，这两本书不仅跨多个学科，还提出了非常具体的理论主张：交际情境是广泛社会政治情境的一部分，并不会直接影响话语，而是通过认知接口——**语境模型**(context model)——来影响话语。这并不是将社会条件简化为认知条件，而是建立一个与社会建构主义观念相一致的立场。这种观念在社会科学中也很普遍：社会结构可以通过人类的解读来影响自身，而语境模型正是这种解读的心理结果。对于认知科学家来说，这是不值一提的，而对于现象学社会科学家而言，这是可以理解的。但是对于(社会)语言学家和话语分析家来说，语境的定义并不太明确。自从德尔·海姆斯(Dell Hymes)在20世纪60年代和威廉·拉波夫(William Labov)在20世纪70年代分别进行了开创性研究以来，语境分析和语境的影响通常是以现实主义的术语进行概念化的，例如社会群体、性别、年龄或种族等这类一般概念，或是例如某个特定社交情境等这类特定概念。语境的社会认知定义在理论和经验上的进步之一在于，它解释了为什么在相同社会情境中，人们的言谈还可能会有所不同——只是因为他们对该情境的解读不同，即是通过不同的语境模型来理解的。

语境模型这一概念完善了另一个心理模型理论，该理论最初是约翰逊·莱尔德（Johnson Laird）和我于1983年同时出书提出的，我那本书是与沃尔特·金特奇（Walter Kintsch）合著的，名叫《话语理解策略》（*Strategies of Discourse Comprehension*）。这种心理模型与语境模型并不一样，它是我们说或写、读或听时所处的交际情境，是我们交际的内容。因此，在讲述个人经历如访问中国的故事时，我们用一种情境模型来表征这一活动或行动。由于这是我们所谈及或提及的情境，因此我们也可以将其称为**语义**模型。另一方面，我们讲话时所处情境的心理模型也可以称为**语用**模型。正是这种语用语境模型定义了我们的话语在当前交际情景中是否**合适**。因此，从语义上来讲，关于我们中国之行的故事可能很有意义，也是真实的，但从语用的角度来说，这个故事可能不太合适，如在正式的口试时讲这个故事就不合适。而且，这还取决于我们对交际情境的解读，即取决于我们的语境模型。关于中国之行，我们要谈及什么以及如何谈，这取决于听众（在我们的心理上得以表征）。如果我们要将这个故事告诉一位好朋友，或者在报纸上写一篇有关旅行的文章，或是写一篇学术文章，这个故事又会大不相同。我们体验的（语义）心理模型可能是相同的，但是由于这些不同的交际情境的语境模型不同，我们的话语便会大相径庭。例如，我们从社会语言和语用的研究中得知，话语的许多方面（例如言语行为或礼貌）都取决于参与者之间的关系，例如亲密关系、地位和权力关系便是如此。我们的理论超越了这些发现，认为话语并不直接取决于话语参与者之间的这些关系，而取决于这些参与者在其（持续且动态变化的）语境模型中如何解读、解释和表征这些关系。对于参与者的知识、共同基础的定义及其对文本或言谈的许多认知方面如预设、模式、指示词（指示表达）等的影响，也是如此。

有趣的是，尽管（语义）情境模型的概念现在已在话语认知心理学中得到广泛认可，比如用来解释连贯性，但在认知心理学的许多研究中，甚至在语言学以及大量的话语分析中，语境模型的语用概念仍然不为人知。对实验认知心理学的一种解释是，人们可以在实验室中用不同的文本进行实验，但不能用完全不同的真实交际情境进行实验，比如街道、教室、医生办公室、工作场所或与朋友在家中等这样的情境。

正是在交际情境的这种一般理论范围内，本书发展了语境模型的社会科学方面，这些方面是广泛而多学科的话语理论的必要组成部分。我们甚至比以前更加强调，如此定义的语境对于所有语言的使用、交流或话语都是至关重要的。实际上，不仅是对于文本或言谈，对于所有社会和自然现象来说亦是如此：所有情境或事件以及它们的结构或性质直接或间接取决于各种各样的物理、生物、认知、经济、社会、政治、文化或历史背景。阐明这些不同的语境如何影响我们正在研究的情境或事件是许多学科的复杂理论的任务。因此，由于我对语境的研究，我现在经常建议我的学生在开始对话语结构进行系统分析之前，首先要详细分析交际情境的**相关**方面（以及参与者可能如何解读交际情境）。

应该强调的是，本书以及另一本有关语境的书所讨论的交际情境仅限于当前的、持续进行的交际情境。在话语研究中，尤其在批评话语研究中，更宽泛或非正式的语境概念通常指的是更广泛的社会、政治、文化或历史语境。我们需要写第三本书来从理论上解释这些更广泛的语境是如何影响话语的，但是仍将采用这两本书中讨论语用语境的方法，即通过认知接口去讨论。的确，这些其他的语境只有当它们在我们心理上得以表征时才能影响我们所说的话，因为社会、政治或文化结构并不能直接影响语言结构和话语结构。同样，这对于认知科学家以及社会科学中的现象学建构主义者而言都是不值一提的。但是在这种情况下，认知接口不仅依据我们说话或书写时所处的社会或政治情境的心理模型，而且依据认知社区更普遍的共享知识，或与社会群体的其他成员共享的态度或意识形态。的确，我们关于中国的故事不仅取决于交际情境，而且取决于我们对中国的了解，当然也取决于我们对中国政治或社会情境的态度或意识形态——这是我们从关于中国的新闻报道的大量研究中所了解到的。但是话语和话语生成与理解的社会政治语境之间关系的细节需要另一本书来详细解释。我在之前关于意识形态以及关于话语与知识的其他著作中已经讨论了其中的一些方面，但还不是作为更广泛的语境理论的组成部分来讨论的。本书对多学科话语理论的重要但颇有局限的语境概念提出了较深刻的见解。

特恩·A. 范戴克

巴塞罗那话语研究中心

2020年9月

目　录

前言 ······ 1

第一章　绪论 ······ 1
第二章　语境与社会认知 ······ 30
第三章　语境、情境与社会 ······ 92
第四章　语境与文化 ······ 166
第五章　语境与政治：英国议会关于伊拉克问题的辩论 ······ 233
第六章　结论 ······ 274

参考文献 ······ 282
主题索引 ······ 310
作者索引 ······ 318

前　言

这部专著与剑桥大学出版社出版的我的另一部专著《话语与语境》（*Discourse and Context*，2008）一起，提出了一个新的语境理论。那部著作重点关注该理论的语言学、社会语言学和认知层面，而本研究则系统地探讨了社会心理学、社会学和人类学对该多学科理论的贡献。这些社会科学在它们各自的理论框架内分析了互动情节、社会情境和文化的许多特性，传统上认为它们是语言使用的“语境”。

如果这种**情境**文本与言谈的语境被非正式地定义为言语互动的**交际情境的一组相关特性**，那么显然对这些情境的系统分析对于发展明确的语境理论以及语境如何控制语言使用至关重要。然而，在诸如传统社会语言学等领域中存在一个普遍的错误观念，即社会情境及其属性（例如语言使用者的阶级、性别或年龄）对语言使用产生**直接**和无媒介的影响。在这些相关研究中，通常尚未对语境影响的本质进行理论探究。

针对这种关于话语与社会之间关系的构想，本书继续详细论证**情境或社会结构与话语结构之间没有直接联系**——它们是完全不同类型的结构。此外，如果这种联系是因果关系，是解释性的，而不只是表面上具有关联性，那么处于同一社会情境中的所有语言使用者都会以同样的方式说话或写同样的东西。

本书进一步探讨的新语境理论强调，社会与话语之间的关系是间接的，以**基于社会但主观的**交际情境的**定义为媒介，因为它们是由参与者解释和动态更新的**。这些定义在社会认知术语中是明确的，即作为存储在参与者情节（“自传的”）记忆中的**语境模型**（context models），就像任何其他社会经历一样。由这些语境模型构成的媒介接口——解析和持续监控交际情境的相关特性——解释了大量的话语属性。

语境模型解释了语言使用如何以及为何存在社会、个人和情境上的差异。它们为语用学理论提供了一个明确的框架，说明语言使用者能够调整他们的文本和言谈以适应交际情境的每个时刻与他们现在相关的属性。换句话说，语境模型确定了文本和谈话的**动态适宜性条件**。

在本书中，我们将会看到，话语和社会之间的这种“心理”接口在今天的大部分社会科学中都不是很普遍。当代对无意识互动的关注似乎忘记了，社会学中长期存在且相当重要的现象学传统与“定义情境（defining the situation）”这种基本认知和主观概念以及认为社会行动者只能在社会情境中行动时才理解它们的旧观念之间，根本不存在争议。

认知科学和社会科学之间的当代分歧是令人遗憾的简化主义意识形态的结果:（我们称之为）互动主义。这种意识形态与行为主义都有一种“可观察性”的实证主义谬见，根据该观点，言谈或行动是可观察的或在社会中产生的，而不是语言使用者的所谓的“个人主义（individualistic）”思维。然而，如果赞同我们是根据结构和意义来使用和分析话语——这显然是不可观察的，而是被语言使用者的头脑所获知、解释或处理的——则没有理由从根本上拒绝这种说法，没有“思想”的言谈或文本是毫无意义的。

换句话说，话语和行为根本不是可以立刻观察到的，而是社会行为者解释出来的，例如可以从意义、意图和目标等方面予以解释。认知和神经科学的新发展表明，将行为解释为社会行动，是我们把别人的心理当作我们自己的一面镜子来“读”的能力的一部分。

对互动的详细分析极大地促进了我们对话语和语言使用的了解。然而，可观察到的行为或言语只是交际活动的冰山一角。语言使用者不会像块白板那样盲目地参与这些活动。他们拥有大量的社会文化共享知识、个人经历、计划、目标、观点和情感，所有这些都可能影响他们说什么以及如何说。他们不仅解释所说出和显示出的显而易见的内容，而且通过“读”对话者的心理，他们能够理解文本与言谈中远超出基于社会的隐含义或言外之意的微妙之处。因此，如果从互动交谈（talk-in-interaction）中排除了心理层面，对手头数据的分析就必定不够充分。当然，除了对“可观察的”言谈的互动分析，还有很多其他研究话语和交际的方法。

话语的批评方法强调，当我们把参与者仅仅当作谈话者而不是将社会身份、角色或权力关系带入交际活动的社会行动者时，显然情况就是如此。本书探讨的语境理论与对脱离社会语境的互动主义的批评是一致的。然而，它强调社会结构、社会情境的属性以及参与者的社会属性不会客观地或具有因果属性地影响文本与言谈，而这种影响是以参与者的主观模型为媒介。即使那些拒绝根据心理模型形成认知主义理论的学者也会一致认为，只有当参与者自己持续地将情境和参与者的社会属性“变得相关”时，才需要对这些社会属性进行分析。

语境模型理论解释了使社会情境的认知和社会属性“变得相关”时所涉及的表征和过程。从这个意义上说，该理论与当今许多社会科学中的互动方法并不矛盾，它通过明确那些通常被认为理所当然或者用模糊描述来阐述的东西将它们整合起来。与此同时，通过阐述一个多学科框架，提供话语、认知和社会之间非常需要的缺失环节，拓展了目前对文本和言谈脱离语境的研究方法。

为了能够做到这一点，我们选择性地探讨了**社会心理学**及其对社会情节和社会情境的结构的研究，以及语言使用者在语境模型建构中应用的社会共享表征，例如知识和意识形态。在这些文献综述和新理论的形成中，我们试图回答一个反复出现的问题：在社会情境潜在的大量属性中，哪一个被系统地解释为与话语相关。的确，为什么参与者的性别或地位经常被认为与**话语**相关并获得强调，而不是他们的身高或眼睛的颜色，尽管后者也可能与**社会活动**相关。

同样，我们也回顾了**社会学**历史中的情境概念，旨在强调在基于社会学的语境模型理论中，哪些见解如今仍然相关。在此，我们还批评性地考察了会话分析及其互动交谈分析中的脱离语境倾向。与此同时，我们需要说明这样一个事实，即参与者不仅要模拟面对面的“微观”情境，而且还要模拟更复杂的社会“宏观”结构，如团体、组织或诸如社会不平等这样的抽象社会结构。这种分析将需要我们来考察众所周知的结构-机构关系，社会认知模型理论再次为此提供了缺失的接口。

语言使用者在文本和言谈的生成和理解过程中模拟“局部”情境和“整体”社会结构，这种社会理论也需要解释在语境模型的构建和使用中的重要文化差异。在一个社会或亚文化中可能被定义为相关的情境属性，在另一个社会或亚文化中不一定如此。因此，我们需要考察言语的民族志传统和当代语言**人类学**方法中对交际事件的研究，这种方法具有解释话语特定文化条件的悠久传统。

最后，在《话语与语境》一书中首次分析之后，本书继续对英国下议院关于伊拉克问题的辩论以及托尼·布莱尔（Tony Blair）开启这场辩论的第一场演讲的语境进行研究。我们希望表明，对这种政治话语的**批评性分析**必须超越通常的语法、论证或修辞结构以及其他许多方面的描述，而且必须基于一个明确的语境理论，该理论能够将这种话语与参与者所解释的政治情境联系起来。

显然，对社会科学中可能有助于语境理论的所有研究和发展的全面回顾远远超出了本书的范围。但是，我希望即使我们选择的只是一些可能对社会科学有贡献的讨论，也可以一方面促进对作为语言和话语之间的接口的语境性质的进一步研究，另一方面又促进对社会情境、社会、政治和文化的进一步研究。

特恩·A. 范戴克

庞培法布拉大学

巴塞罗那

2008年7月

第一章 1

绪论

社会认知语境理论

我在《话语与语境》一书中已表明“语境”在语言、话语和认知研究中的重要性。本书将多学科语境理论拓展到社会科学，即**社会心理学**、**社会学**和**人类学**。在本书最后部分，我将该理论应用于政治领域，即英国下议院关于伊拉克问题的辩论。这两本书都始终以英国前首相托尼·布莱尔在该辩论中的第一场演讲为例。

为了有助于充分理解本书所阐释的更宽泛的、社会科学领域的语境理论框架，本章有必要先总结一下《话语与语境》的主要成果。[①]

语境的重要性

人们普遍认同，我们需要在“语境”中才能充分理解话语。然而，数十年来，语言学、话语研究、会话分析、心理学和社会科学都密切关注会话或文本的属性（Van Dijk, 1985, 1997），语言使用的语境通常被忽视、被认为是理所当然的，或被视作社会情境的独立“变量”来研究。因此，本书与《话语与语境》（Van Dijk, 2008a）的主要目的一致，都旨在发展一

---

① 为了避免在本章重复大量参考文献，更多文献读者可参阅《话语与语境》（Van Dijk, 2008a）。另外，读者还可以参阅此书了解语境理论的语言学、社会语言学和认知方面的详情。尽管本书和《话语与语境》一书组成了对语境的全面研究，两本书仍为独立研究，可以分开阅读。

个多学科语境理论，作为话语、互动和交流理论的基础。

“语境”概念一直都是含糊不清和模棱两可的，这是该理论面临的首
2 要问题。在日常使用的非技术性话语中，“语境”通常指地理、历史或政治的“情境”“环境”或“背景”，例如在媒体上或类似《非洲语境下的饥饿》(*Hunger in the African Context*) 这样的书名中。

在语言和话语研究中，“语境”概念在以下方面含糊不清。一方面，它可以指“言语语境”，也称为“上下文(co-text)”，如语篇或会话前面或后面的词语、句子、言语行为或话轮。此概念适用于语篇或会话不是作为主要分析单位的语言研究方法中，如传统语言学的许多研究中。在基于语篇的语言使用和交流的研究方法中，该“言语语境”仅仅是文本或言谈本身连续或整体结构的一部分。

另一方面，“语境”这一术语可以用来指总体语言使用的“社会情境”，或给定文本或会话（片段）的特定情境。本书仅涉及“语境”概念的第二个含义：交际事件的非言语的、社会的和情境的方面。

然而，该社会情境的“语境”概念可能看上去没有问题，却比人们想象的更难定义和分析。因此，《话语与语境》一书以托尼·布莱尔 2003 年 3 月在发动伊拉克战争前，在英国下议院发表的有关伊拉克战争演讲的第一部分为起篇（我下面将回到该演讲）。该演讲片段的“语境”究竟是什么？是下议院关于伊拉克问题的所有辩论？还是英国议会？或者是英国关于伊拉克战争的辩论？抑或英国的外交政策？还是 2003 年的国际政治形势？毫无疑问，所有这些“语境”知识都有助于更好地理解布莱尔的演讲。毋庸置疑，布莱尔对这些不同“语境”的认知会影响他的演讲（的产生）。倘若我们只取最小的“中心语境”，即本次议会会议，那么这个即时语境中包含了什么呢？显然，涵盖了托尼·布莱尔本人作为当前演讲者、首相（以及其他相关身份）、下议院议长（主席）、其他议员（以及他们各种相关的社会和政治身份或成员身份），以及当前时空背景：辩论何时何地发生。但是背景的深层属性呢？还有议会的席位（长凳）呢？在

大部分语言和话语的研究中，我们一般不会将“家具”作为演讲语境的一部分（因为这种情境或环境属性不会系统地影响话语），但是在英国下议院，我们会提到“后排议员”，这些席位和它们的位置会意有所指。接下来需要考虑议员的知识——布莱尔在预设有关伊拉克战争、军队、独裁者 3
等的大量信息时会这样做。议员的意识形态是什么？这些也理应包括在内，因为他们显然会影响议员的政治立场，即赞同或反对布莱尔，赞同或反对对伊拉克的武装干预。毕竟，并非工党的所有议员都是和平主义者。

因此，有人会继续就背景、参与者、涉及的政治行动的许多其他属性，以及这些属性的社会和政治状况及后果提出同样的问题。从非严格意义上来说，所有这些或多或少都是布莱尔演讲的“语境”。很多情境特性都可能影响布莱尔和他的听众，即演讲的生成和理解。如果这些属性对说话者有影响，往往会在言谈中表现出来，详见下文。然而，这种影响即使存在，但也隐含在话语中，因此分析者可能不会注意到，尽管听众可能会注意到并影响他们对布莱尔讲话的理解。事实上，由于某些语境的影响（如美国总统乔治·沃克·布什打来的电话），托尼·布莱尔可能决定不谈论特定话题，而作为分析者，我们可能并不知道这种明显会对布莱尔的演讲产生相关政治影响的形式。

另外，个人、社会和政治因素也会影响布莱尔的演讲。但是他本人当时可能并没有意识到，例如他所属的阶层、地区背景及其对他发音或其他话语变化和风格方面的影响——这些很容易被听众和社会语言学观察者觉察到。

总之，语境在传统意义上被定义为“语言使用的相关环境”，具有不同层次诸多类型的社会情境（social situations）属性，会影响话语的生成、结构和理解，不管参与者是否意识到，或者我们作为分析者是否能够观察到或发现它们。

“语境”的定义（定界）

显然，这些关于托尼·布莱尔演讲案例的简短评论表明，为了阐明一个比较明确的理论，我们需要定义（定界）“语境（context）”概念，以免该理论成为“万物理论（Theory of Everything）”。这也是为什么至今几乎没有关于这种具体语境概念的明确研究和论著的原因所在。在涉及某些焦点事件或现象的各种情境时，成千上万的社科书籍和文章的标题及内容都会使用“语境”这一术语。同样，在语言和话语研究中，它被认为理所
4 当然，或者被当作常识，即影响话语生成和理解的那些具有交际情境的属性。严格意义上讲，语境是交际情境的话语**相关**属性的选择。因此，诸如托尼·布莱尔是首相且一些议员是保守党等这些因素通常会与他的部分演讲和理解相关。

另一方面，尽管政治团体成员通常会与大多数议会辩论相关，但参与者的衬衫或裙子的颜色几乎与交际语境无关，虽然在某种程度上它会控制话题、措辞、句法、代词的选择和变化。也就是说，我们的衣服通常不具有**话语**相关性，却可能具有**社会**相关性，例如为了“标记”我们目前社会身份的某些方面（“女性化”），或适应（正如我们的话语一样）正式和非正式的社会活动。政客们非常清楚自己的“形象”，毫无疑问，他们的服装（领带等）是有意识地选择以适应他们的演讲场合。这也表明，除了话语之外，还有互动和交际的其他（符号）方面的自身语境制约，而这些不是本书的重点。

因此，第一步我们要将“语境”概念限制为那些与话语**相关的交际**情境的属性，并进一步规定讲话者及话语**生成**，且/或对听众及话语**理解**均适用。

第二步至关重要，它构成本书的理论基础。我在《话语与语境》一书中已经表明，在本书中将进一步详述的是，**语境——被定义为社会情境的相关属性——根本不影响话语**。社会情境的各个方面（例如布莱尔的首相角色等）与话语之间没有直接关系。有一个普遍的决定论谬误，在社会语言学中也很流行，即认为性别、种族、年龄或地位影响我们说话的方式。其实并没有这种直接的影响，只是因为情境的**社会**属性并不直接涉及话语和理解的**认知**过程。这些现象属于不同种类、不同层次的分析和描述，只

有认知现象会直接影响认知过程。而且，如果存在社会情境和话语之间的这种直接影响的话，所有处于同一社会情境中的人很可能以同样的方式说话，可他们显然不是这样说话的。无论“语境”的社会影响如何，总（也）会存在个体差异：每个话语总是独一无二的。

那么我们怎么把社会情境和话语联系起来呢？我们如何解释文本和言谈的独特性和个体差异呢？我们如何避开社会或政治力量的决定论，但同时又将社会和政治环境对布莱尔演讲的必然影响与这个**具体**演讲的个体性 5
和独特性的事实结合起来？

为了回答这些问题和其他问题，本书采取了一个相当明显的理论决定：语境并非“客观的”，而是“主观的”。它们不是情境的“客观”社会属性的相关选择，而是这种情境的**主观定义**。这与**相关性**概念完全相符，因为这个概念本质上也是**相对的**：某事与某人有关（无关）。换言之，**语境是参与者自己定义的所有与社会情境相关的内容**。

这正是我们想要获得的方法。毫无疑问，在议会辩论中，托尼·布莱尔当前的首相身份与他以及他的听众有关，因此这种情境属性将成为他们“情境定义”的一部分。至少对一些听众来说，很可能还包括，如他是英国人，甚至他是男性。一旦这些社会情境维度成为语境定义的一部分，就可能会影响人们行为、说话或理解的方式。本书将详细研究参与者如何参与这种**情境定义**——一个现象社会学领域众所周知的概念——它是社会和情境与话语生成和理解之间的关键性媒介接口。

这种方法的基本理论和经验的优势是，参与者的主观“情境定义”是**认知**对象，例如心理表征。正是**这种**表征，而**不是**“客观”的社会情境，影响话语生成和理解的认知过程。也就是说，传统的语境概念无法解释一个重要缺失环节：参与者**理解**和**表征**社会情境的方式。在本书中，我们将会看到，迄今为止，互动、话语和语境的非心理主义或甚至反心理主义概念在社会科学中仍然处于主导地位。另一方面，正如我们将在第三章中看到的那样，社会情境只能间接地影响话语，即通过参与者的主观解读，这对于大多数心理学家和认知科学家以及现象社会学家而言是微不足道的。

心理模型

如果语境是主观的定义，我们仍然需要将这种心理表征的性质更具体化。值得庆幸的是，自 20 世纪 80 年代以来，心理学领域有一个强大的理论概念符合这一要求，即**心理模型**（mental model）概念（Johnson-Laird, 1983; Van Dijk and Kintsch 称之为“情境模型（situation model）”，1983）。

6 **模型是情节的主观表征**，人们积累的自传式的个人经历被存储在情节记忆（episodic memory）（长期记忆的一部分）中。我们的生活经历或对情境的认识意味着我们正在建构或更新这种情节的心理模型。

由于模型有许多学术概念，作为**具体**情节主观表征的心理模型不应该与作为一种**普遍的**、社会共享知识形式的“文化模型（cultural model）”，如认知人类学中使用的“文化模型”，混为一谈（Holland and Quinn, 1987; Shore, 1996）。

情节的主观心理模型解释了这样一个事实，即人们基于自己独特的个人历史或当前的主观经历，以自己的视角、兴趣、评价、情感和其他因素来形成他们自己对一个事件的表征。这不仅——在语用上——适用于人们持续参与的交际情境，而且——在语义上——也适用于他们观察和谈论的事件。这就解释了为什么参与或见证“相同”事件的人（例如记者、法庭证人）对该事件会生成不同的“版本”。换言之，**模型主观地表征或建构了我们所谈论的内容和交谈的环境**。

需要强调的是，具体事件的主观模型即使是独特的，也不**完全**是个人的，他们也具有重要的**社会**维度和**主体间**维度。由于早期的互动和交流以及社会化，语言使用者已经获得了各种共享**知识和其他信仰**。经过概括和抽象之后，这种共享的普遍社会观念会影响新模型的建构，这些模型的主体间维度首先能促进互动和相互理解。在模型构建和语言使用中，个人和社会认知之间的这种联系是至关重要的，而且也是为了否定话语理论中常见的错误表征，即话语和语境的认知法暗示个人主义还原论。因此，模型构成了独特的接口，它将个人和独特方面与社会和共享方面结合起来。对于心理模型和受其控制的话语而言都是同样的：两者既是独特的和个人的，也是社会的和主体间性的。

语境模型

这种心理模型的概念完全符合语境理论的要求：语境也是心理模型。
它们是主观的，代表了个人的经历，即当前交际情节的经历，还以我们共 7
享的关于社会和交际情境及其参与者的社会文化知识的实例为特点。模型即心理表征，我们称之为**情境的定义**。本书将这种交际情节心理模型称为**语境模型**（context model），或简称**语境**。

正是在这种社会认知模型理论的框架内，我们现在能够证实**语境不是某个（部分）社会情境，而是这种情境的主观心理模型**。正是这种语境模型在话语的生成和接收的心理过程中起着核心作用。模型解释了为什么在"相同"社会情境中，话语既表现出基于共享社会文化知识的相似性，又是个人的和独特的。对于每种交际情境，参与者模型都精确地定义了与每个参与者**相关的**情境。因此，语境模型是情境和社会结构、话语结构及其生成和理解之间的缺失环节。如果我们发现诸如阶层、性别、种族或年龄等传统社会"变量"影响语言使用的情况（故而应该进行分析），那或多或少是借助了有意识的和主观的语境模型中的社会身份表征。

语境模型的关键功能是以最**适合**社会情境的方式生成话语。这也意味着这种语境理论为语篇的**经验语用学**提供了基础（Van Dijk, 1981），解释了话语在结构上适应交际情境的方式。同时该理论解释了话语变异的条件，即话语风格被定义为文本和言谈适应其语境的可变和独特的方式。

语境模型的设计必须能够以可靠的方式完成这一重要功能，一天数十次或上百次。这首先意味着它们不能太复杂，否则难以处理日常持续进行的话语监控任务。对具有数百种类别且每种类别都具有可变内容的情境的定义，这几乎是不可行的语境模型。因此，与其他心理模型一样，语境模型由相对较少的相关图式类别组成，例如时空背景、持续的社会活动、不同角色和相互关联的参与者及其目标、意图和知识。这种语境模型**图式**需要适用于我们日常生活中的大多数日常互动和交流情境，但也得适应新情况——例如托尼·布莱尔必须以在下议院演讲来开启他的第一次议会生涯。

8 一种文化中的成员从他们的父母、看护人、同伴、老师、大众媒体和网络中学习如何理解他们生活的世界。同样地，他们在非正式和明确指导下学会如何理解交际情境以及明确这些“定义”如何影响说话方式。例如，在众多其他交际实践或“语体（genres）”中，交谈时应该使用何种称谓代词或礼貌惯用语，在撰写官方信函、发表公开演讲或向朋友讲故事时应该采用何种风格。

因此，文化成员知道，诸如性别、年龄、种族、地位、亲属关系、亲密关系或权力等，这些都通常与文本或言谈的恰当生成和理解有关；而下面这些因素则相关性较小，例如参与者的头发颜色、身高、耳朵大小或衬衫颜色、交际场景中墙的材料、树的存在或鸟是否在头顶上盘旋，以及人们交流中与社会相关但与交际不太相关或不相关的社会情境的很多其他方面。

互动和话语的关键不仅在于人们形成交际情境的心理模型，还在于作为这些模型的一部分，他们也代表了其他参与者及**其**模型的相关部分。也就是说，语境模型体现了他者之心（Other Minds）的朴素理论。它们需要有一些部分是相互的，并具备相关社会文化、情境和人际关系知识的共同基础（Common Ground）以及其他相关观念，例如接收者的意识形态——托尼·布莱尔在下议院的情况显然便是如此。

这种相互理解的基础还在于，语言使用者理解彼此的**意图**——因此能够从观察到的行为中推断出其他人正在“做什么”，从而使他们的行为有意义。我们需要知道我们的共同参与者想要通过持续的言谈和其他行动获得什么，然后需要针对他们的目标提出策略性和实用性的假设。

总之，话语和互动预设语言使用者已经学会了如何建立彼此相互适应的、情境相关的语境模型。只有这样，语言使用者才能够表达对自己经历的认知和见解，并且知道如何适当地做到这一点，即令他们的言辞和非语言行为（手势、身体姿势等）适应（所假定的）接收者的知识、兴趣、意图、目标和社会属性。

作为交际经历的表征，语境模型不是静态的，而是**动态的**。它们不断适应（感知、解释）交际情景的变化，主要是之前所说产生的那些变化——但愿是从前面的言谈中推断出的知识——当然还有时间的内在变化：所有先于每个动态语境模型的**现在**都被定义为过去（和已知），每个 9
后续的时刻被定义为未来（而部分仍为已知）。

作为持续交际经历的动态语境模型在心理上是**非连续的**，从而通过时间、地点、参与者、参与者角色、目标和 / 或意图 / 行动的**改变**来定义不同的话语。因此，我们实际上是从大量的其他日常交谈中，将与朋友的交谈和随后向医生的咨询、讲课或读报区别开了。请注意，尽管我们的日常经历从我们醒来那一时刻开始直到我们入睡或失去意识为止是持续不断的，但日常经历模型将这种意识流划分为我们可以事先计划并在之后可以记住的独立的、有意义的情节。语境模型也是如此，只是因为焦点事件是一种交际行为，因而其与其他经历模型不同。

语境模型并不是从我们与他人开始互动时才开始构建。首先，我们已经在文化上获得了他们常规的图式结构。其次，其内容主要来自社会文化知识。在开始议会演讲时，托尼·布莱尔已经对议会、政党、议员和演讲了如指掌，尽可能提前使用了所有这些普遍的文化和更具体的社会群体知识来设计语境模型。显然，托尼·布莱尔并不是因一时冲动而在议会上即兴发表这个重要演讲，而是有计划的，即为此设计了一个临时的、不完整的语境模型。根据情境先预制部分语境模型，然后持续添加新的语境相关信息来构建动态模型的每个片段——通常大部分是其他参与者所说和所做的。我们再次看到，语境独特地结合了新旧信息、社会和个人知识、预期和非预期时刻、计划和即兴方面——因此，这也影响言谈和文本。

反过来也是如此。如果我们认为话语影响社会情境，例如参与者之间的关系，那只是通过接收者的语境模型间接地影响。讲话者以同样的方式建构接收者的思想，后者不断建构说话者的思维（意图、目标、知识、观点、意识形态等）。他们依据以前和当前的言谈和其他行为、说话者以前的知识或类似交际情境知识，以及较为普遍的社会文化知识，进行全局性的理解和推断来做到这一点。

参与者相互调整的情境模型正是用这种方式来控制交际互动，一方面
10 调整文本和言谈以适应听众（和他们的模型）以及交际情境的其他方面，而另一方面引导听众的相关理解——这些反过来会调节作为下一个讲话者的听众的下一个行为。

从话语的社会认知研究方法中，我们可得出如下结论：会话和互动分析的通常描述——根据影响下一个话轮的会话话轮——是一个忽视参与者的语义和语用心理模型的心理接口的理论捷径。在连续的话轮中没有这种“客观”影响，而只有基于作为下一个讲话者的听众的主观心理模型的间接关系。如果讲话者将他们的言辞和行为调整为他们期望听众接下来要考虑、要做和要说的，正如我们从“听众设计”原则中了解的那样，那么作为讲话者语境模型的一部分，这样的设计应该清晰明了。在本书的后面，我们将看到，互动交谈的许多社会描述方面是至关重要、却被忽视的认知接口。

听众的语境模型不仅基于共享的社会文化知识（关于语言和互动），而且还基于参与者的特定情境的个体属性，如目标、兴趣、观念和推论。这意味着他们不仅要解释社会互动的可能性，还要解释误解和其他“问题”以及如何持续处理这些问题。同样，即兴言谈的每个错误开头、修复或其他典型方面表明，需要从语境模型的快速变化和这些控制实际言谈的方式方面来解释。简而言之，就持续的交际情境的动态模型的当前交际“状态”而

言，如果没有先前及相应的心理控制，就不能去说、去做以及理解任何事情。

简而言之，这就是本书其余部分将预设的理论，这个理论需要社会心理学、社会学和人类学对语境及其维度的描述来补充。

示例：托尼·布莱尔在英国议会关于伊拉克问题的演讲

《话语与语境》一书以托尼·布莱尔 2003 年 3 月 18 日在英国下议院的如下演讲片段为开篇：

1. 首先，我要说，下议院辩论这个问题并做出裁决是正确的。
2. 这就是民主，这是我们的权利，而其他国家却还要为之奋斗。
3. 我再次声明，我不会不尊重反对意见。
4. 这的确是一个艰难的选择，但也是一个严酷的选择：
5. 是现在让英军撤回，还是坚持我们既定的路线。
6. 我热切相信我们必须坚持既定的路线。
7. 最常提出的问题不是“这个为什么重要？”
8. 而是“这个为什么如此重要？” 11
9. 此刻政府面临最严峻的考验，多数票地位岌岌可危，
10. 内阁因政策问题而首次辞职，
11. 主要政党内部分裂，在其他问题上意见一致的人——
12. [议员阁下：“主要政党吗？”]
13. 啊，是的，当然。自由民主党——一如既往地团结
14. 在机会主义和错误方面。
15. [打断]

遗憾的是，我们只有印在议会记录上非常不精确的官方文字记录，这意味着，任何错误的开始、犹豫、停顿、速度、语调和重音变化等都没有被记录下来，因此失去了演讲的大部分实际表现力，甚至部分详细、专业的记录也是如此。

我们在下文和后续章节里将经常提及该片段来阐释理论概念，在最后一章将分析该辩论的其余部分。此处相关的是，《话语与语境》一书表明，

对该演讲片段的完整而充分的说明，不仅包括详细的句法、语义、语用和互动分析，而且还包括**语境**分析——以描述和解释该演讲及其局部结构和话步如何以及为何在**政治上**很切合议会辩论的交际情境。例如，一些议员在第 12 行所言不仅是互动打断和相邻语对的第一部分，而且是一个语用问题；不仅是社交上的批评策略，而且是政治上的反对策略。

如果没有这样一个更宽泛、更丰富的互动会话分析，我们会错过议会演讲和其他言语互动的关键点。没有这样的描述，我们也无法完全描述和解释托尼·布莱尔对第 13 行言辞的反应。从各种层面的互动分析得知，其不仅是对问题的回答、对批评性打断的回应和对错误的坦承，或者甚至是修辞性的“嘲讽”，而最终也是最关键的，还是作为工党领导人和政府首脑的布莱尔，借以攻击和边缘化那些反对他向伊拉克派遣军队的**政治策略**的自由民主党。

这一被定义为心理模型的明确语境理论为文本和言谈描述增添了一个重要维度，而这甚至在复杂且正式的话语和会话分析方法中也经常被忽略。然而，在过去的几十年中，话语和会话分析者赞成且有效地实现了从对文本和言谈复杂结构的形式句法研究扩展到对其实际语言使用更充分的描述，因而我们现在应该重视这一经常被反复提及的话语**情境**。如果我
12 们不对托尼·布莱尔的议会辩论演讲在很多方面的政治相关性进行阐释的话，那么就只完成了情境话语和会话分析的一半。正是这一描述也解释了为什么布莱尔声明他不会“不尊重反对意见”，并“坚持”“我们”既定的路线，根据相关社会互动记录，与其他策略相比，这是积极自我表达的明晰策略。在这种情况下，尤其相关的是这些表达方式是尊重反对派的民主领导人以及那些强有力和负责任的领导人的政治策略，他们知道在这些表达的其他政治功能中哪些最适合该国家的政策。

系统功能语言学中的语境

在一般的语境理论中，我们所需要的部分理论之一是这样一种语

言学理论，它解释语言使用及其变化受制于语境的方式。迈克尔·韩礼德（Michael Halliday）及其追随者所发展的系统功能语言学（systemic-functional linguis-tics, SFL）是注重语境理论的语言学理论之一。《话语与语境》（Van Dijk, 2008a）首先批判了系统功能语言学研究语境的方式，正是因为这种语境理论数十年来不仅影响系统功能语言学领域，而且影响其他语言学和话语研究领域，如批评话语分析（critical discourse analysis, CDA）。

系统功能语言学将语法结构与语境的三个维度，即语场（Field）、语旨（Tenor）和语式（Mode）相关联。语场、语旨和语式分别从持续的活动或话题、互动方式以及篇章性方面来定义。虽然这些概念已被用于许多系统功能研究中，并且已有许多关于系统功能范式中的语法和语境之间关系的研究，但我认为，系统功能语言学的语境概念是不充分、非常模糊和混乱的，缺乏对交际情境相关结构系统而明晰的分析。

未能清晰地解释语境、语域、语体、语言变体以及与交际情境相关的其他语言使用方式的原因在于，系统功能语法最初是一种句子（或者说是小句）语法，所以文本和话语结构并没有很好地融入其中。例如，与许多当代语法一样，系统功能语法没有总体语义结构，因此不能解释诸如话题和整体连贯性这类基本话语概念。同样，它没有解释命题之间的内涵（意义）或由这些命题所表示的事态（事件、事实）之间的外延（指代）关系，而是解释比如由代词实现的这类潜在连贯性的表面结构表现（连贯性）。系统功能语法最初也没有整合行动或言语行为等概念，因此缺乏语 13
用成分——尽管它们的目的是说明语法在互动、交际和符号学中的作用。最终，系统功能语言学是在英国经验主义的传统中发展起来的，尤其被马林诺夫斯基（Malinowski）和弗思（Firth）以实例证明，因此拒绝任何形式的心理主义以及对话语的认知描述。这也意味着诸如知识、语境中很重要的共享知识的基础和“共同基础”，以及预设、连贯性等概念和许多语义学概念，在系统功能框架中都无法定义。换句话说，尽管系统功能语言学具有功能和社会符号学的目标，但是它不仅没有为交际情境的相关性质提供一个明确的理论，而且作为一个语言使用的理论，它也没有提供有关这种交际情境所需的必要话语层面和结构——正如上文简要介绍的那样，托尼·布莱尔的演讲被打断了。然而，与许多其他语言学方法不同，系统功能语言学一直坚持必须根据情境语境的相关参数来解释语言（小句）结构及其选择和变化。

语用学

语用学是最系统地研究语境和语言之间关系的语言学和话语研究领域之一。语用学研究语言**使用**和**行为**，而不是形式语法或抽象话语结构，还不是一个十分完善的研究领域（以色列哲学家 Yehoshua Bar-Hillel 称之为语言学的“废纸篓”）。尽管心理语言学、社会语言学和会话分析以及其他语言使用研究方向（见下文）情况也是如此，而语用学则更多关注哲学问题。因此，语用学已成为言语行为分析（Austin, 1962; Searle, 1969）、会话准则（Grice, 1989）、礼貌原则（Brown and Levinson, 1987）、预设和指示语（Stalnaker, 1999）等众多研究方法的通用标签。

因此，**言语行为**研究注重话语的“行为”方面，通过增加“言外意义（illocutionary meaning）”，超越了语法形式和语义意义的研究。**具体情境**中的话语因而被定义为不仅是句子或命题的表达方式，而且是社会行为，如断言、承诺或威胁。例如，托尼·布莱尔在演讲中做出的各种断言，提出的一个（修辞）问题，最后一些议员打断他并提问。话语的语用学描述可以清晰地解释此类言语行为如何以及为何能在当前情境中**恰当地**
14 使用，并且原则上可能对一个更普遍的话语及其结构的语境得体性理论有所贡献。

根据哲学言语行为理论，适当的言语行为需要满足一些条件，它们涉及参与者的知识、愿望或目标。例如，为了做出适当的承诺，讲话者需要做出符合听众利益的未来计划。

根据我们的语言、互动知识和直觉，将这些条件制定为适当性的抽象规则，最初并不是来自于从经验性的社会和认知角度对真实情境下实际适当的言语行为的研究。传统句法也是如此，言语行为的适当性规则通常仅限于单句话语，因此忽略了话语的语用结构，其从局部定义为连续言语行为，而从整体上为宏观（言语）行为，正如托尼·布莱尔整个演讲所完成的整体（言语或交际）行为。

然而，言语行为理论首次把**情境条件**列入语言使用的系统描述，例如参与者的意图、知识和社会地位，这对于语境理论具有重要意义。因为托尼·布莱尔必须是议员和/或政府成员才能够在议会提动议。因此，虽然关于言语行为的最初研究是相当形式化和哲学化的，但将作为（社会）行为及其情境条件的话语作为研究重点是向更广泛的语言使用概念的方向迈出的重要一步。

格莱斯（Grice）会话研究的哲学方法通过引入**隐含**（implicature）概念，扩大了语言使用研究的维度。相比传统的语义学、哲学和逻辑学方法局限于分析句子的语义**蕴涵**（implication 或 entailment），隐含则是基于语境条件的不太严谨的推理。因此，当托尼·布莱尔在他关于伊拉克问题的演说中说“下议院辩论这个问题并做出裁决是正确的”时，这个陈述**在政治上**可能被解释为暗示他是一位民主的首相。当他接着说：“这就是民主，这是我们的权利”和“我不会不尊重反对意见”时，这些陈述证实了上述推论是正确的。为了能够做出这样的推论，语言使用者不仅需要了解世界或身边的问题（战争、部队和伊拉克），还需要更多有关民主、政治、下议院和托尼·布莱尔的具体知识。这也是为什么这种隐含也被称为话语的“语境意义（contexual meaning）”。

格莱斯还把他所称作的**准则**（maxim）发展为会话原则与合作原则，
例如讲真话，不多说也不少说，要切题，要清楚。大多数规范都与文本和 15
言谈本身有关（例如避免含糊不清或讲话要相关联且连贯），但是同时还要考虑**得体**话语使用的强大**语境**维度。事实上，没有任何正式的语言或话语**规则**要求话语是真实的，或者不是冗长的、不相干的题外话。也就是说，这些都是互动的**社会规范**——遵守这些规范可以使听众更容易理解讲话者的言辞，避免因离题而感到乏味，并明白讲话者的意图。再者，虽然这种方法最初比基于实际交谈的详细实证研究更具有哲学性，但它有助于对话语得体性的更加规范的描述。与此同时，这种哲学方法也阐明了两方面的关系，一方面是规范的社会得体性（例如讲真话），另一方面是得体性、可接受性（例如清晰和切题）的更多心理层面。

探讨语言使用的语境层面的另一个重要语用话题是对礼貌和尊重的分析。讲话者调整他们的话语风格来适应听众感知的社会地位（身份、年龄等）以及他们与听众之间的社会关系（友谊、熟悉程度、权力等）。例如，他们可以选择不同的称谓代词（如法语的 vous 与 tu），使用不同的头衔、名字和姓氏的各种组合（如玛丽、琼斯女士或琼斯博士），使用许多不同类型的表达（情态和其他）来请求某事（“明天把书还给我”与“你明天能把书还给我吗？”等等），许多语言使用特殊敬词（如日语），以及进入预期话题会话之前先礼貌地“闲聊”等等。

继戈夫曼（Goffman, 1956）之后，布朗（Brown）和莱文森（Levinson）（1987）分析了他们称之为参与者的积极或消极“面子”（或公众形象）的各种形式的礼貌——一个不强加于听众、不说或不暗示消极的事情，而是建立积极关系的一般策略。虽然这样的研究可能侧重礼貌或尊重的语言形式，但一般情况是语境化的：面子是参与者的社会属性，而策略是互动的。

显然，这种尊重和礼貌形式的使用存在相当大的文化差异。礼貌在社会生活中也存在巨大差异（例如，在青少年或老年人之间、正式与非正式情境之间以及熟人或陌生人之间，尤其是当参与者的社会地位存在差异时）。在托尼・布莱尔的演讲中，我们看到他采用了各种方式表达对议会
16 的尊重，例如，强调评判必须由议会通过，以及他不会不尊重反对意见。

然而，需要再次注意到，除了语用学中通常描述的礼貌的社会情境之外，布莱尔在演讲和议会辩论中的此类表达方式也具有至关重要的**政治隐**

含。例如，布莱尔作为民主党领导人积极的自我表达策略，这是说服议会投票支持他的动议的总体策略的一部分。这意味着语境理论还必须超越标准的礼貌语用学（例如“面子”），并且创造这种政治隐含与交际情境相关的准确条件。作为参与者心理模型的语境理论提供了对话语及其语境隐含的更宽泛的阐释，描述和解释了在这种情况下，议员们将如何解读布莱尔明显的礼貌行为。

知识与语境

除了这些更具互动性和文化性的语用学方法外，还有许多研究方向研究（抽象的）语境条件以便能够形成更明确的语义（Stalnaker, 1999），尤其是在形式语言学和哲学方面（Kamp and Reyle, 1993）。这里的基本思想是“意义取决于语境”，总体的语境定义是根据参与者的共享知识（一组命题）来确定的（Stalnaker, 1999: 98）。因此，一个**预设**是一个句子所隐含的命题，是定义为共享知识的语境的一部分。于是，布莱尔在演讲中预设：议员们知道**下议院**会提及什么，会有反对意见，以及决定参战是一个艰难的选择（他证实了**的确**如此），等等。

尽管有这些形式化方法来处理知识和语境的抽象定义，但克拉克（Clark, 1996）赋予共同基础概念更多心理语言学方面的心理定义。**相关性**研究结合了这些形式化和认知的方法，并且还通过一系列（已知）命题来识别语境（Sperber and Wilson, 1995）。在布莱尔的演讲片段中，当然有议员想要理解布莱尔的讲话和暗示所必须具备的大量共享政治知识，有关于议会和议会决策的知识，有关于民主（尤其在伊拉克）并不普遍的事实的知识，以及政府是什么、政府有大臣等知识。

同样，许多更具有哲学性的方法不是基于对实际语言使用的系统研究，而是倾向于使用形式语言学中创造的例子。然而，他们试图捕捉语境
的基本维度，诸如共享知识和话语中知识变化的增量性质。因此，他们能 17
够更清楚地说明这些重要的意义现象，如预设、指示语或言语行为条件。

社会语言学与社会话语分析

尽管语用学，至少在初期，大都具有更抽象的、哲学或逻辑的取向，然后才更多地关注互动和会话，但社会语言学家一直更多地以经验为基础。再者，这里的重点是语言使用，而不是社会情境或语境本身，但是主要思想是语言使用的具体方面，例如发音和词汇选择，随着语言使用者的阶层、年龄、性别、种族或出生地等独立社会变量所起的作用而**变化**（Labov, 1972a, 1972b）。因此，毫无疑问，布莱尔演讲的录音将表明他的发音如何将他标识为特定地区或社会阶层的成员，或者甚至可以标识为诸如政治家或议员这样的社区或团体的成员，这一点从“我的尊贵朋友”这样的话语就能听得出来。

我们看到，这里的**语境**是根据讲话者的具体类别以及他们所属的不同言语社区来定义的。然而，社会语言学在很大程度上将这些社会分类视作理所当然，并没有做更进一步的**社会**分析，也没有系统地研究这些交际情境更加复杂的性质。尽管研究语境影响要依据讲话者的社会群体成员身份，但与本书提出的语境理论的关键区别在于，首先这种社会“变量”被认为是交际情境的客观属性，其次，它们被假定对语言使用和变异有直接影响，而在语境心理模型理论中，这些社会分类是主观的，并且参与者表征是它们与语言使用之间关系的媒介。也就是说，不同于更具确定性和概率性的语言变异的社会语言学描述，本书发展的语境理论的关键是解释语言使用者的社会群体成员身份和自我身份，在他们自己的主观经历即心理模型中，如何不断地自我诠释。从这个意义上说，我们的方法有助于人文社会科学领域的建构主义者形成更明确的社会认知基础观点，因此也有助于社会语言学本身的新定位。

此外，传统的社会语言学将语言变异研究局限于语言使用的局部和表
18 面，如词汇和句子的语音、形态、词法和（某些）句法变化，而不是关注那些可能随着语境而变化的文本和言谈的许多其他层面和维度。实际上，为了适合议会的正式场合托尼·布莱尔对风格的调整，并不仅限于更正式

的发音或词汇使用，如“做出裁决”或双重否定表达式，如“我不会不尊重……”，而且也展现在精心构建的论点、有说服力的修辞以及（准备好的）议会演讲的其他典型属性中。当然，这有别于朋友间就相同话题（英国干涉伊拉克）的即兴交谈。《话语与语境》就已经充分评述了受语境控制的话语变化的一些方面。

许多社会语言学的话语研究考察了**性别**的作用，而且一般是在（女性主义）性别研究的更广泛框架内这样做。第一个这样的研究关注女性的主导地位对其语言使用（如使用模糊限制语）的影响（Lakoff, 1975），而另一个有影响的研究则解释了会话中的性别差异，尤其是鉴于男性和女性在日常生活中不同的个人经历，认为他们之间存在文化差异（Tannen, 1990, 1994）。

今天，大多数关于性别和话语的研究强调语言使用和变化的更广泛的情境或语境维度（例见 Eckert and McConnell-Ginet, 2003; Holmes and Meyerhoff, 2003; Wodak, 1997 等）。我们倾向于避免性别概括，因为上层阶级妇女和下层阶级妇女之间的差异可能比中产阶级女性和中产阶级男性之间，或特定职业的女性和男性之间，或属于同一社区实践的女性和男性之间的差异更大。这意味着，目前很多性别研究不是孤立“社会变量”的泛泛概括，而是倾向于关注更复杂的语境结构以及不同语境维度的相互依赖性。正因为如此，社会语言学也需要更复杂的语境理论，以及一个阐释语境如何影响文本和言谈及其变化的理论。

话语研究的其他社会条件涉及年龄分组，例如青少年研究（如 Eckert, 2000）、种族研究，如我自己的种族主义和话语研究著作（Van Dijk, 1984, 1987, 1991, 1993a, 2005b; Wodak and Van Dijk, 2000），或者跨文化交际（例见 Carbaugh, 2005; Cheng, 2003; Gudykunst, 2003, 2005 等）。毫无疑问，在布莱尔的演讲中，对于特定的社会政治**领域**和行业如议会和议员有非常典型的表述方式：“在这里，我们是，政府……（Here, we are, government...）”。在本书第四章，我们将回到话语的文化差异这个话题。

19 **论变异**

重要的是要强调，语境对话语的影响只波及原则上本来就**可变的**话语属性。一般来说，没有哪个语境条件会影响许多语法结构，例如英语中的冠词–名词短语的顺序，也许某些形式的诗歌、广告或语言混乱除外。但是，在许多其他层面上，话语变异很普遍，例如，各种文本和言谈中的话题选择、话轮和打断、词汇选择、语调、隐喻、问候和礼貌，等等。存在的理论问题是，这种变异通常预设某些东西是保持不变的。因此，"相同"元音或"相同"词语有不同的（基于地域或阶层的）发音，或者"相同"含义有句法或词汇变异等等。但是，并非所有的话语层次都具有更笼统的或抽象的内在层次或单位。事实上，话语话题可能会变化，但在这种情况下，什么会保持不变，什么仍然"相同"？言语行为或话轮也是如此。

我们再次借助心理模型理论解决了这个重要的理论困境。如果话语的"内在"事件模型保持相同，或者是更传统的表达式，即如果他们换句话（或者用不同的语调等）来说"同一件事"，话语可能会根据语境而变化。与此同时，这种变异在某些交际情境中是有功能的，不是自由的或任意的，前提条件是对于任何参与者而言，每个变体都与不同的语境模型相关联。例如，法语会话中第二人称代词 tu 与 vous 的选择就是基于不同语境模型的（指称某参与者的）功能变体，比如，涉及**参与者所理解**的参与者之间的不同社会关系。

风格、语域与语体

话语变异也与**风格**（style）、**语域**（register）和**语体**（genre）研究的广阔领域有关，这也需要一个明确的语境基础。例如在社会语言学中，一个风格概念（有很多！）传统上被定义为具有或多或少相同含义的表达的具体变体。这种变异通常根据情境条件来解释，如情境类型（正式与非正式）、语体类型或社会实践（议会辩论与会谈讨论）、讲话者或作者当前角色或个性，而且通常标记话语或讲话者的独特性、原创性或语境得体性。我们已经看到，与在酒吧和朋友说话截然不同，布莱尔的演讲保持着非常正式的风格，他选择了更为正式的词汇，如**做出评判**、**不尊重**、**严酷**等（详见 Eckert and Rickford, 2001 等）。

虽然经常与相关概念如风格、文本类型或语体重叠（并且因此混 20
淆），但**语域**通常也是用基于语境的语言变体来定义的。然而，在这种情况下，这种变异通常从语体的语法方面来解释。例如，因为故事常常与过去的事件（这是该语体的语义条件）有关，通常更多地使用过去未完成时态，而且对话比学术或新闻文章会使用更多的第二人称代词（如“你”），因为对话中的讲话者通常直接称呼听众，而这在学术文章中较少见，在新闻报道中则更为鲜见（这是语用的、基于语境的语体条件）。语域则是一组这样的语法属性，通常（但不只）与自然话语语体相关联，例如日常会话故事、学术文章以及类似托尼·布莱尔的议会演讲。值得注意的是，虽然这类语簇只能以形式（语法、语言）术语来定义，但是因此也可以定义不与目前任何已知语体相对应的模式。（详见 Biber and Finegan, 1994）

我们看到风格概念和语域概念往往与语境有关，而且通常通过**语体**来达成，例如新闻报道或议会演讲（例见 Bhatia, 1993）。与关注形式特征的传统语体研究方法不同，当代方法更强调语境。事实上，议会辩论的实质，不是它的主题（可以在任何地方就其进行辩论）、修辞、论点和谬论，或者它正式的风格——除了一些仪式性表达方式之外，而是这是一个发生在议会和议会议员之间的话语，是政治进程的一部分等，即交际情境的语境方面。因此，一个宽泛的语体理论有一个语境基础，将语体定义为具体交际情境中的交际或话语实践类型，通常（但很少专门地）与某些整体意义方面（首选话题或典型话题）和形式方面（首选语域）相关。

语境分析

我们从上面已经看到托尼·布莱尔的演讲可以在很多层面上、从许多角度进行分析。我们也看到，对它的很多解读都取决于参与者的知识，这是语境的一个关键维度。表达和所指的含义都同样如此：“议院”的意思是“下议院”，指本届英国下议院，这个片段的许多语义预设和蕴涵的解释也是如此。因此，如果布莱尔说“民主（……），而其他国家却还要为
21 之奋斗”，这意味并预设其他国家没有民主。我们需要政治知识，如果他说“多数票地位岌岌可危”，这可能意味着政府面临垮台。总之，为了能够明确这个片段的相关意思、指称、蕴涵和隐含，我们需要大量的一般性政治知识，需要了解英国现状、即将发生的伊拉克战争、有关这场战争的全国性辩论以及工党大臣辞职之事，等等。

这种语境分析有一个具体方面值得特别关注，也因为它是这个片段中唯一明确的互动属性：前例第 12 行的打断和布莱尔对它的回应。让我们用几个要点来总结一下这个很可能非常复杂的分析，以便再次强调在机构会话分析中，人们需要一个针对互动的语境方法来理解正在发生的事情：

a. 在下议院议长没有邀请或允许的情况下，布莱尔（仍在）发言时，议员开始发言：**打断**。（用方括号标记在《议会议事录》中。）
b. 干预重复了布莱尔刚才使用的“主要政党”一词，因此使这些词被用到**评论**中。
c. 干预在记录中标记为一个**问题**。
d. 用疑问语调重复相同的词通常意味着，要么不理解该词的**含义**或**指称**，要么认为这个表达**不适合**这种情境。
e. 对以前话语片段的明确或隐含的**评估**可能会被作为和 / 或理解为**批评**。
f. 在议会进行政治辩论的情况下，来自特定议员的批评可能被解读为政治**反对**的一种形式——自由民主党普遍反对工党政府，尤其反对托尼·布莱尔。
g. 议员（和分析家）从“主要政党”这个批评性打断推断出，一个显然没有内部分裂、被布莱尔“遗忘”的政党是自由民主党——打断的很可能是该党的成员。
h. 在托尼·布莱尔的回应中，他首先表示**明显认同**（“啊，是的，当然”）可能不恰当地使用了“主要政党”的说法——从而排除了自由民主党，看来是承认自己的明显疏忽（“当然”）。
i. 因此，他**确认**知道那些议员是谁（“自由民主党”），并且似乎主动确认他们确实很“团结”，不像工党和保守党那样内部分裂，他还加上“一如既

往”来肯定这种团结的长期性。

j. 但是，增加否定名词“机会主义”和“错误”则改变了这样一个看似主动 22
的同意，表达了非常消极的立场和政治评价，即不承认疏忽，而是利用议员的打断来提出他对自由民主党的消极看法。在这种语境下，表达对其他政治家的这种消极看法可能会被理解为**指责**。

k. 指责出现在可能被理解为一种形式的反对的批评性打断之后，本身可能被解读为应对反对派的积极**防御**，同时也是政府对反对派的**攻击**。

这可以算是对那个打断所进行的基于语境的分析。这种分析当然考虑了我们从话语和会话分析中所得到的结果，例如关于打断、问题、以问题的形式重复讲话者的词语，以及将这样的问题理解为某种异议或批评。这是对互动的**一般**分析，可应用于许多情境。然而，如果我们不进一步地应用参与者的毋庸置疑的**政治知识**，即布莱尔正在谈论谁，以及打断有什么**政治功能**，即它不只是一个问题或评论甚或对前一位讲话者的批评，而是——在这个议会语境中——表明政治上的反对意见，那么仅停留在第一阶段的分析将是严重不足的。布莱尔通过攻击自由民主党来表示反对——不只是反对那个问题或提醒——这也符合他的首相角色和当前的政治局势。换句话说，如果没有参与者（和观察分析者）的语境模型中的政治知识，这种打断就不可能被理解为政治反对的一种形式——而传统的话语或会话分析会忽略打断和回应背后最根本的**政治观点**。语境理论的目标是为这些更相关的、语境敏感的话语描述和解读提供一个更为明确的基础——也可作为批评话语研究的更明确的基础。

社会情境与社会信仰

在这些关于语境的认知、语言和话语分析研究的背景下，本书关注社会科学中的语境研究。无论是否作为语言的语境，在社会科学中，我们
还面临着行为语境化的普遍问题：同一感知行为在不同情境中可能意味 23

着截然不同的东西。作为语境理论的一个普遍的"社会"基础，我们因此需要更详细地研究几个学科中的（社会）情境概念，因为这个概念不仅可以用来定义话语语境，更为普遍的是，还可以被视为互动和社会结构的基本单位。

因此，除了被定义为心理模型的语境的认知方法之外，我们首先需要从认知心理学视角扩展到**社会情境的社会心理学研究**。由于其研究主题，社会心理学可以（或者应该）作为认知研究与社会研究之间的学科接口，尤其是与通过日常**情境**互动研究社会的"微观"构成的研究之间的学科接口。我们从上述讨论看到，各种语境方法都充斥着社会心理学中通常研究的概念：印象管理、社会身份、社会类别、角色、适应、信仰、遵从以及群际关系等等。尤其是参与者的（社会）身份是语境理论的核心话题，而且是语境控制言谈和文本的方式。

由于在一个章节中阐述的问题有限，我首先着重阐述**社会情境**或**社会情节**概念的有趣的社会心理学方法，因为我们将语境定义为交际情节方面的交际情境和文本语境单元的心理模型。对情境和情节的社会心理学描述可能会生成关于语境理论的组成类别的想法，即参与者通常是如何理解语境的。

然后我们考察一下这些情境类别的性质。我也是根据环境心理学中的各种方法来这样做的，因为行为的社会情境也可能被视为言谈和文本的某种社会"环境"。然而，在语境理论中，对于时间和地点（构成场景类别的一部分）以及参与者的角色或身份，类别的选择可能显而易见，但是并非社会情境或环境的所有方面都需要成为语境的一部分。例如，毫无疑问，温度、拥挤、房间的颜色、噪音等都会影响我们的"行为"，可是"环境"的这些属性不需要成为话语语境定义的一部分。我们可能会意识到它们，但它们不需要与话语结构系统地相关。在与不同的人交谈时，我们可以使用不同的代词，或者针对讲话者与听众之间的不同关系，在不同温度下交谈，极少的（如果有的话）文化有不同的代词、不同的语域、不同的风格或不同的语体。我们在第三章和第四章研究社会和文化的语境时，还将讨论这些问题，因为很显然，社会情境以及它们如何在不同文化中被建构是一个具有更广泛意义的主题。 24

共同信仰

在谈论社会认知的章节中，语境的另一个需要探讨的重要维度恰好是社会认知，即社会和文化的共同信仰，例如知识、态度、意识形态、规范和价值观。我们并不仅是从认知方面研究这些问题（如在认知导向的社会认知研究中，特别是在美国），而是对群体和社区共享的社会和文化方面感兴趣。在《话语与语境》中，我们考查了知识是如何在会话中被预设和处理的，而这些策略是基于各种认知社区的共同参与者，社会态度或意识形态也是如此。托尼·布莱尔在演讲中可能会捍卫与他的政治信仰一致的立场，而议员可能会根据与其党派成员及其他人（如和平主义者）共享的意识形态来赞成或反对他的观点。

语境不仅以来自个人经历的个人知识和观点为特征，这些个人经历确定了控制独特话语的独特模型，**而且基于社会共享的知识和信仰**。也正是以这种方式，我们才能够将话语及其情境语境与更广泛的社会结构语境联系起来，例如，将托尼·布莱尔的演讲与英国外交政策及其规范、目标和意识形态联系起来，或将整场辩论与和平主义者或反战运动联系起来。下一章将详细描述个人语境心理模型与群体和社区的社会共享表征之间的关系。

语境与社会

在社会学中，自托马斯（W. I. Thomas）在20世纪初提出了著名的“情境定义（definition of the situation）”概念以来，“情境”概念在分析社会结构方面发挥了作用。然而，欧文·戈夫曼对“被忽视的情境（neglected situation）”感到惋惜。事实上，尽管社会情境可能被认为是有意义的社会组成部分，尽管社会行为的“情境”方法的相关性经常被提及，但社会情境分析并没有得到社会学应有的重视。相反，行动、互动和之后的会话占据了突出位置，无疑也是因为它们构成了社会情境的核心。第四章首先表明的是，在现象社会学（phenomenological sociology）中，社会情境并没有
25 像传统的语境方法那样，从它们的“客观”结构方面来分析，而是从主观方面定义或解释。也就是说，语境概念作为参与者的一种社会建构在社会学中已历史悠久。

社会情境在二战后也受到社会学家的关注，也许不是很集中和明晰。无可争议，欧文·戈夫曼是最著名的分析家，他非正式但很系统地研究了很多概念：相遇（encounters）、公共场所（public places）、参与者结构（participant structure）、立足点（footing）、框架（frames）等，这些概念后来成为日常生活社会学的标准。

继阿尔弗雷德·舒茨（Alfred Schutz）发起的现象学传统之后，加芬克尔（Garfinkel）和其他民族方法学家研究了在日常互动和情境中的隐含规则（“方法”）的基本细节，以及人们如何“理解”他们。更具体地说，萨克斯（Sacks）、谢格洛夫（Schegloff）和杰斐逊（Jefferson）于 1974 年在其探讨会话话轮的突破性文章中提出的会话分析，通过关注互动言谈（talk-in-interaction）细节，使互动分析更加复杂而详细。

由于对互动序列属性的这种特殊关注，会话分析极少关注参与者本身以及言谈的社会情境的其他方面。会话分析在程序上忽视了谈话的社会和政治语境，因而受到批评（和其他）话语分析家的挑战，谢格洛夫定义了他在言谈的正式分析中所接受的语境维度标准，即参与者自己“定位的”语境条件（例如，性别或权力），以及在言谈中与“程序相关”的语境维度。换言之，为了避免生成无休止的语境“解释”，而不是关注言谈本身，经典会话分析中的语境只有**显示**相关时才被认可。然而，一般来说，标准会话分析很不愿意承认任何形式的语境因素，而是建议首先关注会话本身的互动属性。但是，从会话分析本身，以及从批评的、社会和政治的

话语分析方法视角来看，这种不依赖语境的方法经常受到批评。第三章将更详细地讨论这一论题。

接着，在同一章中，我们继续系统分析语境概念，研究哪些社会语境本质的社会学见解可以应用到这一语境理论中。毕竟，语境作为相关交际情境的心理模型，不仅是情境的个人解释，还是基于时间、地点、参与者及其角色和身份、权力关系等等的社会共识。

这种情境和行为方法形成了社会学中社会微观结构与宏观结构之间，26
或“机构”与“结构”之间关系的重要讨论部分，正如吉登斯（Giddens）探讨的那样。鉴于语境不应仅局限于面对面的情境，还应该解释“宏观语境”，本书将研究这个辩论的某些方面，正如我们所知的托尼·布莱尔的演讲与英国外交政策的影响，首相和议会等机构，等等。

遵循社会认知方法，本书一方面能够构建互动、话语和情境语境之间的必要桥梁，另一方面也能够构建社会和政治语境之间的必要桥梁。如果这些维度或层次在社会学中是明确相关的，那么就会生成（例如吉登斯所探讨的）传统的“意识”概念。如今认知科学当然提出了更为明确的概念作为必要的接口，如同我已提出的语境模型概念一样。具体地说：社会（宏观）结构可以与言谈和文本相关联，因为作为社会成员的语言使用者**了解**它们，且可以在说、写、听或阅读时**想到**它们。也就是说，社会行为者可以参与各级社会结构的谈话，因为他们能够模拟这种结构。一旦人们将社会行为者的思想作为明显的调解层面引入，宏观-微观联系就成为一个假问题。

在第四章中，我们将看到，对于许多当代会话分析者来说，心理仍然是一个无关、无趣或暂时排除的社会分析概念——尽管互动和会话分析中的许多要素其实都是心理概念，比如言谈本身的极为抽象的结构或组织，以及诸如意义、推理、知识、目标、意图等概念。我已经在《话语与语境》一书中表明，在本书中将进一步证明，没有这种认知概念，语境和因此而情境化的言谈和文本就无法被恰当地定义。

语境与文化

不仅话语语法和话语规则如此，而且语境也因文化而异。我们可能会调整我们的言语以适应于一个强大的听众，如使用各种礼貌用语或敬语，在许多文化中便是如此。然而，没有多少文化会根据不同的语境产生不同的词汇，比如说，在说话者的婆婆在场的情况下，用不同的词汇与某人交谈。借鉴德尔·海姆斯（Dell Hymes）在20世纪60年代倡导的言语民族志（ethnography of speaking）传统，在分析了语境的组成部分之后，本书
27 第四章将首先考察“语境”概念在不同文化中的使用情况，并且回顾人类学有关交际实践中的语境条件的研究：谁（不）可以/必须在什么样的背景中对谁说什么话？这样的回顾一方面表明，在很多文化中，很多语境条件是相同或相似的，例如说话人、听众或其他参与者的地位或权力——当然还有知识，因为没有知识管理，就不可能有会话和互动。

接下来，我们将考查更多的当代研究，大都是语言人类学领域关于交际实践的研究，也超越了民族志有关言语情境研究的范围。虽然主要关注（尽管不限于）“非西方”社会，但人类学研究的新发展也涉及我们所知道的话语的其他社会研究领域的话题，如性别与权力的作用、语言意识形态、社会身份、跨文化交际等。该领域更具体的语境研究之一为莱文森关于不同文化对空间和方向的概念化方式，以及由此生成的以（相对或绝对）不同的方式来配置语境的研究。同样，汉克斯（Hanks）还解释了不同文化中的指示语表达研究的语境属性的细节。换句话说，在“我们的”（日趋混合的）“西方”文化中经常被认为是理所当然的，比如我们的空间和语境的自我相对取向（例如，**这里的**我与**那里的**你或其他人的区分），其实并不普遍。总之，语境的跨学科研究还需要解释文化成员定义交际情境为语境的文化特异性和方式可变性。

讨论了语境的文化研究方法后，将总结一下我们自己关于话语和种族

主义的研究，这次不是关注种族主义文本和言谈的那些特点，而是关注它们的“种族”和其他社会语境。

语境与政治：英国议会关于伊拉克问题的辩论

最后，我们详细讨论的话语和语境，正是《话语与语境》一书的研究主题，上文中也有相关评论：在关于伊拉克问题的辩论中，托尼·布莱尔的演讲是在 2003 年 3 月 18 日，美英军队及其盟友入侵伊拉克仅仅是几天后的事。在最后一章中，我们不仅继续详细分析布莱尔的演讲，还考察其他议员演讲的语境属性。正如我在《话语与语境》第一章中所说，在语言学和话语分析中，仅了解和应用话语的语法和规则是不够的，还要理解语言使用的社会意义、政治意义和功能，人们还需要考察参与者所定义的话语与语境之间的关系。 28

只有这样我们才能够证明，互动不仅表明了会话的一般属性，更具体地说是这种辩论中的制度性对话，而且还具体表明了这种辩论的政治观点：政治决策、立法、操纵、民粹主义、权力游戏等等。

因此，除了基于我们对世界的社会文化知识的许多蕴涵和隐含之外，正如参与者在他们的模型中所分析、理解和表达的那样，我们也能够从对社会政治情境的详细分析中推断出这些**政治隐含**。社会、政治和批评话语研究的这个基本过程正是跨学科研究语境的目标。正是从这个意义上来说，本书与《话语与语境》一样都旨在为批评话语研究打基础，虽然本书重点关注话语与话语的社会政治语境之间关系的研究。

29

第二章

语境与社会认知

引言：语境的社会心理维度

语境被定义为社会情境的心理模型，在很多方面将话语与社会衔接起来。如果有一门研究人及其行为与社会之间关系的学科，那就是社会心理学。因此，我将在本章探讨社会心理学对语境研究所做出或可能做出的一些贡献。例如，社会心理学几十年来研究了社会情境的各种属性影响人们“行为”的诸多方式，并提出了几种可能与我们的语境理论相关的情境结构分类法。

与许多其他学科一样，社会心理学并不是一个关于人与社会之间关系的系统严谨的知识体系，而是一个由许多研究小组组成的松散团体，研究主题可以概括为下面的关键词：

> 适应、行动、情感、从属、攻击、利他主义、态度、吸引力、属性、权威主义、行为、信仰、归类、认知失调、集体行为、交流、遵守、冲突、一致性、共识、合作、犯罪、人群、偏差、歧视、情绪、沮丧、性别、群体、身份、印象、影响、内群体、互动、群体间关系、人际关系、判断、标签、语言、领导力、爱、规范、服从、外群体、性格、说服、权力、偏见、宣传、角色、自我、自我归类、自尊、社会认知、社会流动、社会表征、社会化、言语、地位、刻板印象、价值观

当然，尽管这份清单并非详尽无遗，但社会心理学家可以了解到几

十年来心理学期刊和书籍所探讨并受到不同程度青睐的主要话题（例见 Hewstone and Stroebe, 2001）。

在看似偶然的主题选择背后，我们认识到，受永久关注的是理解人们及其“行为”与他人、群体、情境和整个社会的关系。

在很多社会心理学研究中，诸如“行为”和“刺激”这类概念仍然 30
普遍使用，这表明尽管有丰富的认知传统，社会心理学理论中仍然存在强烈的行为主义观点。只是在近几十年里，人们才更加明确且系统地关注认知表征和加工的细节，总结时它们通常被归入“社会认知”，在美国尤其如此（Augoustinos and Walker, 1995; Fiske and Taylor, 1991; Hamilton, 2005）。

尽管从人们受他人（他人感知）影响的方式这个意义上来说，“社会认知”的视角似乎是社会性的，但理论上大部分研究的认知焦点仍然是个人主义的，甚至研究“态度”及其对“行为”的假设影响（评论见 Resnick, Levine and Teasley, 1991 等）。此外，对该范式中的社会认知的研究主要是在真实的社会和政治语境之外（但大多在实验室），并且对信息加工比对知识和意识形态等社会信仰内容更感兴趣。

另一方面，在欧洲，我们已经看到社会心理学中更多以社会为导向的研究方法的发展，例如社会表征（例见 Farr and Moscovici, 1984; Moscovici, 2000）、群际关系（Tajfel, 1981）和社会身份理论（Abrams and Hogg, 1999）的研究，尽管在这些诸多研究中，例如自我归类，也存在着重要的认知维度（Turner et al., 1987）。毫不奇怪，最近有人提出整合社会认知和表征的不同视角（Augoustinos and Walker, 1995; Operario and Fiske, 1999）。

除了语言社会心理学（Giles, 1979, 1991; Scherer and Giles, 1979）和话语心理学（Potter and Wetherell, 1987; Edwards and Potter, 1992）这些子学科外，尽管“交流”“语言”和“言语”主题出现在刚刚提到的社会心理学主题列表中，但社会心理学中对话语这种显著的社会心理现象一直不感兴趣。实验经常以各种“信息”为特征，但很少有人研究这些信息。话语分析在主流社会心理学中的影响迄今为止最小。休斯通和斯特罗比（Hewstone and Stroebe, 2001）的入门书第三版的主题索引甚至没有列出“话语”这个关键词。

话语心理学系统地批评了社会心理学对话语的忽视。然而，尤其在该研究领域更为激进的观点忽视了话语和互动的重要认知维度，因此它也具有简化趋势（Edwards, 1997; Edwards and Potter, 1992; Potter, 1996）。

31 换言之，我多年来一直倡导的一种综合了社会认知、社会表征和话语分析的方法（例见 Van Dijk, 1990），仍在研究中。

然而，在语境理论框架内，社会心理学中的典型研究主题清单为研究人们交流的社会情境，以及研究被他们定义为语境的这些社会情境的相关属性，提供了一些建议。因此，言语参与者显然具有各种社会身份和角色，他们可能会彼此吸引，试图给其他参与者留下好印象，可能会对别人所说的话很生气，表现出情感或利他主义，将对话者归类，遵循交流规范，与他们的群体行动一致，说出他们与群体成员共有的偏见，预设接收者的知识背景，迁就他们的对话者，等等。甚至这个简短的清单也表明，对于更加明确和详细的语境理论、其类别以及这些会如何影响文本和言谈的生成与理解，社会心理学研究可能会多么富有成果。

另一方面，在社会心理学中，如果没有突出的话语维度，通常研究的绝大多数现象是不可想象的。因此，话语分析在传统甚至是现代社会心理学中扮演着如此边缘的角色，这一点非常值得注意。

由于一个章节不可能回顾和应用半个多世纪数以千计的社会心理学研究，因此，我只关注社会心理学中经常研究的一些现象，这些现象可能会揭示多学科语境理论：

- 了解社会情境（的结构和类别）
- 言语的社会变体（风格、语域等）

- 话语参与者的群体成员身份和社会身份
- 参与者共享的社会认知和社会表征
- 社会互动策略
- 社会群体之间的关系（权力等）

进一步总结一下，与语境理论相关的社会心理学概念包括社会情境、社会行为者、社会信仰、社会交往和社会群体，当然还有语言、话语和交流。也就是说，我们选择研究社会情境中兼具认知与社会维度的那些方面，这使我们能够将《话语与语境》中提出的认知方法与以后各章中论述的社会和文化分析联系起来。

那么，在本章中，我们不再将语言使用者或话语参与者作为个体来对待，而是将社会行为者、群体本身以及他们的社会互动和社会**共享**认知作 32
为群体成员来对待（Resnick, 1991）。因此，在传统社会心理学研究的许多其他典型现象之中，我们更关心社会交往而不是个人“行为”，更关注共同信仰和群体表现，而不是个人信仰、情绪、攻击性、挫折、自尊或性格等方面，无论其对文本和言谈有多么确定无疑的个人效果，都需要在各自语境研究中予以考虑。

这意味着如果语境被定义为心理模型，本章及后续章节需要表明，这些不仅是个人经历的形式或交际情境的主观解释，而且也构成与其他参与者的不断交流，体现了与其他语言使用者共享的许多方面，例如他们的社会身份或群体成员资格。

《话语与语境》一书中探讨了这些社会共享维度之一：各种社会**知识**被定义为共享的“共同基础”（Clark, 1996; Krauss and Fussell, 1991）。但是，既然根据定义知识被认知社区成员所共享，它显然也需要一个社会心理（以及社会学和民族志分析）层面的解释。

一些主题将作为上述清单中更广泛的类别之一的一部分予以讨论。因此，信仰、知识、态度、规范、价值观和意识形态将全部作为群体共享的

“社会认知”或“社会表征”来探讨，从而在更广泛的意义上使用这些术语，而不是仅用于传统的社会心理学，其中印象管理、属性、遵守、一致性、共识和说服等，将作为众多（话语）社会互动策略来研究。

一些与此相关的现象，如互动、群体关系和权力，也将在下面的章节中从不同角度进行研究。此外，本章将忽视社会情境的重要（跨）文化维度及其语境定义，这些内容将在第四章讨论。

更一般地说，社会心理学对社会微观层面研究的具体方面感兴趣，即社会行为者在社会情境中的社会交往。请注意，强调社会微观结构并不意味着我们将社会心理学降低为微观社会学。也就是说，与大多数微观社会学不同的是，社会心理学还解释（或应该解释）互动的社会认知方面，诸如共享的社会信仰、知识和意识形态以及作为群体成员的个人社会行为者在这些方面的表征、使用和重复方式。通过这种方式，社会心理学有助于我们通过研究作为群体成员的参与者、特性的互动以及社会共享信仰的实
33 例或应用的群体过程或群体与个人信仰之间的关系，来洞察社会中的微观–宏观关系。

如前所述，在语境理论中，我们更多关注的是，在数以千计的文章和书籍中所研究的社会心理学各个分支中“老”问题的具体表述。作为交流情境的持续心理模型，语境显然是许多社会理解过程的结果，涉及诸如：

- 自我在感知交际情境和互动中的作用
- 社会行为者作为话语互动中的群体成员以及个体共同参与者的分类和理解
- 对共同参与者的判断和印象形成
- 将社会身份、角色、意图、目的和目标归属于共同参与者，例如对他们话语的解释或期望
- 通过刻板印象、图式形成、启发、偏见等减少关于社会行为者的复杂信息
- 理解和判断参与者正在进行的行动，涉及诸如参与者的个人或社会属性或环境状况等方面
- 关于参与者的知识或其他信仰的推论

所有这些（也）都是在文本和言谈的背景下进行的。这份清单或许可以更详尽，但本书的“绪论”可能已经清楚地表明，社会心理学的不同方向与语境理论有关。我们要想能够在所有可能的社会情境中适当地参与和发言，就需要持续理解、分析和判断这类复杂情况。认知和社会心理学为我们提供理论概念、实证研究结果和方法工具，以研究对我们的环境即情境的理解过程。过去，由于实践和方法的原因（如实验室实验），这项工作的关注重点是个人行为和行动者的认识和解释的诸多属性，无论其是否为群体成员。本章的任务是考查这种“情境分析”中涉及的一些过程和概念，并探明哪些过程和概念与构建语境模型相关。从这个意义上讲，始于实验室的语境和话语的语境理论，是社会心理学的一个具体而关键的应用，并且适用于社会心理学本身的话语研究。

由于社会情境非常复杂，而且社会心理学中也有很多研究它的方法，我将选取一些中心概念，并简单地把它们每一个都视为语境理论的候选对象，从“情境”本身这个概念着手，然后聚焦于作为交流活动的相关元素：34
背景、参与者、行动和社会认知。

社会心理学对这些概念的研究有着悠久的历史，我们对交际情境的看法也是如此：米德（G. H. Mead）和符号互动论强调，环境的客体不应该绝对地定义，而应该根据活动中的参与者所理解的情境来构成（Blumer, 1969; Mead, 1934; 另见《话语与语境》第二章）。然而，追溯所讨论的所有概念的理论历史超越了本书研究范围，因此，我将仅关注情境参数的一些当代研究。

社会情境

由于本书的语境被定义为社会情境的主观概念，让我们首先回顾社会情境的社会心理学研究，以及这些研究如何被社会行为者理解并影响他们的活动。[①] 本章将关注对社会心理学本身贡献的分析，我不会重复回顾在《话语与语境》的认知心理学研究中提供的对社会心理学有深刻影响的事件与情境，如图式理论和脚本理论。

有时社会情境被认为是社会心理学的主要研究对象之一（Ross and Nisbett, 1991），然而，事实并非如此。尽管这个概念出现在许多文章的标题中，但仅有一本专著和一本编著专注于社会情境的研究，这两本书都是 20 多年前出版的（Argyle, Furnham and Graham, 1981; Furnham and Argyle, 1981），而且，这两本书不仅探讨社会心理学，还涉及社会学和人类学。与许多关于态度、属性和上述列举的其他主要话题的书籍相比，社会心理学对社会情境的明确研究是相当薄弱的，尽管有时候主流视角被
35 认为是一种“情境主义（situationalism）”视角（Furnham and Argyle, 1981: xxii）。事实上，由于在“语境”中研究现象通常比对“孤立”现象的调查更充分，我们在语言学、认知心理学、社会学和人类学中也发现了这类普遍说法，但直到最近，这些说法更像是一般规范的口头空话，而不是基于广泛研究。

然而，我们在社会心理学中**的确**发现了关于社会情境的各个方面对“行为”的影响方式的研究，例如与人们假定的个性“特征”的“相互作用”方面的研究。这种社会心理学方法有时甚至被称为“交互的”（Ekehammar, 1974; Magnusson, 1981; Magnusson and Endler, 1977）——不是因为它与交互有关，而是因为影响“行为”的情境和性格“变量”的**统计上的**相互作用（对于这种使用“相互作用”概念的批判，例见 Buss, 1981）。这类对社会情境本质及其结构的专门研究相对较少。然而，许多

① 我将取代传统的“行为（behavior）”概念，转而使用几个不同的概念，如“举动（conduct）”“行动（action）”“互动（interaction）”“活动（activities）”和“社会实践（social practice）”，这些概念分别表达不同的意义并分别越发具有个人、人际、社交、社会和文化层面的意义。当这些概念被定义为社会行为可观察的具身表现时，“举动”与“行为”概念最接近。正如我们后面将会看到的那样，行动、互动和相关概念被定义为**意图的**或**解释的**行为，这也涉及心理层面。

实证研究得出的一般结论是，情境对人们行为的影响通常非常强烈，并且往往比人的性格特征这样的“禀性”更能预测人们会做什么（Ross and Nisbett, 1991）。

尽管有时会参考微观社会学和其他相邻学科中的情境定义，但传统的情境社会心理学在性格研究方面根基深厚。马格努森（Magnusson, 1978）区分了几个分析层次，例如刺激、情节、情境、背景和环境，后者为前者的更一般性的框架（另见 Pervin, 1978）。在这里假设情境为具体刺激行为和由这种行为构成的情节提供意义，而背景和环境为情境提供了更普遍的框架。

与我们的分析相关的是，这些早期的概念化已经对情境的“客观”（观察者）特性和**行为者自己感知情境的主观方式**进行了区分。的确，情境被认为是根据这个分类被心理表征的，例如，珀文（Pervin, 1978: 376）按照以下分类总结情境结构：

- 地点
- 时间
- 人
- 活动

我们已经多次遇到这些基本类型，并且它们显然是语境模型中表征语境的情境的基本特征。

阿盖尔（Argyle, 1978）比较了情境与游戏，提出了一个更复杂的**情境类别**清单（详见 Argyle, Furnham and Graham, 1981）： 36

- 行为要素
- 目标或动机
- 行为规则
- 社会或正式角色
- 物理背景和设备

- 重要认知概念
- 相关技能

与珀文所区分的基本组成部分相比，我们发现在这份清单中出现了一些认知概念，例如“认知概念”和“规则”。在《话语与语境》（第三章）中，我们看到目标也是认知的，即行为者表征他们所要达到目标的方式。然而，阿盖尔强调情境有目标而且它们不是行为者的属性，动机亦如此。还要注意，清单中提到行为者的行为、技能和角色，但并未提及行为者本身。最后，在珀文那里的地点和时间，则被阿盖尔以物理背景取代。

阿盖尔等人使用的类别与埃夫登（Avedon, 1981）在他的游戏分析中发现的类别接近。贝内特和贝内特（Bennett and Bennett, 1981）在分析“场景（scene）”时提出了一些其他因素，比如“容器”（活动的物理空间）及其道具、交互的持续时间，尤其还有调节场景的，也可能被称为环境的物理属性，如光线、声音、颜色、气味、温度和湿度。

布朗和弗雷泽（Brown and Fraser, 1979）在一篇有影响力的论文中，可能对社会心理学中的社会情境结构研究做出了最详尽的贡献。他们的图式受到解释社会语言变异的情境因素的启发，不仅提供了理论框架，而且还提供了观察这些因素的社会语言学文献的选择性回顾（我们在《话语与语境》第四章中讨论过这些关系）。他们正确地指出，对所有相关情境特征的全面回顾将是大多数社会语言学的总结内容，尽管大部分早期研究涉及参与者的社会属性而不是情境的其他特征。

他们的情境结构图式（见图 2.1）将主要场景类别与参与者的场景类别结合起来，其中背景（场所、时间、旁观者）是场景的一部分，或多或少与其他方法一样。他们把目的看作社会情境的“发动机”，但将其置于场景之下，并根据活动类型（目标、激活的角色）和主题（任务、主题）进行定义。

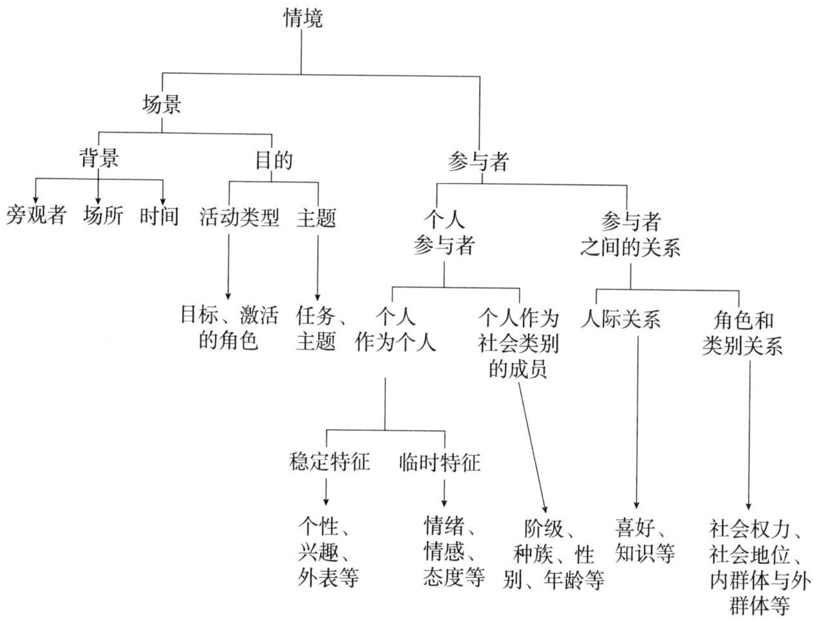

图 2.1　情境的组成部分（Brown and Fraser, 1979）

尽管详细，但这是一个令人困惑的理论框架。所以，人们可能会提出如下批评：

- 目的（或目标）是参与者**想要通过他们的行为所获得**东西的表征，即作为个人或共享认知的某种形式，因此应取决于参与者类别，而不取决于背景类别。
- 目的类别不仅有目标（也是参与者的心理属性），而且还有（a）激活的角色，这将是参与者的（社会）属性，以及（b）主题（进一步定义为任务和主题），这更像是一种话语属性，即使它们可能是由参与者规划。
- 任务在概念和认知上更接近目标，这是参与者属性，或至少是一种强加于参与者或由参与者承担的外部目标，因此可以将其定义为某个活动结点的一部分。
- 参与者结点正确区分（个人）参与者和参与者之间的关系——也针对参与者的稳定和临时特征——但人们想知道为什么参与者只能是个人参与

者。毕竟，各国政府、议会、政党、社会运动、大学和商业公司也会作为集体参与各种活动，因此仅引入个人担任各种社会角色是不够的，特
38 别是因为涉及如权力、群体内外等这一类关系时，要求参与者是群体而不是个人。

- 旁观者可能没有积极助力正在进行的活动，但他们是一种参与者，行为者或演讲者在他们的活动或话语中会考虑他们，就像对待（沉默的）接收者一样。
- 因此，如果我们将社会情境总结为社会参与者依托某些社会背景做某事，那么在这个图式中最显著的缺失（或者错置于背景下）就是整个活动类别。
- 活动类型和主题归入目的类，而不是作为一个单独的活动类别，其中可以包括作为活动的心理基础的目的。
- 一个基本类别，即参与者的知识被置于参与者之间的关系之下，然而另一种“心理”类别（态度）与情绪和情感则一起被定义为个人的临时属性，尽管社会态度不像个人观点，通常由社会群体所共享，而且相当稳定。
- 缺失了社会共享表征的一个子类别，例如态度和意识形态。
- 知识不被定义为个体参与者的稳定或临时特征的一部分。
- 由于没有提及群体，所以没法涉及共享知识或信仰。
- 没有可变情况、制度、规范和规则这些类别。

因此，我们可以得出结论，尽管该研究中提到的情境特征很多，但它们的图式组织似乎很武断，而且还缺少一些基本的社会情境类别。

将这些出现在不同类型的图式组织中的方法结合起来，我们可以将社会情境类别像 20 世纪 70 年代的分析那样总结如下：

- 背景 / 场景：时间、空间 / 地点、物理特征、道具
- 社会行为者：技能、动机、性格、外貌；社会角色
- 社会活动及其规则和规范
- 认知概念：目的 / 目标、知识、态度

到目前为止，我们还没有独立的（例如心理学的）标准来确定这种类

别在情境图式表征中的最佳组织形式，例如，像在情节记忆中被理解和模拟，或者在社会情境中如故事讲述中被谈论的那样。然而，基于其他几种方法，我们可以设计一个更加系统的情境的社会心理图式。

与大多数方法一样，这种图式首先要具有背景 / 场景类别，包括位 39
置、时间以及各种物理和社会环境，然后是事件这一主要类别，包括（在现场）从事某种活动的行为者。这些行为者基本上具有三种属性，即个人属性（个人身份、年龄等）、社会属性（社会身份、类别，如性别、角色、与他人的关系等）和心理属性（信仰、目标）。当参与活动时，它们或多或少可表现为图式 2.1。

情境
    背景
        时间
        地点
        环境、道具
事件
    行为者（个人或群体）
        个人的：性格、兴趣、外貌
        社会的：年龄、性别、“种族”；社会角色、社会关系
        心理的：知识、规则、观点、意图、目标
    活动/举动

图式 2.1 社会情境的简化图式结构

在这个图式中，目标可以置于活动之下，因为目标、计划、意图和目的通常被定义为行动的心理基础。然而，我们认为，目标、计划等不是活动或行为的属性，而是参与活动的行为者的属性。的确，人们可能有目标、意图或计划，**却不**执行，即没有实际参与行动。因此，将它们与某些情境行为者的其他不可缺少的特性（知识、观点等）联系起来似乎更合乎逻辑。虽然可能有理由设立一个规则类别，但正如几位作者所提出的那样，我们不确定这样的类别是否属于社会情境结构的一部分。倘若如此，它们应该被归类为参与者的（共享）知识的一部分。事实上，在社会情境中包括“规则”就如同在句子或话语的结构中包含“语法”，在认知上混合个人的（情节的）心理模型和社会表征。因此，如果将社会情境参与者的社会共享知识作为参与者的属性包含在内，那么规则确实应该与语法和话语规则一起包含在（复杂的）知识类别中。

下面——以及在接下来的章节中——我们将更详细地讨论这些情境特
40 征。在进行更系统、更详细的讨论之前，我们需要简要考虑一些与社会心理学所研究的情境有关的其他概念和问题。

环境

早些时候，我非正式地将“环境（environment）”概念作为情境的同义词之一使用：在某种意义上，社会情境是文本和言谈的“环境”。然而，特别是在环境心理学或生态心理学中，人类“行为”环境的特征更为详细，并关注空间和地点物理属性的作用，例如门、照明、温度、噪音、他人的接近度等（Barker, 1963, 1968; Barker et al., 1978）。也就是说，从这个角度来看，环境概念更接近作为主要情境类别的背景的一种属性，而不是作为情境（整体）本身的一种更普遍类别。

然而，在这种情况下，我们需要探讨的理论问题是，社会情境的这种“环境”属性是否实际上由社会行为者在其经验中表征和解释、它们是否以及如何影响其整体活动，尤其是他们的交际行为。

这对于研究话语情境及其作为语境的表征尤其重要，即情境的这些“客观”特征是否总是相关的，如果相关，语言使用者如何在话语的生成或理解过程中管理它们。例如，行为者的角色影响活动和话语的方式似乎与诸如热量或噪音等环境因素的影响截然不同。在第一种情况下，涉及**社会**规则、规范或惯例，而在后一种情况下，更直接的可能是生理上的影响，例如对言语的语音特征或举动的其他身体方面的影响。极不可能存在这样的语言，比如在高温或低温下生成的话语具有不同的代词。换句话说，当语言使用者忽略诸如行为者角色等语境制约时，他们可能会产生不恰当的文本或言谈，然而，客观的（或者甚至主观感知的）空气温度的作用并非如此。

由此可见，在该研究和其他研究中，我们应该仔细区分可能直接和“客观”地引起特定的——例如语音上的——语言使用属性（比如，高温下的缓慢谈话）的情境特征与主观和常规地构建社会情境的相关属性的心理模型的作用，它们是社会情境和话语之间的控制接口，而不是确定的物理或生物“原因”。因此，语境形成的普遍相关性原则要求，只有当“环境”属性对可变话语结构具有**系统的**、**受规则制约的**影响力时，才会被解 41
释为语境属性。

维度

另一个重要问题是基于社会心理学的某些方面对情境进行分析的方法，例如，根据人们对情境的评价所定义的“维度”，如是否（非）正式、（不）愉快、亲密、紧张、轻松等（Forgas, 1979; Magnusson, 1981; Pervin, 1978）。

尽管将情境与参与者经历它们的方式联系起来确实与心理模型方法相关并一致，但仅仅通过主观评价来表征它们，并不能使我们洞悉这种情境的性质：愉快的“宴会”语境，显然与“工作面试”语境完全不同，因此这便成为话语变异的来源。

这表明，在相关情况下，人们很可能基于主观评价而表征一种情境，就像我们同样看待心理模型那样，而不仅仅是评价维度如此。我们将回到交际情境的这种“维度”分析，也许在（实验室）实验和统计处理（例如因子分析）中很容易研究情境的评价维度，但是我们却几乎不知道人们如何定义、表征和作用于它们所涉及的情境结构。

目标

正如以上所见，情境社会心理学中的其他方法更接近语言学的结构主义方法，并且关注情境的组成部分或类别。在这种情况下，问题是要找出哪些组成部分是必要的和充足的，以及为什么。

因此，与许多其他社会情境和行为分析者一样，阿盖尔、弗尔汉姆和格雷厄姆（Argyle, Furnham and Graham, 1981）强调目标及其结构是社会情境的核心组成部分。这可能是如此，但我们需要明确的标准来做出理论判断。如果一个情境的目标是“玩得开心”，或“获得某些东西”，几乎未提及活动本身，它可能适用于大量截然不同的情境：去散步、去参加一个派对、下棋、洗澡等——这些活动都可以用尽情享受的总体目标来描述。

因此，对于这些例子，不仅仅要了解目标是什么，了解所参与的**活动**
42 似乎也很相关。的确，一些活动可能根本不会有明确或有意识的目标，只是为了活动本身而参与，或者需要用“玩得开心”这样模糊的目标来描述。在《话语与语境》（第三章）中，我将目标定义为意图（计划）的活动的预期结果的心理表征。这表明，有用的情境分析以及语境模型应该以目标（或目的）以及意图为特征，即社会行为及其结果的心理模型。

我们还看到，对于**目标**的可能语境类别的讨论，我们需要更明确的标准，以便分析社会情境的结构或者便于我们想要建立分类或情境类型（例见 Frederiksen, 1972; Belk, 1975）。我们已经提出，环境的物理特性（如温度或噪声）不适合作为语境模型图式的背景（子）类别，我们将在下文回到这个问题。我们也假定评价“维度”不能取代它们所评价的活动。我们现在也看到，只有与意图相结合时，目标类别很可能相关，否则活动的中心类别就不能在心理上得到控制。

在《话语与语境》（第三章）中，我制定了各种限制条件，要求（图式和宏观结构）的语境模型相对简单，因此不能包含数百个相关的情境特征。这并不意味着人们无法感知或区分大量不同的环境属性，如温度、噪音、形状、大小、颜色等，只是这些类别并不总是与社会情境的定义**在社会层面上**相关，更不用说与语境模型中表征的适当性条件**在话语上**相关。

因此，应对复杂的情境结构和无休止的变化，人们可以设想在认知上更现实的方法之一就是假设社会行为者开发并应用了情境**原型**（Cantor and Mischel, 1979）。

动机和决策

尽管“动机”具有个人和主观的性质，它仍是传统社会心理学的关键概念之一，因此我们需要简要考虑是否或如何将其纳入语境模型中。的确，当语境模型已经具有行动的意图和目标或目的时，我们是否还需要动机？

动机可以通过几种方式进行分析。首先，在与意图和计划相同的认知视角内，动机可以被分析为或多或少有意识的行动**理由**。因此，它们是行动之前**决策**的认知过程的一部分，而且也将在情节记忆中被表征（大量文 43
献涉及这些主题，例见 Bullock, 1991; Forgas, Williams and Wheeler, 2001; Gollwitzer and Bargh, 1996; Hamilton, Bower and Frijda, 1988; Ranyard, Crozier and Svenson, 1997; Schank and Langer, 1994; Weiner, 2006）。

我们想要在语境模型中包含丰富的经历，那么这个决策过程，包括行动的原因，正如计划的情形一样，就可以成为语境模型的常规部分。我们之前曾经争论过，在人们开始说话或写作时，情境模型并不是突然从零开始设计的，而是倾向于全部或近乎准备妥当，有时甚至提前很长时间准备，特别是对于复杂或重要的机构话语，托尼·布莱尔在下议院关于伊拉克问题发表的演讲便是如此。毫无疑问，这种语境模型的准备也体现了布莱尔的决策，以及他要求议会批准其参战决策的理由。

在这种情况下，我们需要回答的实证问题是，在当前发展的话语语境模型中，包括理由在内的这个决策是否以及在多大程度上保持“活跃”。显然，决策过程中涉及的有时是长期和复杂的思维过程，不可能包含在控制当前话语的相对精简的心理模型中。在这种情况下，至多其主要结论或宏观结构仍具有相关性。总的来说，人们需要始终明白他们**为什么**要行动。这是他们的反思意识和社会行为责任意识的重要组成部分，因为它通常在解释中以交互方式予以表达（Antaki, 1988; Buttny, 1993; Tetlock, 1999）。目标和目的概念已经注意到其中的某些方面：想要达到一个特定的、理想的状态，如在托尼·布莱尔想通过演讲使一个政策在议会合法化，或者一些子目标，比如劝说议员、解释战争的必要性等等。

但是，理由和决策并没有充分解释根据目标所要实现的理想状态。因此，如果我们要问为什么布莱尔要参与伊拉克战争这个更复杂的问题，那么他的理由结构要复杂得多。他在演讲中提供了其中一些，而这些是更公开和负责任的，有助于他的积极自我呈现，因此更具策略性，而非重要性：消除独裁者、为伊拉克人民带来民主、打击恐怖主义等等。不太显眼但也不是秘密的理由是，在“9·11”之后声援美国打击恐怖主义。而更隐晦的是，英国议会内外的反对者认为他的全部理由都归结到他身上：在一个主要的石油生产国和整个中东地区获得政治控制等等。通常不能直接从当前的言谈中推断出这种隐含理由的证据，但可能不得不从较少公开的
44 话语中挑选出来，正如后来的话语中所显示的那样（关于伊拉克战争合法化的话语，详见 Chouliaraki, 2005）。

动机可能不仅是“理性的”，比如上述的理由和决策，还包括情绪，比如恐惧、欲望等，其中一些情绪也可能在言谈中显示出来。再者，这些情绪也可能在话语语境模型的长期准备中发挥作用，就像“理由”一样，它们可能或多或少是有意识的。

总之，如果我们想要情境模型具备语言使用者用以反思性地解释他们正在进行的文本或言谈所需要的信息，那么他们的情境模型可能需要至少代表他们**为什么**参与当前的话语或他们正在完成的社会或政治行为（比如通过议会演讲去“为一个政策辩护”或“寻求合法化”）的一些（主要）理由或动机。其中的一部分，如目标，必须始终保持活跃，以便能够监控（互动）行动的方向。当局部有必要解释其他理由，而不是实现其主要目标时，其他一些因素可能会相关，如情绪（例如“对恐怖主义的恐惧”）

或以前的行动（“布什的压力”）等等。对于复杂的决策过程而言，所有这些“以前”的想法目前都不可能在演讲中表现出来。因此，可以认为仅仅是表征的更整体层面（“主要理由”）如此，如同话语和认知中的所有宏观层面的表征。

在日常会话中，计划和决策可能会减少许多，除了具体目标，情境模型在这种情况下可能具有持续的情绪，例如在争吵期间，体现于多个话语层面（音量、音高、语调、词汇选择、主题、言语行为和话步，如中断）——并由接收者根据这些表达进行推断。虽然这种情绪可能或多或少是个人的，或者更多地是社会共享的，如态度，但是在话语语境模型中使用的许多理由反过来可能是基于社会知识和意识形态。因此，如果布莱尔想要消除一个独裁者，并以（明确的）理由向伊拉克人民提供民主，那么这样的动机显然不仅仅是主观的，而是基于一些意识形态。因此，语境模型中所表征的谈话的“主观”动机也可以还是基于社会共享信仰——正如我们已经看到的语境模型的其他社会维度。

除了社会动机或理由之外，我们当然还有纯粹的谈话和行动的个人动机，或多或少是有意识或无意识的，正如心理分析或心理学的其他“动态”形式所明确表达的那样。例如，根据布莱尔的性格和/或他的个人经历来解释他的政策。只有其中的一些可能会在正式的公共话语中发生，而不发生在那些受到较少控制的像与朋友、家人或分析师的对话中（比如关 45
于政治家的个人精神病理学的一些经典研究，例见 Lasswell, 1977）。

相关概念

这里所说的情境在许多其他研究中正以其他术语得以探讨，如环境心理学中的**环境**、**地点**和**空间**（Bell, Greene, Fisher and Baum, 2001），或者社会心理学的**情节**（Forgas, 1979; Harre and Secord, 1972; Harre, 1979）。根据情境结构理论，人们可能会将情境作为特征情节来分析，即活动序列。例如，在儿童生日派对的复杂“情境”中，我们可以区分几个情节，如游戏、吃饭等。不同级别的（宏观）普遍性或（微观）特异性的原型情境或“活动类型”的情况也是如此，例如，学校的课程、去看医生或去度假。在《话语与语境》（第三章）中，我们考虑了理解复杂事件和情境的一些认知方面（例见 Zacks, Tversky and Iyer, 2001）。

稍后我们需要回到情境整体结构的这些方面，现在则更详细地关注上面所考虑的一些个人情境类别，特别关注他们的社会心理方面。社会情境的社会和文化方面及其在心理模型中的建模，将在后面的章节里讨论。

背景

实际上，我们上面已经研究过的所有情境的定义都以一个类别为特征，诸如**背景**（setting）或**场景**（scene），组织关于互动的时空、情景或环境特性的信息。因此，让我们首先考查该主要类别的一些子类别。

位置：空间和地点

背景类别中最明显的子类别之一无疑是位置类别，它组织关于参与者对其行为的空间或地点所做解读的信息。直觉上，这种类别的相关性似乎这样来表明：当人们昏迷了一会儿或深度睡眠醒来之后，需要知道“我在哪里？”（Damasio, 2000）。因此，假设根据《话语与语境》中讨论的日常经历模型理论，人们知道他们当前的位置，并监测他们移动时正在发生
46 的变化，他们因而建立并不断更新他们的位置的心理模型，包括他们与其现在所处的地点或空间的关系（另见 Tversky, 1991）。

与理解复杂话语的情况一样，对空间环境的理解也需要选择性关注和降低复杂性，例如通过应用图式、原型和宏观结构。也就是说，我们的空间或地点的心理模型是与我们当前的目标和活动相关的图式结构，它结合了以前经历（旧模型）的信息、关于环境的一般社会文化知识以及正在进行的新信息。换言之，一般的社会行为者，尤其是语言使用者，

不需要感知、理解和表征空间和地点的所有方面，但只需要选择一些相关的维度（另见 Glenberg, 1997; Rinck, Williams, Bower and Becker, 1996; Tversky, 2004）。

回顾几个学科中关于“地点”和“空间”的大量文献超出本书的范围，我将仅限于讨论一些对语境理论可能有用的评论和建议（关于地点理论的细节，例见 Agnew, 1987, 1989; Altman and Low, 1992; Bell et al., 2001; Canter, 1977; Casey, 1993; Tuan, 2001）。

与本章相关的内容是，研究如何使空间认知与**社会层面**相关，并且可以转化为交流和互动语境的相关类别。例如，我现在所处的空间不再仅仅解读和表征为一个房间，而是我正在与学生进行互动的一间教室，或是我正在买书的一家商店，都与其自己的原型参与者、行为、目标和道具相关，正如脚本或其他共享社会文化知识所表征的那样。

然而，这里我们需要关注的问题不仅仅是对地方的社会理解和建构，而且这种理解方式也取决于社会共享知识、态度和意识形态。这种理解将与我们的许多行为相关，例如在日常生活中的故事或新闻中寻找我们在日常生活中的方式以及对地点的描述。对于话语分析来说，这样的地点模型为地点描述的**语义**或对指示语表达的解读提供了基础。我们可以在一个交流情境的话语中提及或谈论很多地方及其许多属性。我们不需要记住事件模型中表征的文本或言谈所讨论地点和空间的所有细节。然而，我们**确实**需要追踪的是，我们现在所处的地方以及我们现在说话的地方，即背景。换言之，我们现在对地点的语用学而不是其语义学颇感兴趣。

我们认为，作为语境模型背景的一部分，语言使用者只需要关注具体 47
的地点维度。因此，对于互动来说，这间教室有一扇门（和许多其他属性）可能是相关的，对于那些使用者来说，它可以作为一个封闭的临时领域，但这种空间属性与语境模型并无明显相关：我们的系统讲话和讲授不可能因为在有门或没有门的教室中而有所不同。为了进行充分的讲演与交流，当前的房间（或其他空间）可以被社会定义为教室就足够了，其功能是作为正在进行的教育互动的机构设置。的确，当相同的“房间”稍后用于职员会议或日托中心时，可以以不同的方式定义。换句话说，交流和其他社会活动是相对于这种社会定义的地点来定义的，反之亦然。教室的情况也适用于卧室、法庭、新闻编辑室和董事会会议室以及许多其他“房间”和地方。那么问题是，这些地方或更确切地说是对这些地方的社会解读或建构如何影响我们的话语和互动，反之亦然。

地点的类型

我们已经看到，如果语境模型需要在几秒钟内得以解释和不断更新，那么语境模型必须相对简单。这意味着，作为在这类模型中背景表征的一部分，地点表征必须相对简单，并且只包含充分执行我们的话语所必需的内容。因此，在许多可能的地方，我们只考虑三种基本类型:（a）个人和人际地点/空间，（b）社会地点/空间，以及（c）地理地点/空间。

个人及人际空间与地点。个人及人际空间与地点定义我现在所处的地方（我身体现在所处的地方）以及我的对话者，即在直接、面对面的互动中组织我们的互动、观点和话语的空间（Hall, 1959; Hayduk, 1994）。个人及人际空间的大小取决于关系（亲密的、个人的、社会的或公共的）距离的类型，并且范围可以从几十米的视觉和听觉距离（如在一间大教室里的教师和学生之间）到50至100厘米之间的正常或正式谈话距离，到对话者彼此接触（如当双方是亲密朋友或恋人时，抑或发生侵犯时）的零距离。保持近距离时，例如在街上行走时，即使人们不以其他方式互动，也
48 会被当作一对（Goffman, 1967）。不同文化之间所适合的个人及人际空间的大小可能会有所不同，可能会受限于拥挤的特殊情境，例如拥挤的火车或流行音乐会。由于各种原因（如维护隐私、避免拥挤等），人们可以通过多种方式保护他们的个人空间，例如通过增加距离或设置障碍使侵犯更加困难。

个人及人际空间对语篇中指示语的解释具有语境相关性，这可能取决于，例如“靠近说话人”（这里）或“靠近听话人”（那里）的环境，或者所采用的视角（如后面、左侧等），至少在具有相对指示语而不是绝对指示语的文化中如此（Levinson, 2003）。在这种情况下，我们可以说语义学和语用学是重叠的，因为在这种情况下，该指称对象是交流情境的一部分。类似地，个人空间和地点的语境相关性对动词的解释（例如带来、拿走、来、去等）以及讲故事（定向）、新闻话语（截稿日期等）及礼貌策略的管理（包括问候、握手等）具有相关性。人们发现，对于这种空间定向形式，不同语言之间存在文化差异（详见 Levinson, 1996; Kataoka and Kusumoto, 1991）。

最后，话语可能由它所描述的地点、空间或物体形成线性状，从而产生一种“自然”的描述顺序（Levelt, 1982），这个顺序也可能受到被描述对象的综合距离和大小的限制：我们通常首先描述一个房间，接着是房间里的桌子，然后是桌子上的花瓶，而不是另一种顺序；换句话说，空间和地点感知会影响局部话语连贯性（Van Dijk, 1977）。需要注意的是，虽然这里所涉及的空间与话语属性（如自然排序）之间的关系是话语的语义属性，而不是语用属性，所涉及的是交流情境的空间方面，例如参与者的位置以及每位参与者之间的距离，正如指示语“这里”和“那里”所指示的那样。

既然关于指代和语境的这些方面已在文献中得到广泛讨论，我不会在这里进一步讨论它们，当然也因为相比恰当性的“语用”方法，它们与话语语义（参考）更相关。

社会地点。社会地点是我们日常生活中的共同和集体活动的场所，例如家庭、工作和闲暇场所，因此往往会根据人们在这些地方做些什么来定义。许多社会地点都是机构，因而它们的社会定义与机构几乎没有区别，学校和邮局就是如此。这些地方可以进行不同的分类，如下所示（另见 Bell et al., 2001; Sundstrom, 1987）：

49 • 户外地点和空间：街道、广场、公园、湖泊、河流和海滩
• 住宅场所：房屋、公寓楼、住宅
• 商业场所：商店、百货公司、购物中心
• 商业服务场所：酒店和餐馆
• 社区服务场所：市政厅、警察局和邮局；政府机构；医院、车站和机场
• 教育场所：学校和大学
• 休闲场所：电影院、剧院和健身房
• 工作场所：办公室、车间和工厂
• 惩教机构：监狱等

虽然这样的社会场所类型很多，许多也与它们自己的建筑物相关，但可以通过一些（通常是标量的）属性来组织它们，例如开放与关闭、公共与私有、休闲与工作、免费或付费入场等，一些类别的类型是由它们的用途或功能（生活、教育、健康、住宿、饮食等）来定义的，如上所示。这种分类还有助于降低情境信息的复杂性，尤其因为这些类别还说明了它们的用途和功能，因而说明了在这些地方进行交互的目标。当人们需要商品、服务或帮助时，他们需要知道该去哪里。

社会场所也由那里的工作人员（专业人员）、来访人员（用户或客户）的社会类别以及他们参与的典型交易来定义。反过来，社会场所因此似乎也参与为成员分配社会身份，特别是在那里工作的专业人员（如教师和学校、议员和议会、店员和商店等）。英国下议院议员称上议院为**另一个地方**，从而也界定了他们自己的身份和权力（有关伊拉克问题的辩论中议员身份的详情，见第五章）。换言之，很明显，社会场所不仅仅是根据建筑物的类型或环境的其他“物理”属性来定义的，作为交互位置的场所的定义接近于一般社会情境的定义。的确，在某些场所，我们的位置可能与我们的意识形态以及我们的政治话语非常相关，首先是议会的右翼或左翼人员，然后是一般政治舞台上的隐喻延伸，情况莫不如此。

社会场所与语境理论相关，因为它们属于在那里“发生”的互动和话

语的各种规范、规则和限制的定义的一部分。在一些场所（如与家人一起在家里，或与朋友在咖啡馆里），对于谁可以说话、对谁说话、何时说和 50
说什么都几乎没有任何限制，但是（或多或少）在公共场所，限制要严格得多——例如，专业人员和客户之间的服务提供、专业人员之间的专业和非正式对话以及客户之间的非正式对话。在一些场所，只有专业人员可以说话，客户应该听，如在剧院。在其他场所，大多数时间都是专业人员说话，如在学校和大学。监狱、军营以及其他“全控机构（total institution）”都有自己的言语规则：谁可以对谁说话、何时说、如何说和说多少。因此，作为社会机构的背景的场所也与语言和话语的具体的、受社会制约的规范相关，例如称呼规则、礼貌等（Christie and Martin, 1997; Dias, Freedman, Medway and Pare, 1999; Firth, 1995; Olson and Olson, 1993）。

为了能够遵循这些以及其他规范和规则，语言使用者需要知道并因此在他们的语境模型中表示他们现在处于需要这种规则的特定环境中。与社会场所相关的规则和规范控制着人们说什么或写什么，无论你是学校里的教师、大学里的学生、新闻编辑室里的记者、商店里的售货员，还是我们在前文提到的在议会演讲的布莱尔。

虽然控制了语言使用的许多其他属性，但也许最重要的是，事实上场所的类型与他们自己话语的语体相关，例如学校的课程和考试、教堂布道、议会辩论、商店和市场的销售话语等。下一章讨论语境的社会维度时，我们将进行更深入的探讨。

从理论上讲，很难区分这些不同类型的场所及其“里面”发生的社会互动。我们认为，地点不仅仅被定义为物理环境或空间，还需要根据其“使用者”和他们所完成的互动来定义。可是，如果我们想要考察作为话语和其他互动形式背景的场所之间的关系，我们至少需要弄明白参与者如何定义、解释和评估被定义为他们“前往”“所在”或“工作”的场所背景，诸如“学校”“商店”“办公室”等。

除了与界定适当性的这种背景中的互动相关的社会规范和规则之外，

场所背景的属性也可能会对人们的话语和互动产生系统的影响。例如，如果在办公室或商店里，专业人员和客户之间有一张桌子或一个柜台，这种背景属性可能会阻碍密切互动，也可能被理解为社会距离（Morrow and McElroy, 1981; McElroy, Morrow and Wall, 1983）。

许多研究表明，工作场所以及其他许多地方的这些和其他属性对我
51 们的活动产生很大影响，但这不同于将依赖场所的恰当性的可接受的规范和规则作为社会互动和话语的标准。因此，办公室可能太小、太热、太拥挤等，这当然会影响在里面工作的人们的行为；但是我们需要明白哪些属性在语境模型中被表征，以及这些属性为何且如何**系统地**和**常规地**影响话语。

这时，我们再次遇到熟悉的问题，如何将社会的（和身体的）环境与语境分离。例如，在一家小商店里，客户和销售人员可能会离得比较近一些，这样的距离原则上与更亲密的社会关系相关，而这又与更熟悉的语言使用系统相关。但是，这种“身体的”亲密并不是亲密关系的必要或充分条件（正如我们所知道的繁忙街道或地铁中的互动那样），因此场所的大小也不直接影响话语的语境控制——除了身体和生理上的接触外，我们倾向于在较小的地方和较近的距离不那么大声说话。然而，那不是按常规发生的，而是因为由于受到了交流的声音的限制（尽管近距离大声说话可能被认为是不合适的，因此在那种情况下有些规范似乎被打破了）。

地理位置。第三种场所可以被称为地理位置，但其实际上体现并结合了社会、政治和文化层面。它们可以用范围、距离、大小或水平来表征，并且是层层包含的，例如：

- 家
- 街 / 街区
- 市
- 州、省
- 国家

- 地区 / 大陆
- 世界

尽管这似乎是一个简单的列表，但我们再次发现这些地理位置大约有七个“层次”或“范围”，并且被广泛用于话语中来组织我们生活中的重要空间或地点，以便组织我们的“世界知识”，这很可能并非巧合。

作为语境模型中地点表征的一部分，这些类别不仅告诉我们，我们（和其他人）身处何方、何处发生了何事，而且提供了一个社会文化层面和身份（Dixon and Durrheim, 2000; Light and Smith, 1998; Proshansky, Fabian and Kaminoff, 1983）、一个我们可能想要称之为“我们自己的” 52
并且可能抵御入侵或攻击的社会领域。这些都是我们“感到轻松自在”，拥有“场所感”，与“我们的”社区共享的那种或多或少稳定的地方（Bronte, 1972; Jackson, 1994; Tuan, 2001）。这些不同层次的场所就是我们或多或少所依恋的地方。目前很多关于“场所”的研究正是集中在不同类型的人的场所依恋方式上（Altman and Low, 1992）。

用同心圆的方式隐喻地定义这些逐渐增大的地方也可以根据社会、政治和文化距离来解释。我们通常对更靠近的事件和人们更感兴趣，也了解更多，因此，可能会在我们自己社区的人们的话语中预设更多，正如我们在《话语与语境》（第三章；另见 Clark, 1996; Van Dijk, 2005a）中分析认知策略时所看到的。也就是说，当共享知识根据所使用场所的认知社区来定义时，“共同基础”与话语既在字面意义上也在隐喻意义上相关。我们报纸的版面也通常是按这些类别组织的。

每个——家庭之外的——社会地理层面都是由政治社会机构和行政部门组织的。除了许多其他社会、政治和文化功能之外，它们还是我们想要自治的地方，是我们批评来自“上方”的干涉或“外部”入侵的地方，是我们想要选择“我们自己的”领导人的地方，是我们可以说自己的个人语型（idiolect）、社会方言（sociolect）、方言或语言的地方。

许多这类地理场所都有界限或边界，并且通常不允许外人（陌生人、外国人等）在未获许可、邀请、签证、护照或类似的正式访问许可的情况下进入。

这些地方的边界往往是内群体（ingroups）与外群体（outgroups）之间、我们与他们之间的界限，因此，同时也是排斥、种族中心主义、种族主义和民族主义的标志。

“我们自己的地方”的这些和许多其他维度经常在文本和言谈中表达或预设，因此将这种场所信息包含在语境模型中是有意义的。在本地，代词“我们”和“他们”是这些地理场所的社会、政治和文化层面最具特色的话语表现（Wilson，1990），而在全球，诸如国家或地区这样的地方可能是我们所说语言的发源地。

我们看到，这些“地理”场所界定我们“在世界上的位置”以及我们身份的一部分，它们的社会文化与政治蕴涵可能是恰当话语的语境条件。指示语不仅涉及当前面对面情境的个人与人际空间，还涉及地理空
53 间：“这里”可能指在这里、在家、在这个街区、在这座城市、在这个国家等。在讨论文化时（见第四章），我们还会再讨论语境模型背景类别的这些空间方面。

尽管像所有经历模型一样，语境模型从定义上看是个人的和独特的，但我们已经看到它们也具有重要的社会维度：它们实例化共享知识、态度、意识形态、规范和价值观。情境目前的“拓扑（topological）”定义也是如此。我如何定义或解释我当前的个人空间可能取决于个人和情境，但存在我与团体和社区共享的社会及文化差异。也就是说，诸如城市和社区这样的地方是影响情境的个人语境模型形成的共享社会表征（Milgram，1984）。我们确实允许在公共建筑里的正式会面中比在流行音乐会或亲人见面的亲密接触中有更大的距离。我们对社会场所及其相关活动的定义方式也是如此：除了个人差异之外，同一群体和文化相同的人们一般知道该做什么以及如何使用诸如车站、警察局或邮局等场所 / 机构。作为一个群

体，人们通常对城市内部、国家内部或世界范围内的“其他”地方存有刻板印象和偏见。换言之，语境模型背景的这个地点子类别同时受制于各种社会表征，并且我们看到，作为群体、社区和文化成员的语言使用者利用各种地点来进行他们的互动、与他人交谈以及谈论他人。

对地点的态度、观点和感受

我们现在有一个简单的概念框架，允许语言使用者根据“我现在站在自己社区商店里的售货员 X 面前”或者“我现在正在意大利读报纸上的国际新闻”这样的命题来自我表征他们背景的“主题”部分。这些维度中的每一个都有各自的属性、规则和规范，使话语恰当并可理解。

我们已经简要地指出了地点（及其典型活动）可能被归类为（或多或少）私人的或公共的、开放的或封闭的。我们可以添加诸如亲近与疏远、免费与付费、天然与人造、温暖与寒冷、大与小等。的确，为了能够组织我们的互动，地点需要是可见的、已知的和可及的（至少对于一些使用者而言是如此）。也就是说，人们用上述三种方式不仅确定他们在**哪里**，而且确定他们对这些地方的感受如何，他们可能喜欢或不喜欢他们的学校、图书馆、游泳池，或他们的家、邻里或城市，并将许多其他属性与这些地方联系起来。如果我们认同“我们的”地方，比如我们 54
的家、街区、城市或国家，这种认同往往与积极的评价和感受相关，正如我们在上述地点依附概念中所看到的。也就是说，除了评价之外，地点可能会触发人们在进行中的活动的情感。事实上，许多关于地点和空间的研究正是集中在这些方式上，而地点就是以这些方式影响人们的意见和情感。

评价和情感影响我们的活动，从而影响我们的话语。因此，尽管上述类别界定了自我 / 身体、社会行为者和社区的位置，但它们的属性可能会影响当前的语境模型，从而间接影响话语加工：由于当前背景的属性，如果我们感到放松或紧张、安全或危险、快乐或悲伤、耐心或急躁，这也将在言谈或文本中得以显示，例如体现在我们的语调、语速、词汇选择等方面。一旦这种评价（意见）或情感影响到我们的情境心理模型，其调取可能也会受到积极或消极的影响。

对于语境背景的社会心理学来说，重要的是这些评价（意见）不仅是个人的，而且还可以基于群体态度，如刻板印象和偏见。这些是我们“自己”和“其他”地理位置的典型特征，但也可能影响社会场所，如商场、音乐厅、体育馆、警察局、工厂、监狱等，尤其还因为在那里所发生的活动控制这些地方的“专业人员”的典型行为。这些态度反过来又可以基于这些地方的各种社会和环境意识形态，基于需要建立和使用的方式。

总之，上述讨论的地点类别和相关的行动与身份为我们话语的许多属性提供了相关的语境基础，表明我们来自何方、我们的对话者或读者在何处、我们是谁、我们作为什么样的社会行为者在参与这些行动、与谁一起参与以及以何种方式参与。然而，意见的分配可以是个人的，也可以基于共享的群体态度，它不仅会控制我们在哪里，而且控制在话语中“我们的立场在哪里”，从而控制譬如语调、词汇选择、辩论等各种属性，以及许多修辞特征，如委婉语、夸张等。

地点的结构

到目前为止，我们已经概念化了三种类型的地点。然而，它们大多是以多种方式建构、组织和排序的，而这些结构对互动是很重要的。传统上，教师站在教室前面，以便可以看到和控制学生，而法官通常坐在法庭前面，坐在更高的椅子上，既象征着权力，又是在一个可以与嫌疑
55 犯、律师和陪审团互动的位置上。电影院、音乐厅和许多其他休闲场所的建造，使得人们需要购票才能进入，而且布局上都面向银幕或舞台。工厂、实验室和办公室是以有助于（或者在某些情况下就是为了阻止）某种专业行为或互动的方式来布局。另一方面，人们期望能方便地进入

店铺，但必须排队付钱后才能离开超市。酒店、警察局、豪华办公室等许多地方都设有某种“前台”，进来的人首先要在此处报到，然后也许才可以继续真正进入其中。

几乎所有建成的社会场所都划分成不同的区域和部分，通常具有其各自的功能，例如家里的客厅、卧室、浴室和厨房，以及许多工作场所的员工办公室和盥洗室。

不过，我们的重点并不是要详述或回顾关于场所的结构、设计和其他属性的大量文献（详见 Bell et al., 2001），而是要问这样一个结构描述是否为语境理论提供了更多元素。

我们已经看到，地点的属性在很多方面控制或促进人们的行动，无论他们是这些地方的游客还是工作人员。在某些方面，话语也是如此：讲堂的布局可能会迫使教师因距离增加而喊叫或使用麦克风。因为与许多学生缺乏目光接触，教授很难评估其笑话或讲座的效果。在商店和其他许多社会场所，柜台把顾客或客户与售货员分开，这不仅方便展示产品，还意味着障碍，因而扩大了客户和售货员之间的距离。

现在的问题是，这些地方的这些和许多其他结构属性是否系统地控制了话语结构。我们知道我们必须（或可能）在商店、教室或法庭上说话，因为这些背景与那里发生的社会事件和互动相关，包括话语事件和互动。但是，无论售货员是站在柜台前还是没有这样的柜台，我们对售货员说话的方式会有所不同吗？在后一种情况下，我们可能会站得更接近她，而且可能不会那么正式和疏远，但这不是一个系统的条件或限制问题，而是一个规范或规则问题（譬如，“在柜台前时，要说 X”），就像在商店买东西时我们知道该说些什么一样。如果商店设计有某种效果，那是对店员和顾客的评价和情绪有效果，而不是对他们话语恰当性的条件有效果。如果有影响，那将是非系统性的，例如，影响店员或顾客表达观点和情感的方式
与风格如音量、语调、措词等。但这些都事关观点和情感的表达风格，而 56
非恰当性的条件。

环境的其他方面

正如上述简要讨论过的，对地点的研究已经成为人文与社会科学广阔研究领域的一部分：环境心理学（Bell et al., 2001）。这个新领域几十年的研究几乎没有对各种环境对人们“行为”具有的影响产生过任何怀疑，这也强调了反之亦然：人们的存在和活动同样对环境产生作用，正如我们从污染问题所得知的那样。因此，从直觉上看，和地点的情况一样，似乎毫无疑问，我们的“环境”总的说来是社会情境的一个重要特征。

然而，正如我们在前文看到的，环境和人类活动的相互依赖性不同于行动与具体类型的地点或者行为者的特征如年龄和性别，或行为者的关系如权力的相互依赖性。我们认为，后者通常是由规则和规范定义的一种关系，将话语和其他活动定义为在某种情境中或多或少是**恰当的**行动。

然而，假如我们说天气、温度、照明或房间大小对人们的言语有影响，那么这样的影响通常不受规则支配，并且不会使人们的活动或多或少地适应社会，即相互依赖的程度相当于言语的物理特征，因此需要根据因果关系进行解释，这在很大程度上超出了参与者持续有意识的控制。这并不意味着参与者不会表征这种环境特征，实际上他们经常这样做（比如日常对天气的评论），但并不是作为**社会**情境的一部分，也不是作为或多或少恰当的社会行为条件。因此，炎热夏天穿着轻盈与参加婚礼或其他正式社会活动时穿着正式，这是一种不同的相互依赖性，尽管这两种行为都受到社会和文化的控制：大热天衣着暖和只是有些怪异，但并非不恰当，但身着破旧的工作服去参加正式婚礼（和去课堂）在很多情境下被认为是不恰当的。因此，让我们稍微更详细地考查环境特征的这种作用。

以环境心理学的文献为背景（Bell et al., 2001），我们在表 2.1 中简单地总结人与环境之间一些众所周知的“相互作用”类型，我们区分了：社会行为者及其属性，他们（公开的）与环境相关的活动或环境影响这些活动的方式，与环境相关的心理活动，以及各种能够影响人们的行动或受人们的行动影响的环境属性。

表 2.1　社会行为者与环境之间关系的总结 57

社会行为者	头脑	情绪	活动	环境：地点，空间，周遭
个人 / 团体	看到		待在，坐着，	个人
成员			走等	空间 / 地盘
个性	观察		工作	
社会身份	理解		旅行	
			通勤	
年龄	记得		找路	隐私
性别	计划		保卫	房间
种族	设计			家具
职业	了解信息		破坏	灯光
	产生意见		污染	墙壁
	产生态度			颜色
	产生观念		保护	窗帘
	享受			人际空间
	爱			建筑物
	讨厌			形式
团体				大小
			被拥挤	
			通风	
			感到有压力	
			丧失体面	
				破败
				涂鸦
社区				公共空间
				街道
				广场
				公园
				游乐场
				街区
				城市
				噪声
				车辆
				景观
				河流
				山脉
				海滩等

回想一下，环境心理学的许多文献（仍然）是相当有行为倾向的，从“行为”而不是“行动”、“活动”或“相互作用”的概念的一致使用也可
58 以清楚地看出，而且环境和人们的行动之间缺乏一个详细的认知接口。人们通常认为，环境影响人们的行为是人们如何解释和表征环境的一种功能，但这种理论认识很少组织实证研究，因此通常只涉及典型的表面“相互作用”，即共变以及因果关系。

当个人 / 群体认为和 / 或对环境做了某些事情时，可以从左至右读这张表，或者反之从右至左读，因为环境引起人们诸如此类的想法或活动。

我们可以从这张表推断出人、群体和他们的环境之间大量可能的“相互作用”。显然，人们的行动与环境的关系取决于他们如何看待、理解、解释和评价环境，而这种变化可能是个人的、社会的和文化的。的确，有些人受到涂鸦的困扰，而另一些人则很少或者根本不会受此困扰，这取决于人们的规范和价值观——由人们所属的群体、社区或社会类别的其他成员共享。

我们不去考查人与人之间所有可能的关系：一方面是他们的个人及社会特征、他们的思想和行为，另一方面是环境属性。我们也不去回顾大量文献，而必须回到关于概念运用与语境理论的相关性这个更一般的问题。

由于情境是心理模型，我们必须要问的第一个问题是纯粹认知的：社会行为者如何设法持续地，且有时在一秒钟或几秒钟内了解其环境的巨大复杂性？显然，只有对这种环境有一些基本了解，他们才能在其中出色或恰当地行事，以便知道自己可以或必须在自己房间里但不是在街上做些什么，在许多其他可能的事情中，什么事能在街上但不能在公园里做，反之亦然。

因此，人们似乎有理由将一些基本结构分配给他们的环境，以减少其复杂性并且也为了能够制定一些通用的规范和规则。因此，人们很可能会区分个人、人际和公共场所与场所，以及自然环境与人为环境，而且对于

每个基本类别，在类型或等级之间也存在有限的认知和社会区别，以便能够对它们进行认知管理。因此，我们已经提出，社会场所很可能是在一个简化的集合中组织起来的，主要由它们的社会功能（“它们对我有什么作用/意义”）来定义。这些知识可以与建筑物的常识及其社会用途相结合，并且还可以进一步详细分析，例如细到不同类型房间的档次等。地理位置或空间似乎也被限制在大约七个层次。

那么如何看待前文中未被用于描述地点与空间的其他环境因素，如气 59
温、嘈杂或安静、气味、清洁、污染、颜色、设计、装饰、家具、道具、广告牌等，以及社会互动的其他方面如拥挤和挑衅呢？

除了前面讨论的环境分类的基本原则之外，我们现在必须假设社会行为者也知道这些空间和地点的正常、理想或其他社会共享属性。再者，如上所述，他们将使用评价和情感类别对其环境（而且特别是他们“自己的”街区和城市）的地点和空间进行分类，其依据可以是保存完好与破旧不堪、富裕与贫穷、美丽与丑陋、优雅与平淡、清洁与污染、嘈杂与安静、炎热与寒冷、干净与肮脏以及更普遍的——安全与不安全。由于社会成员需要在日常生活中进行常规和快速的评价，以便能够使他们的互动适应环境（地点）的这些属性，我们再次假设这些评价是图式的和典型的，我们通常不会期望有数百种这样的评价类别。个人评价当然主要是基于社会的：什么被视为“丑陋”或“不安全”是基于例如阶层的社会态度以及更基本的意识形态。许多公民获得的生态知识和意识也会对这种评价产生影响。

鉴于这些关于环境及其属性的基本评论，我们应该再次提出同样的问题：如果人们能够注意和评价其环境的这些属性，这是否也意味着它们是或可能是他们语境定义的一部分？

正如我们之前所看到的，环境心理学的大量文献显示，环境的这些属性无疑在很多方面影响“行为”，从而也影响文本和言谈。因此，一般情况是，嘈杂的街道或房间会使自己更难被理解，因此通常会使得我们大声说话或喊叫。如果我们能做到的话——如果我们不住在那里，我们就可以避开不安全、肮脏、污染的地方，也就不会在日常会话中抱怨了。糟糕的地方会引起压力，而这种压力会以多种方式影响行动和话语，例如令人恼火的风格。然而毫无疑问，一间具有灰色混凝土墙壁、金属家具、刺眼灯泡和没有窗帘的空房间，让人联想到警局的一间典型审讯室，而一间布置温馨、灯光柔和的房间，会对参与者产生截然不同的影响。

当然，参与者（可能）会注意和解释这些环境属性，并且我们可以再
60 次假设，如果宜人的背景使人们感到更放松，那么这也可能会在他们的话语中得到体现。但是，就我们从西欧语言所了解的情况而言，在这些不同的背景中使用例如礼貌形式、代词或其他话语属性的条件并没有什么不同。也就是说，它们是物理、生理或社会情境的一部分，但不是——根据系统话语关联标准——语境的一部分。它们可能会控制评价、情绪或情感，这些反过来可能会影响语言的使用，但它们并不系统地限制文本或言谈的**恰当性**，参与者之间的社会关系也是如此。它们是行为的**原因**，不是行为的**规则**。一个空间与交流互动的相关性在于它在语境上被定义为商店或办公室，而不是它的小或大、肮脏或干净、黑暗或光亮等。

总之，环境在许多方面可能会影响我们的观点、意见和情感以及基于它们的行动，但只有环境的某些方面，如空间和地点的社会定义，可能会影响根据语境来界定其恰当性的话语属性。在《话语与语境》（第四章）中，我们更详细地考察了作为背景的一部分的“空间和地点”语境类别如何影响文本与言谈的属性。

时间

从动词时态、时间副词和叙述序列及其他结构的系统使用可以明显看出，时间是语言和话语中的一个重要维度（Auer, Couper-Kühlen and Müller, 1999; Bartsch, 1995; Chafe, 1994; Van Benthem, 1991）。所有的人类活动亦是如此，因此有理由认为，时间是社会情境的一个重要属性，也是

社会行为者解释或建构这些情境的一个重要维度。的确，他们所参与的话语和其他行动是按时间排序的，这样在当前时间点（如说话时）之前的所有事件自动成为过去的事，包括正在进行的活动的前一部分。我们已经看到，这种结构的重要结果之一就是，话语“前面的”部分及其预设和暗示的知识现在可以被认为是“给定的”或“旧的”知识，以后可以以各种方式预设。在话语前面的部分中所进行的社会行为也是如此：它们现在属于已经做过的事情，因此可能成为当前与未来社会行为的条件。

尽管对时间的认识和表征是语境与情境认知分析的一个主题，但本
章中的社会心理学方法需要从社会共享表征和基于它们或者旨在影响它 61
们的社会互动角度来解释时间。也就是说，社会认知时间就是参与者共同“产生”的时间——从某种意义上来说是在对话过程中分享它，一起决定让它长一些或短一些，慢一些或快一些，有效利用或“浪费掉”等等（McGrath and Kelly, 1986; McGrath and Tschan, 2003）。

多种多样的话语与交际活动是按时间组织的，具有固定的开头和结尾，大多数会议、广播节目、讲座、议会辩论、看医生等都是如此。大多数机构话语的情况就是如此，同样，在非正式的日常谈话中，人们也时间有限，在组织部分话语尤其是结束话语时，会协商何时终止话语（Schegloff and Sacks, 1973）。交流活动可能发生在定好的时间点之间，或者持续很长时间：我们将在第五章中看到，议会发言人可能只有几分钟的讲话时间。

所有这一切表明，参与者在许多交流活动中，至少在许多现代文化中，必须有时间意识并对其进行监控——首先在特定时间必须出现在某个特定地点（即“按时”工作、上课、开会、乘火车或听音乐会）。换言之，大多数社会活动都是按时间组织的，因此人们把时间作为互动或交流的情境模型的重要维度是至关重要的。我们也知道，时间概念及其在互动中的作用具有文化差异（例见 Philips, 1974）。

正如我们以前所看到的，时间不仅仅是持续事件与活动的组织顺序的时间（之前、之后）度量，也是话语的时间序列，即当前时刻的一个

序列，而且也是社会和文化分段的常规单位：秒、分钟、小时、天、周、月、年、世纪和千年。请注意，上面列出了 9 个单位，这再次符合似乎控制了许多表征与理解图式的公式—— 7 加或减 2，而且我们可以看一看，其中只有前面 7 个用于组织日常生活（Miller, 1956）。

比起地点、空间和行为者，时间更是一个典型的抽象概念，因而需要通过许多种隐喻使它更具体化。因此，时间常常表示为像水一样“流动”，像钱一样“花费”，是一种稀缺资源，而当我们“用光时间”时它就流逝了（Lakoff and Johnson, 1980）。而像金钱及其社会与文化价值观一样，时间也会被计量，因为我们要“花费”如此多的秒、分钟、小时或天来成就某事。

62 因此，情境被表征为是由活动期间的时间的开始点和结束点以及动态“运行时间”或时钟定义的。正是这个地点、时间和活动的组合形成了一个复杂结构单位：尽管自我（Self）和其他参与者位于某个场所或空间，但他们的活动不仅涉及地点，而且涉及时间。

就地点和空间而言，时间**限制**人们的能供性（affordance），特别是在正式、机构或专业情境中。因此，议会演讲、考试、讲座、庭审、会议以及其他一些这样的交流活动，或多或少会受到严格的时间管控。在荷兰，博士答辩是一项非常正式的公开活动，在大学教室举行，持续 45 分钟，之后一名大学官员进入并大声说拉丁语，随后当前发言者会简要地完成她或他的问答。

情境时间除了在话语的开始、结束和持续方面影响话语，或者以人们在认为自己“时间不多”时倾向于加快语速（并且紧张地看手表或墙上的时钟）的方式影响话语之外，还有其他影响话语的方式吗?

活动和话语中最明显的时间或时期表达方式之一，就是实际提及如现在、今天、下周或周四等指示表达，其中情境时间被用作所谈论事件的时间测量点。也就是说，这里正是“语用”语境模型和事件的“语义”心理模型在其话语表达内容中的重叠之处——所有指示表达的情况正是如此。

其次，话语的时间顺序可能“自然地”与所谈论的事件或行为的时间顺序并行——就像按时间顺序讲故事一样（Sternberg, 1990; Wiemer, 1997），而不是像例如新闻报道那样并非主要按时间而是按重要性、相关性或趣味性来组织，尽管整个报道可能基于新闻事件，而这些新闻事件也是由于其新近性而被选中的（Van Dijk, 1988a）。

我们从这些例子和前面提到的例子中看到，时间情境类别，尤其是作为语用学和语义学之间的接口，是连接当前说话的时间或时间段与所讨论事件或行为的时间的手段，如讲述过去事件、广播电视同步体育报道，或对可能发生或将要发生事情的预测、警告和威胁，都是如此。因此，时间（过去、现在和未来）也是特定言语行为的语境条件。时间也控制辩论和其他许多机构背景中的干预的**顺序**，正如我们在第五章所分析的托尼·布 63
莱尔在议会辩论中首先发言的情况。

该语用和语义时间组织的社会心理关联性在于：这种组织是与对话者合作执行的，并且定义了交流和其他社会活动的时间组织的一项社会认知任务。更一般地说，参与者（也）将时间定义为点、期间或运行的时钟，对互动、话轮、打断以及开始与结束会话的管理进行组织。“无间隙、无重叠（No Gap, No Over lap）”的会话原则预设行动和时间的综合协调：人们不应该**同时**讲话。

从这里提到的几个例子中，我们可以假设说话人不仅意识到时间（在变化），而且还将这些时间概念用作语境模型中的限制，并作为更大背景类别的一部分。在接下来的章节中，我们将进一步考查事件、行为和话语的这种时间框架的社会与文化层面，包括组织不同社区社会活动的重要时间机制方面。

情景

毫无疑问，地点/空间和时间是背景的核心类别，但我们可能想要考虑其他可能被归类为影响活动的情境要素，例如情景（circumstances）。

如果时间与地点通常以时间副词（或时态）和句子或具有相同功能的语段的方位副词表达，那么情景在情景连接词和副词（诸如英语中的 while）中具有其相应的话语表达方式。我们在考察诸如温度或噪音等环境因素时，已经考虑过上述这些情景，但我们暂时将它们作为可行的语境因素予以消除，至少对于欧洲语言来说是如此。

似乎没有哪种特别的言语行为、代词或文本类别，其条件或变化取决于下雨或晴朗这样的自然事件，也许一些非常特殊的巫术语体是个例外，可能需要在满月时采用。同样，我们可能有专门在圣诞节时唱的歌曲，在议会新年开幕式上会有女王的演讲，等等类似仪式性语体。要在一天的特定时刻进行祈祷可以用背景的时间类别来解释，就像确定安息日的开始或结束的时间，或确定在斋月期间什么时刻（不）能够进食一样——也都与特定的宗教话语有关，如祈祷会或仪式规则。

64 更一般地说，情景指向的行动和事件与其他行动和事件有部分重合，例如美国总统访问**期间**的示威游行。新闻报道图式将这种情景关系归入特殊类别，在这种关系中，一个焦点新闻事件——因而部分地解释为——以另一个新闻事件为**背景**（Van Dijk, 1988a）。从这个意义上说，情景在事件和行动中起一定作用，其类似于更复杂的语境或情境，我们正在研究这种复杂语境或情境的结构，以对话语进行控制。但是请注意，情景的语法或话语类别由表示我们谈论或书写的事件或情境的表达式填充，因而界定了语义而不是语用模型。因此，虽然特定语体可能需要语境的定义将情景类别看作背景的一部分，但似乎没有多少证据表明语境图式中的这种类别具有一般相关性。

关于背景的结束语

我们已经看到，背景一般是情境结构，特别是语境结构的基本方面。行为者有他们的“场所”，他们的活动“发生”在某些物理空间、边界内、特定时刻或某段时间以及不同的情景下。虽然地点和时间似乎与基本坐标一样简单，但我们已经看到，空间和时间感知、意识和互动组织可能需要减少大量的时空数据，以便管理与其他人相关的活动。因此，行动可能发生的空间或地点的多样性很可能会减少到少数几个基本的个人、人际及公共空间单位，小到可以是房间和建筑物内的个人空间或者街区，大到可以是国家的城市、大陆甚至世界舞台。社会认知组织和大量（归属）位置或空间属性的互动任务也是如此，包括不同种类的距离、私密度、大小、安全度等。时间的组织及其联结的社会定义和任务，以及时间控制互动和话语的方式同样如此。

因此，总体而言，是背景提供了行动场景、设置了时间和空间限制以便于社会互动的社会协调（否则怎么知道什么时候以及在哪里见面？），环境还有助于安排和发展当前行动，并为所谈论或所写的事件和行动的相对语义以及言语行为的条件，提供了一个实用的时间框架。

尽管上述情境的所有空间、时间和环境属性对人们的意识和社会（互 65
动）行为有明显的影响，但我们还不知道他们中有多少人需要加入语境理论。正如所讨论的，时间和地点的各个方面显然是有影响的。其他，比如在房间、街道、公园或风景中讲话，或星期四写作，或室外温度高或低，或被白色或灰色墙包围，以及许多其他背景特征，可能对语言使用者的语音、内容或情绪偶然有影响，但似乎并不明显地适用于文本和言谈更为一般的规则和结构：我们并没有使用作为这种环境变化结果的语调、句法、代词、连贯性、预设、言语行为、修辞手段或互动策略。

正是从这个意义上讲，至关重要的是，要区分物理和社会情境，以及区分人们可能意识到的许多其他环境特征方面与被系统地和社会地解释为与话语相关的语境方面。首先是使话语发生变化的原因或理由，而语境特有的受规则约束的条件可以使话语比较恰当。例如，环境噪音在任何地方都可能成为大声喊叫的正当理由，但是语境规范控制我们何时、何地以及同何人一起可以“提高嗓门”，比如用以表达情感或表现权力。我们下面将多次回到这一点。

社会行为者

显然，社会行为者是社会情境的明确“组成部分”之一。的确，如果没有社会行为者（以及社会行动或互动），我们很可能就不会将情境定义为社会性的。再者，对社会行为者作为社会情境中的“参与者”及其许多社会属性的分析，要求我们回顾社会心理学、社会学和人类学的大多数研究，因此我们需要关注作为情境和语境参与者的社会行为者的关键维度或特征。

因此，一般来说，社会行为者的性别、种族、年龄、职业（专业）、职位或地位很可能系统地影响活动、文本和言谈，而譬如衣服的颜色、胳膊或头发的长度、是否秃顶或过敏等成千上万他们的身体、生理、心理或社会属性则没有影响或影响很小。换言之，正如我们在上面讨论背景时所
66 看到的，社会行为者的某些属性而不是其他属性确定了活动和话语的恰当性。例如，只有作为议员角色的参与者才能在议会发言，只有下议院议长才能调控议会的话轮。这种恰当性不仅由当前语境来确定，而且也由规则的应用、我们对参与者类别所持的普遍社会文化信仰（图式、原型、刻板印象等）以及对当前参与者的个人意见来确定。

的确，由于人的分类方式五花八门，在社会分类中可能有一个总体策略，专注于特定类别或身份，因此，我们似乎首先按照性别、年龄和种族对人进行分类（Fiske, 1998）。当然，像往常一样，这一切都取决于语境。因此，听取托尼·布莱尔关于伊拉克问题辩论的议员不太可能首先将他归为男性、白人和中年人，而更有可能归为首相、工党领导人、布什的朋友等——虽然一般的社会分类（性别、年龄等）可能会成为背景，并可能随时被激活。

对交际情境中社会行为者的研究处于社会心理学和微观社会学的边缘，因为它显然不仅仅涉及理解和互动的社会认知本质，而且需要用社会学术语进一步定义各种社会的和机构的角色与身份。

我们本章的重点是社会认知方面，如身份、群体成员、人际及群际关系

和策略以及（以下）共享信仰，如需要进行认知类型和社会类型分析刻板印象、偏见等现象。换言之，在这里我们讨论作为各种社会群体成员的行为者和语言使用者及其在认知（从评价和情感方面）上管理这些成员的方式。尽管行为者和行动很难分开，但我们下一节将重点讨论行动和互动本身。

在社会心理学中，有关人的感知、社会分类和刻板印象的文献通常会描述社会行为者属性的研究，这方面的文献很庞大，我们只能回顾一些相关的片段。我们在这里讨论的目标和标准之一是再次弄清楚，作为语言使用者，社会行为者如何能够在正在构建和更新的一般社会情境特别是交际语境中，管理关于他们自己和他人的大量信息。也就是说，正如我们之前所表明的那样，由于语境有时是在几（分之一）秒内构建、管理和改变的，所以它们需要相当精简地表征社会情境，这也适用于正在进行的对参与其中的社会参与者相关特征的构建。

因此，行为者或发言者可能会注意对话者的年龄、性别或职位以及一 67
些其他特征，但根本没有时间**同时**注意数千个其他“观察对象”——尽管在情境相关时或作为解释策略的一部分，他们可能会关注其中的一些特点。例如，人们的衣服质量可能被用来将他们归类为特定的社会阶层，然而是那个阶层类别而不是衣服细节可能会影响剩余对话。因此，“社会阶层”类别既可以在认知上也可以在社会上作为社会行为者的许多其他特征的简略表达，并因此有可能成为语境结构的参与者子类别。显然，这同样适用于性别：我们需要好几种认知策略和社会策略来确定我们是与男性还是与女性（或其他性别类别的人）交谈，但语境模型只会记录与社交相关的类别，这是此类情境分析的“结果”。再者，人们可以看到并理解其他人的许多社会相关属性（Fiske and Taylor, 1991），但其中只有一些与系统的话语组织有关，因此在语境模型中占据一席之地。

人的感知和社会分类

在考察交际情境中行为者的一些更具体的属性之前，我们需要对人们在互动中如何感知和分类他们自己及他人做一些更一般性的评论。显然，他们不是从零开始的。通过日常经历以及各种形式的教学或媒体话语，人们已经获得了作为个人和作为社会集体成员的一般**原型**与**图式**（Cantor and Mischel, 1979; Fiske and Taylor, 1991; Schneider, Hastorf and Ellsworth, 1979）。

这种图式表征的功能之一是，例如通过组织和减少复杂信息来促进感知、记忆和复制。此外，由于频繁和重复的应用，图式往往或多或少地会自动应用（Bargh, 1984, 1994; Wegner and Bargh, 1998），因此稀缺的认知资源可以保留给其他任务——例如用于理解情境的独特和显著特征。正是社会信息加工的这一基本特征往往导致刻板印象和偏见的过度概括、形成和应用。为了避免这些情况，人们需要更加有意识地、自我反射地控制社会理解和互动（Devine, 1989）。的确，从那一方面来说，与反性别歧视或反种族主义相比，性别歧视或种族主义更“容易”产生，不仅出于社会原因，而且出于认知原因。

68 由于语境模型必须相对简单，因此它们能够利用作为人们一般社会文化知识一部分的人们的图式表征以及快速、自动化的处理策略。也就是说，关于当前参与者的部分知识和观点，以及有关该人的当前特有的信息，确实可以从人、行为者或社会角色的社会共享图式中推断出来，并且被投射（实例化）为当前模型。换言之，在这种情况下，构建语境模型只是社会成员特别是当前情境参与者，一般性地理解人和将人分类的较一般社会认知能力的特例。因此，听取托尼·布莱尔关于伊拉克问题辩论的议员首先将布莱尔划分为首相、政治家、工党领导人等，然后策略性地激活和实例化他们关于这种政治角色的相关情境知识。由于议员们经常会看到布莱尔和其他议员，很多这种激活和图式实例化都是自动进行的，因此他们可以专注于手头新的情境信息和话语信息。同时，他们将这些一般知识与逐渐形成的对托尼·布莱尔作为一个人的社会共享的以及个人的知识和观点结合起来。从托尼·布莱尔当前的政策和行动（例如作为美国在伊拉克战争中的盟友）推断出这些图式后，它们最终被应用到布莱尔当前的“模型”中，而且它还在不断更新并且正被插入到布莱尔在其中发挥核心作用的当前语境模型中。

> 顺便提一句，为避免众所周知的混淆（由于“模型（model）”概念日常使用的模糊性），我们应仔细区分一方面关于托尼·布莱尔的集体或主观的个人**图式**（schema）与另一方面一些议员在辩论的每一时刻具有的关于布莱尔的当前、独特、主观的**模型**。图式是一般的、抽象的和非语境化的：（a）通常在公共话语中关于托尼·布莱尔的社会知识和预设（例如他是英国首相、工党领导人等），以及（b）我多年积累和概括的关于托尼·布莱尔的一般性个人看法，即每当我听到或读到他时，就会激活并调整的个人图式或“印象”；我关于布莱尔的这个个人图式当然受到一般的、社会共享的图式影响，并结合我之前概括的布莱尔出现的个人经历（心理模型）。然后，当我今天正在听他讲话或此刻听他的辩论时，这些关于布莱尔的社会及个人**图式**被应用于构建我**现在**正在构建和更新的独特的、个人的当前**模型**。

也就是说，虽然个人模型从定义上来说是独特的，因为他们应用了 69
我们的主观意见和情感（Fiske, 1982），并体现了对人的持续认知和理解（外表、行为、话语）的同等主观推断，但是模型的较大部分可能就是社会角色或类别的社会文化知识和特定人图式的实例化。

正如我们之前所强调的，每种交际情境中的语境模型都不是从零开始解读的。我们已经看到参与者策略性地**预期**他们即将参与的交际情境的许多属性，可能甚至计划他们的部分干预，显然托尼·布莱尔和议员在关于伊拉克问题辩论中就是这样。与此同时，无论在他们的计划还是在监控着他们话语的生成和理解的动态模型中，语境模型的一大部分是他们已知事情的实例化：议员已经认识托尼·布莱尔，并已激活和应用他们对他这个人以及对他作为首相、工党领导人等的所知和所期望。我们看到，可以通过多种方式来减少当前语境模型的复杂性和管理资源：

- 以前和正在进行的关于社会角色的一般社会文化知识（图式等）的应用（实例化）。
- 以前和正在进行的关于特定人的**社会共享**个人图式的应用。
- 以前和正在进行的关于特定人的个体主观图式的应用。
- 以前和正在进行的关于正在进行的交际活动参与者的当前相关特征的选择。
- 参与者的当前意识形态、兴趣、目标等。

请注意，图式知识的应用发生在实际互动和图式建构之前和之中：也就是说在关于伊拉克问题的辩论中，没有议员对托尼·布莱尔开启辩论感到惊讶，也不关心他做什么（提出动议并为之辩护）等。请注意，这里除了关于首相和托尼·布莱尔的一般知识之外，还有关于布莱尔在伊拉克战争中作为美国盟友的当前相关知识。

最后，这些实例一方面对于工党、保守党或自由民主党成员，或者另一方面对于或多或少反战的议员来说，当然是不同的。所有这些**一般**知识和看法最终都会被应用于每位议员对当前辩论中的托尼·布莱尔形成的独特、持续但动态变化的“印象”：他或她可能不喜欢作为首相或个人的他，但是尊重他目前的论点；或者相反，大体上赞同他的政策，
70 但非常反对目前的伊拉克政策和所提供的论据。显然，托尼·布莱尔对听他演讲的议员们的语境模型的先前构建和持续调整也发生了同样的情况。

虽然人们通常倾向于自动激活和应用一般图式（刻板印象、偏见）来理解社会情境，但我们应该强调——特别是在一本关于语境的书中——这些过程总是依赖语境（Fiske, Lin and Neuberg, 1999; Lawrence and Leather, 1999）。英国保守派（不仅他们）可能通常倾向于激活和应用托尼·布莱尔的消极图式（刻板印象），只因为他是意识形态上反对他们的工党领导人，并且因为他在领导执政党而且是反对派。然而，在关于伊拉克战争的辩论中，保守派同意布莱尔（以及保守的美国政府）的观点，即英国应该对伊拉克采取军事行动，以便他们目前在辩论中对布莱尔的评价可能比平

常更积极些。换言之，一般知识和信仰图式通常有助于社会和政治理解，但当前情境的特殊情况总是会加强或削弱这种图式在独特、具体的情境模型中的应用。

这些都是构建语境模型参与者的社会心理学方法会涉及的过程和表征。这里涉及的实际认知过程相当于认知心理学的任务，不需要在这里研究。这里相关的社会心理维度是社会分类、人的感知、印象形成和关于人的社会文化知识的形成和使用中涉及的各种社会过程，以及这类信仰在正在进行的话语和互动中被激活、应用、调整和修改的方式。在托尼·布莱尔演讲期间，尽管每位议员在演讲中的每个时刻对布莱尔的当前认识和看法（语境模型的“布莱尔模型”）当然是主观的，因此是独特的，但社会心理学方法对“布莱尔模型”尤其感兴趣的是，更一般的个人的，特别是社会文化和社会政治的图式、原型、刻板印象、偏见和意识形态的实例。让我们稍微详细地研究一下这些参与者维度。

社会身份

人们不仅带着自己的个人经历、人生历史、自传体回忆、意图和目标，以个人身份还以社会行为者和社会群体成员的身份，参与到社会情境中。然而，社会行为者和群体的许多社会属性将在下一章中探讨，我们这 71
里感兴趣的是互动和群体成员如何影响并且也受到人们的社会认知方面的影响，比如他们的信仰、知识、印象、评价、情感等。这种社会认知接口的一个关键维度是人们的**社会身份**。

“社会身份”并不完全是一个有明确定义的概念。然而，提供一个详细的替代理论已经超出了本书的范围（关于各种经典的和当代的方法，例见 Abrams and Hogg, 1999; Brown, 2000; Gumperz, 1982a, 1982b; Tajfel, 1981, 1982）。此外，我不会关心社会身份和群体形成的详细社会认知过程，比如自我和他人分类。在本章中，我们自己理论化的关键在于，人们不仅构建个人自我，而且构建作为（各种）群体成员的社会自我。群内和群际的感知和互动取决于把他们自己归入群体成员的这些人的社会共享身份。

群体认知、判断和互动的许多形式，如一致性、两极分化、团结、刻板印象和种族主义，也通过话语发生，因此也与话语和语境理论相关。的确，当作为群体成员进行交谈时，人们倾向于强调他们自己群体中的积极事物、外部群体的消极事物，以及可能在文本和言谈的许多层面观察到的群体刻板印象、偏见的形成和两极分化的过程（Van Dijk, 1984, 1987, 1991, 1993a）。显然，不仅在谈论和描写内群体和外群体成员时，而且在与他们交谈时，即在群体间互动中，情况都是如此。也就是说，在构建语境模型的过程中，我们会发现一个所有参与者进行自我和他人感知加工、分类和判断的持续过程，该过程总体上会对互动尤其是话语产生影响。

传统社会心理学范式的研究倾向于以或多或少的结构主义、静态的功能术语来构建社会认同，就像人们构建或“拥有”某物时一样。然而当前的一些方法，例如在建构主义范式中，更愿意以更灵活、更动态和更情境的方式对待社会身份，认为它是一种正在被构建或“表现”的东西，而不是已经“给予”的东西（Burr, 1995; Butler, 1990; De Fina, Schiffrin and Bamberg, 2006; Gergen and Gergen, 1981; Harré, 1979）。同样，在社会分类理论中，社会身份不被视为固定表征，而是在特定语境下的互动中产生，并与语境的其他方面相关（例见 Abrams, 1999; Oakes, Haslam and Reynolds, 1999）。

正如在学术发展中经常发生的那样，对理论的批评有时会导致把婴儿
72 和洗澡水一起倒掉。人们不会抛弃所有早期研究认同的心理学方法，特别是当这样的决定往往是基于错误解释的时候，而且当到目前为止的选择只是一些非常模糊的想法而且几乎没有明确理论的时候。要从理论上对社会身份做出全面的解释，需要兼具稳定和动态的维度。

例如，作为一名记者并不是一个短暂的社会身份，它只是被社会行为者在采访或撰写新闻稿时持续“构建”，而且每次他们这样做时都需要对

其进行“重塑”。父亲或姐妹等关系型社会身份也是如此。

也就是说，社会角色和身份，就像个人身份一样，也具有或多或少的稳定特征。它们可能与特定的知识和能力、特定的工作、特定的任务和职责、总体目标、规范和价值观以及属于一个群体或社会类别的感受等相关联。

群体成员的许多社会共享属性都是长期的，相当稳定，很难改变。也许更重要的是，人们被分类、雇用或以其他这种或多或少稳定的方式对待“归属身份”，即角色或职业。当他们以群体成员的身份行事或说话时，社会行为者可能（或需要）激活许多与某一社会身份相关联的属性，例如该群体共享的特定能力、知识和其他社会表征。

如果没有一些至少是稳定的属性，“身份”这个概念就没有意义，因为它预设某人或某人的某个方面在时间、地点或情境中是“相同的”。事实上，人们可能会问，如果社会行为者不知道这种身份是什么，他们如何能够以女性、记者或朋友——以及其他许多身份——来“定位自己”或“表现”。身份不仅是一个人逐渐接纳、长成的东西，而且也是人们必须“学习”的东西，即社会知识。这种知识可以通过个人经历和互动获得，也可以通过**关于**社会身份的话语（例如父母告诉女儿要表现得像“女孩”这类规范性话语）来获得。所以，社会身份确实是由社会行为者通过互动和话语逐渐构建的。但是一旦获得了这种身份，作为知识，那么一个合格的行为者可以从此**应用**或**使用**这种身份——当然，包括所有可能的语境必需的调整、改变和修改。但是，如果没有任何关于这种身份的社会知识，行为者就无法在局部或语境中构建或表现身份，而且绝大多数时候这种知识都基于所谓的以前的**身份实践**，记住这一点是绝对重要的。

也就是说，身份（也）是非语境化的抽象概念，但是它们可以在特定的情境下以独特的方式被持续地指定、具体化、应用、使用或“表现”，并因此被改变，如所有常识一样。也就是说，就像我们也有语言和语言使用一样，我们有作为“给定”（已知）构念的抽象身份以及这种身份的 73

动态“使用”。第一个（已知抽象构念的身份）通常存储在语义社会记忆中（例如作为某种图式，尽管我们知之甚少；见 Abrams and Hogg, 1999; Fiske and Taylor, 1991），而第二个（动态实现的身份）在进行的情景模型中被表征，例如在语境中（另见 Oakes Haslam and Reynolds, 1999）。心理模型中实例化的这种特定（独特组合）身份影响我们如何生成和理解话语，但是心理模型本身是在社会身份共享社会表征的更普遍社会资源的影响下形成的。

由于人们可能隶属于许多群体，所以一个人可能有许多社会身份。在特定情境下扮演的动态身份的独特性质通常结合了各种（给定）社会身份的要素——这种组合可能不是没有矛盾和冲突——取决于当前目标、社会行为者的其他特征以及社会情境。这可能导致各种“混合”身份的持续建构、稳定身份的改变以及创建新社会身份的表现。正是这种独特、综合、情境和动态的身份控制着话语，但以共享和已知的社会身份为基础。语境理论解释了作为交际情境参与者的社交行为者的社会身份的“静态”和“动态”方面。因此，语言使用者可以同时一方面以具有独特个人经历的个人身份说话，另一方面可以作为（各种）社会群体的成员说话。充分的语境理论当然应该解释这两者的话语结果，虽然没有关于其认知和话语基础的详细理论，但这种明显的二元性数十年前已经在社会心理学中得到解决（例见 Tajfel, 1981）。

社会自我

在经历模型和语境模型中，**自我**在人们表征和组织他们所参与的交流活动的方式中起着核心作用（另见 Bakhurst, 1995; Baumeister, 1999; Goffman, 1956; Harre, 1998; Hewitt, 1991; Neisser and Jopling, 1997）。

他们经历的情节记忆是围绕着个体将他们自我表现为非情境化表征的方式进行组织，并以特定的自我图式（Markus, 1977）进行组织：自我在不同情境下以“相同身份”被经历，并被标记为一个有名称、出生日期、个人历史等的独特组合。

然而，除了主观的自传维度之外，自我也具有重要的社会维度，因此 74
也需要进行社会心理分析：人们形成、表达或建立个人身份的方式也取决于他人看待、定义、描述和与他们互动的方式（Brewer, 1991）。在这种情况下，关键是这种自我的社会建构是**我们**作为群体成员相互建构自我的方式的实例化。

因此，自我是个人的但基于社会的概念。正如我们在前文中所了解的社会身份，这意味着我的社会自我概念一方面或多或少是稳定和持续的，也是一个变化和动态的维度，解释了每个情境中独特的、语境特定的"我"，这取决于当前情境的许多其他方面，特别是其他参与者（也持续激活）的身份以及互动（Abrams, 1999）。因为每个语境模型都是唯一的，形成其中心的自我模型一方面是一个常量（"相同的"人、相同的名字、相同的属性等），另一方面或多或少是独特的，因为持续互动、背景、参与者关系、目标、知识等具有独特性。由于普遍的抽象自我是基于个人经历（主要是与他人的社交互动）来理解的，因此可以假设这种普遍的自我也是在情景记忆中表征，即组织所有个人经历的一般图式。

总之，语境模型作为情景记忆中交际情境的主观表征，以当前自我为模型及其参与者结构的中心进行组织。当前自我是发言人在此刻发言时的独特的、持续的表征。该自我是基于一个相对稳定的概括性的自我图式进行理解，但可能随着时间的推移而逐渐改变——这正是新的经验即心理模型的结果。

交际角色：发言者

以上讨论的内容也适用于交际情境中的自我建构，因此适用于自我在语境模型中的角色。然而，这种情况下的特点是，除了我可能拥有、展示或构建的所有其他社会身份之外，我至少还是说话者或另一个话语参与者（读者、听众等）。也就是说，在这种情况下我的社会身份正在与一种**交际社会角色**的扮演相结合。

尽管一方面社会身份或社会自我与社会角色之间存在密切关系，但
75 另一方面使得区分它们在分析和实践上都有意义（例见 Ashforth, 2001; Coser, 1991）。因此，与其他身份不同，交际角色是为特定情境（甚至在这种情境中的特定时间段）严格定义的，即被定义为谈话中现在“有”话轮的参与者。

这意味着使用诸如“说话者身份”这样的概念是没有意义的，因为发言者不可能存在一些普遍的社会表征：发言者不会形成一个群体或团群。发言者当然具有一般的角色知识，他们知道在扮演这样的角色时可能或应该做什么，例如当开始、结束或中断会话时，如何开始或停止这样的角色。人们在他们的生活中扮演了成千上万次发言者的角色，所以他们在许多方面已经成为这个角色的专家，并且通常能毫无问题地扮演这个角色。

在参与者的相关社会身份和角色中，说话者的角色当然是进行轮换的参与者的必要语境类别：我必须在整个会话中不仅将自己表现为参与者，还要表现为当前发言者，而该自我定义不仅控制使用诸如“我”“我的”“我的（东西）”或“我自己”这样的指示语，而且还控制谈话中对“我的”话轮的一般管理：如何获得这个角色，如何和何时继续讲话，何时让其他参与者打断我，或何时将说话者角色让给他人（Sacks, Schegloff and Jefferson, 1974）。

只有在议会中，议长的角色是作为一个机构化的职位，即作为议会会议的主席，而这位议长主席控制（分配等）辩论的话轮。一旦议员被分配了这样一个话轮并让她承担（当前）发言者的角色，那么这将是她在这么多分钟时间里的（动态的、语境的）身份（见第五章的例子）。

其他交际角色

类似评论适用于其他交际角色，例如作家、读者和听众，每个角色都有其特定的社会与文化角色知识以及“应用”或“表现”它们的方式。请注意，这类角色定义也控制相应的认知加工，虽然发言者角色控制着话语生成过程，但各类接收者主要参与话语理解过程，即使他们可能表明他们

正在倾听并积极参与会话。

在话语的生成中，（大众）交流的具体语体和形式可能需要有许多类型的（专业）角色，以及不同类型的接收者、听众或观众。因此，媒体或电视中的新闻由许多不同的专业人士制作，如记者、编辑、制片人、摄影师等，其中一些人收集和撰写新闻报道的初稿，另一些人重写并修改，还 76
有一些人打印、广播、分发或阅读它。也就是说，与许多其他形式的机构或组织话语一样，新闻是联合制作的，每位参与者都具有与制作过程一部分的特定活动相关的特定组织或机构的角色。

显然，每位这样的参与者都需要各自的语境模型，具有被表征的相关交际角色——以及被激活的相应的专业知识——以便能够充分和恰当地完成其工作。由于这些角色是社会的、专业的和机构的，因此需要在下一章关于语境的社会方面来研究他们。这里相关的是，这些角色还与各种形式的社会认知相关联，如群体共享的专业态度、意识形态、规范和价值观（见下文），并且他们独特地结合了个人自我与特定语境模型中的其他参与者身份。

管理社会身份

根据以上陈述，我们可以推断社会身份的表征不仅是语境模型的核心和关键特征，而且还涉及许多类型的身份和角色，例如：

- 类别：性别（女性、男性等）、年龄（年轻、年老等）、外貌（黑种人、白种人等）等
- 种族：欧洲人、亚裔美国人、马普切人等
- 国籍：荷兰、西班牙等
- 专业/职业：面包师、牙医、记者等
- 社会职位：老板、员工等
- 意识形态身份：社会主义者、女权主义者、和平主义者等
- 社会角色/关系：母亲、朋友、病人、客户等
- 交际角色：演讲者、制片人、听众、读者等

我们在本章和本书中的任务不能提供关于社会角色和身份的普遍理论（尽管我将在下一章中更多地谈论它们）。然而，有趣的是，这份列表也有大约七种类型的身份，我们可能想知道，对我们的经历和社会情境进行长期和持续的分析，是否一般都需要控制在可以由大约七种基本类别来处理。的确，发言者同时管理数十个甚至数百个身份，这在认知上和互动上都是不大可能的。

在每个时刻，这些社会身份中的一个或几个将被选择/表现，并且即使在管理多个身份时，一个或两个身份很可能在每个时刻将支配和控制言
77 谈或文本。换言之，语境模型中的说话者身份本身就是可能表现等级组织的子模型。

通过激活（已知）模型片段、组合这些片段以及调整它们适应文本或言谈的每个情境的灵活策略，这些模型被持续建构（并且在计划的早期阶段被预先建构——正如我们所争辩的托尼·布莱尔在议会中所承担的角色）。显然，正如会话分析和相关研究方向所强调的，这种语境身份建构是一种社会任务。

举例来说，我们只能推测托尼·布莱尔如何在演讲中管理他的社会和政治身份的确切性质，但我们可能会根据他在辩论中预设、表达或表现它们的方式来进行推断，大概按以下等级顺序进行：

- 当前演讲者
- 首相/政府首脑/内阁
- 议会成员
- 工党领导人
- 社会民主党人（中间党派）
- 英国公民
- 民主党人

这些身份在他的演讲中或多或少地被明确表示。请注意，除了他的交

际角色之外，他只使用上面提到的七种基本身份类别中的几个，交际角色、职业、职位和社会政治意识形态；其他身份可能是被预设和基于背景的，有时会变得相关，例如性别、年龄、种族、丈夫、父亲、朋友等，这些身份在其他交际情境中变得更加相关，例如在家谈话、与朋友讨论或参加国际会议时。还要注意，各种身份会相互影响：他做首相的方式也受到作为工党领导人的这个职位、他的政治意识形态、作为英国人以及他目前的伊拉克政策的影响。我们只能推测这些影响的确切细节，而且我们需要许多话语数据来推断至少某些潜在身份之间的复杂关系。

参与者之间的关系

在语境模型的社会心理学描述中，重要的不仅是交际情境中参与者的
社会身份，还有他们之间的**关系**，其中一些已经在上面按照社会角色对
待。再者，这里相关的不是两个人之间的独特关系，而是以群体成员身 78
份定义的关系，即群内和群际关系。同样地，我们对社会群体之间的“客
观”关系不太感兴趣，但感兴趣的是参与者在其语境模型中，即在社会行
为者和社会群体之间的社会认知接口之内，如何持续定义他们。

由于群体之间存在多种社会关系，情境模型不可能容纳所有这些群体，参与者再次需要重点关注并确定哪些与适当的话语生成和理解相关。正如我们在其他章节更详细看到的那样，许多语言中的称呼形式和其他礼貌现象取决于参与者之间的权力关系、熟悉度、团结度、年龄或地位。

这些关系根据群体和类别成员来定义，因此在语境模型的形成中，参与者将自己和其他参与者在社会关系中的群体成员资格和位置进行正确分类是至关重要的。如上所述，这种关系的实际话语表现在情境上是独特的，但也取决于关于社会关系的社会共享及文化差异性知识。我们稍后（第四章）也会看到，在语境模型中，哪些关系是相对一般甚至是普遍的，而哪些关系是特定的给定（次）文化。因此，参与者之间的亲属关系、年龄和权力（或地位）关系与例如是某人邻居的社会关系相比，对话语具有

更广泛的影响。

为了必要地减少关于可能的社会关系的迥异信息，参与者需要进行概括和抽象。因此，他们可能只有一个或两个类别（例如，权力或地位）或只是任何等级（垂直、不平等）关系用于总结这些不同的关系，如老板、权威、控制、指挥、统治、领导、霸权、最高权力、暴政、贵族、方向、指导及其对应关系：一方面是服从、农奴身份、顺从、奉献、协助、钦佩、忠诚，另一方面是反对、异议和不顺从。然后，横向关系（如朋友、兄弟、同事等）将定义一个控制“平等主义”话语形式的参与者关系类别，例如熟悉度代词（如法语中的 tu）、熟悉度和亲密度，这同样适用于社会关系的各种“亲疏”维度。

在托尼·布莱尔在议会演讲的例子以及我们在第五章分析的相同辩论的那些例子中，我们也看到，布莱尔和议员对同一党派成员、同一党派反对者以及官方反对成员等的称呼不同。只有当他们在他们的语境模型中有
79 相关类别（成员与非成员、朋友与敌人等）来代表自己以及其他参与者时，他们才能恰当地做到这一点。

行动和互动

在上述模型其他维度的控制下，人们表征和控制他们参与的当前行为和互动：他们通常“知道”——意识到——他们现在在做什么 / 说什么。对于语境模型，这意味着当前话语的表征也被定义为语境模型的一部分——当语境模型表征当前交际事件时，这是显而易见的。除了上面提到的类别外，参与者因而需要记录目前情境中所做的和所说的，因此他们还需要表征情境模型假定控制的这个行为或文本。更确切地说，因此，动态语境模型表征正在进行动作的先前部分，以便能够继续控制当前和未来的部分。

此外，语境模型的行动类别提供了必要的信息，并控制说话或写作时还在做些什么，即众所周知的社会行为等级。一位撰写社论的记者——阐述报纸对最近新闻事件看法的一种机构语体——同时可能会批评政府并说

服公众。根据当时的情境，这些行动的不同“层次”及其意图和目标都可能或多或少是有意的。如果是有意的，它们需要在语境模型中表现出来，以便能够控制社论写作的完成。换言之，如果文本和言谈在参与者的语境模型中持续表现为特定的行动或互动，那么它们只能是交互完成（超越了发出声音或书写符号）。

这可能意味着，当一个局部行动正在进行时，如做讲座，特定的部分行为（如发出一个词或使用特定的口音）以及话语整体行动或功能（例如教育学生）很可能不会一直是有意的。由于语境模型是动态的，因此我们也应该考虑这个事实，即在模型发展的不同时刻，意识的水平或阶段有所不同——有前景和背景之分。有时候我们明确地想到一个要选择的特定词语，有时候会考虑话语的整体功能，但这种意识水平并不是一成不变的，而是要调整以适应于每个互动时刻。的确，正如所有互动的情况一样，话语和语境分析也是并且必须在很大程度上是自动的，所以稀缺的认知资源可以用于明确地关注（交互）行动的最重要的、有意图的、热门话题的和功能的方面（例见 Bargh, 1984, 1994）。

作为语境类别的行动的社会心理相关性，并不局限于作为不同层次意 80
图或解释的社会交往的话语的语境描述。与上述考虑到的所有类别的情况一样，持续行动的建模也需要社会共享信仰：知识、态度、意识形态和规范。撰写社论的记者同时可能参与机构和政治行动，并作为媒体组织成员、专业团体成员，很可能作为一个或多个意识形态团体成员这么做。因此，在撰写社论时，她不仅要实例化报纸编辑的一般活动，还要展示她目前“认同”的组织或群体所共享的社会表征。这意味着她知道在专业和意识形态方面可能期望她采取何种行动、如何表现以及如何将共享的社会信仰与她目前的个人目标和意见相结合。总之，语境模型需要一个将关于行动的个人的和社会共享的信仰结合起来的行动类别，以便让群体成员充分参与作为一种“群体行动”的话语。

由于社交互动是复杂和分层的，语言使用者在每个时刻可能关注或前景化社交行动的一个级别或要素。同样，这意味着策略处理的限制要求参与者能够将当前执行的社交互动的类型减少到与正在进行的话语控制相关的那些类型。这不仅是众所周知的言语行为类型（例如作为承诺或指令）的情况，而且也很可能是话语和其他社交互动的其他类型和群体。因此，记者（调查、提供信息）、教授（研究、教学）以及其他社会职业的各种行为也可以概括为相对较少的较基本的行为，如“传授新知识”等。

社会认知

我们多次看到，交际活动不仅包含社会行为者和行动，还包括社会信仰及其与个人信仰相结合的方式，即语境模型也需要一个“认知”成分。我们在早些时候曾表明，这种认知语境模型类别具有各种个人和社会共享的**知识**、当前互动的更具体意图和目标，以及互动中作为“共同基础”的心理方面（Clark, 1996; Krauss and Fussell, 1991）。

在这一点上，我们还需要注意传统上所认为的社会心理学研究**态度**和**意识形态**等信仰的社会心理学方法所关注的问题。当然，这同样适用于社会共
81 享知识。然而，这些知识传统上——并且任意地——在认知心理学中研究得更多一些（见《话语与语境》）。因此，在本章结束时我们提出了一个问题，即语境模型是否也应该包含特定的信仰，也就是**观点**，即社会共享的态度和意识形态的实例。这个问题的答案很难引起争议，因为许多话语性质——无论在生成还是理解过程中——都受到基于群体的社会共享评价信仰的观点的控制，特别是当语言使用者作为群体成员参与时。当托尼·布莱尔在关于伊拉克问题的辩论中嘲笑自由民主党时，他通过应用基于其政治意识形态的观点来这样做。根据他们各自的社会和政治态度及意识形态所控制的自我情境模型，议员理解——但不一定都接受——这种观点论述。

我们这个简短的讨论不会对态度和意识形态给予详细描述，包括对态度的经典社会心理学方法的批评（例见 Eagly and Chaiken, 1993 等；关于

批评，例见 Potter, 1996, 1998）；对于意识形态的讨论，我参考了一本以前的专著（Van Dijk, 1998）。总的来说，这个讨论是共享和普遍的社会信仰的当代研究方法的一部分（Fraser and Gaskell, 1990; Resnick, Levine and Teasley, 1991）。

与我们这里的讨论相关的是，态度和意识形态都是由社会群体成员共享的一般心理表征。意识形态是群体更具体的社会态度的潜在基本信仰，例如对移民或移民在劳动力市场中竞争的种族主义态度的潜在种族主义意识形态。与许多传统的社会心理学方法不同，态度是根据群体的社会共享信仰来定义的，态度不是关于特定事件的特定个人意见，根据定义态度存储在心理模型中（另见 Jaspars and Fraser, 1984）。

也就是说，相反，语境模型是以个人意见而不是以态度或意识形态为特征，尽管这些因素显然控制着个人意见的形成。然而，态度和意识形态不是确定性的：女权主义者可能会对与女权主义意识形态不符的特定事件持有个人意见；这可能取决于个人经历、当前情境的具体特征或其他态度和意识形态的影响。

为了能够衡量态度和意识形态对个人关于交际活动的具体意见所产生的确切影响，如心理模型中所表征的，我们需要更多地了解其组织和内容。然而，正如知识的情况一样，我们对这些一般的、抽象的社会表征的结构只有非常模糊的了解。他们大概也是由某种图式组织的，如定义群体 82
身份的意识形态的群体自我图式，如典型行为、目标、规范、参照群体和资源（Van Dijk, 1998）。

态度也是一般和抽象的，但适用于特定社会领域的特定问题，如堕胎、移民或核能。它们将一般的意识形态规范和价值观实例化，如将“自由”价值观应用于对市场自由的态度，或者将胚胎具有“生命权”的价值观应用于对堕胎的态度（但不将人类在死囚牢中应用于对死刑的态度，或士兵不得杀或被杀应用于对军人服役的态度）。因为态度和意识形态的定义是一般的和抽象的，所以它们可以应用于具体情况，因此可以在特定的个人心理模型中实例化，并与其他个人信仰结合起来形成个人意见。

我们看到，除了背景、参与者（以及他们的社会身份）、行为等情境的“社交”属性外，当作为群体成员参与时，语言使用者还需要激活态度和意识形态并表达基于社会的观点。

我们将在后面更详细地看到，这种意识形态观点控制着话语的许多方面，如话题选择、词汇选择、许多语义迁移以及风格与修辞。然而重要的是要注意保持语义学和语用学之间、意义和语境之间的区别：意识形态首先控制我们所谈论事件的心理模型的形成，即文本和言谈的语义学。因此，托尼·布莱尔在演讲中关于伊拉克问题的观点受到他的政治意识形态的控制，很明显也受到他的民主意识形态的控制。我们必须假设他在发言之前或沉默时也有这些观点，并不是在发言时才形成这些观点的，他只是在演讲中以独特和具体的方式**阐述**出来。

意识形态不仅控制我们所谈论的内容，而且还控制我们对当前交际活动本身的表征，即我们自己作为演讲者、其他参与者以及我们正在做的事情的模型。因此，布莱尔正在进行的对自由民主党自发持续的批评是基于对参与者的看法，反过来又是基于布莱尔的政治意识形态。换言之，话语语用学的意识形态控制适用于交际情境本身的要素——包括当前互动的目标等。

人们甚至可能会发现语义和语用的意识形态控制是矛盾的：正如托尼·布莱尔在关于萨达姆·侯赛因（Saddam Hussein）和伊拉克问题的演讲中所表明的那样，人们可能会对独裁者产生意识形态上的消极看法。然而，同样地，由于并非所有发言者的知识都需要用话语表达，例如因为它
83 已预设为被接收者共享，我们就不一定要表达我们的意识形态观点，因为我们知道他们是听众所共享的。这可能在交际活动中更为相关，例如在议会中需要说服意识形态上的反对派时。此外，其他意识形态可能也在起作用并被应用于情境模型中，以阻止某些意识形态的表达。例如出于政治原因，女权主义者不愿在特定情况下表达女权主义观点，如当她们同意任命

一名左派男性官员而不是保守派女性时。

换句话说，意识形态不仅控制心理模型中关于社会或政治事件的观点，还控制交际情境本身的语境模型。而这种带有意识形态偏见的语境模型控制着基于意识形态的事件模型以及更普遍的态度在话语中是否得以表达以及是如何进行表达的。例如，大多数政治家、记者或学者可能都对独裁者萨达姆·侯赛因持有消极看法，但是，在公共辩论中是否以及如何表达这种观点，取决于辩论的临时语境模型以及控制该语境模型的其他意识形态（例如和平主义）。

结语

社会心理学原则上是解释情境模型的理想学科，因为它研究个人和社会信仰的组合，正如我们在情境模型中所看到的那样。本章扩展了《话语与语境》中提出的心理模型的认知理论，增加了认知的基本社会维度。这意味着情境模型被描述为不仅包含个人历史和经历以及个人意图、目标和知识，还包括实例化或“应用”群体和社群的社会认知的分类和信仰。个人意见（例如对我们的听众的看法）可能实例化群体的态度或意识形态，以及这些意见可能如何影响参与者建立其他参与者模型和控制话语中意识形态表达的方式。

然而，社会心理学不仅涉及社会共享信仰，还涉及社会互动及其许多（心理）特性——与互动的微观社会学重叠。因此，本章还讨论了行为类别在语境模型中的相关性以及作为参与者的社会行为者的复杂社会身份组合，包括自我这个中心类别。尽管语境模型根据定义具有独特的社会身份显示或表现，但我们坚持认为，这些身份也需要根据社会共享的、或多或少稳定的表征来定义，这些表征不能概括为临时情境构念。

社会心理学的其他重要贡献是定义社会情境的各种尝试。我们批评性 84
地探究了一些早期的研究，并且提出了我们自己关于人们理解和表征情境的方式的观点，以及在组织语境模型的图式中应该包括哪些相关类别。我们较详细地研究了相关类别之中的背景类别，包括关于地点 / 空间和时间的相关信息，例如生态心理学框架。在这种情况下，我们不得不得出结论：当然并非所有环境属性都可以包含在语境模型中。

由于社会心理学关注社会信仰、社会身份、社会行为者、社会互动和社会情境，我们现在已经在语境模型理论的构建上迈出了下一步。显然，这些概念中的大部分已经在大量书籍和文章中探讨过，这里只能引用其中一些。这也意味着本章所探讨的每一个理论片段与社会心理学在这些领域的具体研究成果都可以而且应该被放大。此外，除了这本书中的几个话语分析的例子，本章所阐述观点的经验——实验的、分析的——基础在以后的研究中需要广泛关注。

理论上，本章结合——但也驳斥——社会心理学的许多方面。语境和情境模型的社会认知方法以及社会情境、社会身份和社会表征的定义，显然受到认知社会心理学几个方面的启发。

然而，遗憾的是，很多这种社会认知研究对话语和互动不感兴趣，因此忽视了传统社会心理学研究许多现象的基本方式，例如说服、态度、印象形成等实际上是由社会行为者以言谈和文本的形式进行的。

我假设语境是动态的，位于参与者的结构中，这样我的定义就接近社会建构主义方法的定义。然而，不同于反心智主义的社会建构主义，我将这些结构定义为心理模型，即情节记忆中的表征，从而遵循认知科学的普遍观点。也就是说，我没有将语境简化为“可观察的”话语或互动结构，正是因为它们不是这样的：作为结构它们不可见，而且只有当它们控制话语和互动时才间接成为“可观察的”。

与社会建构主义也不同，我根据心理表征定义了社会共享信仰，例如知识、态度和意识形态，并且不会将它们简化为可能（或不可能）在话语
85 中表达或影响其他互动的方式。相反，正如我认真地将话语和互动视为社会现象一样，我也将心理模型和社会表征视为需要自己考虑的社会和心理

现象。因此，只有如知识和其他信仰等社会表征在许多情境下可以被共享、学习、改变和应用，并且只有当群体成员在心理上表征它们时，这才是可能的。

然而，与传统社会心理学相比，要强调的是，这些社会表征一般是通过群体成员的社会互动，特别是通过话语获得、使用、应用和改变的。

除了这种广泛认同的观点之外，本书进一步表明，这种话语在社会情境中并不是奇迹般地出现的，而是语言使用者只能通过在交际情境中生成充分和恰当的话语，以持续建构和更新交际情境的心理模型的方式，才能做到这一点。也就是说，我们不仅要像会话分析者那样考虑话语和互动，而且要更具体地考虑**情境**文本和言谈；不仅要以临时的方式考虑，而且要以建立在理论基础上的一般方式考虑。因此，我们可能会赞同会话分析者旨在关注参与者在谈话中展示他们共享知识的**程序方式**（Schegloff, 1991b; 关于社会认知，另见 Schegloff, 1991a），从而展示他们对情境相关方面的解释。但是，一个综合的话语理论还必须阐明参与者不仅在互动上，而且在认知上**如何**能够这样做。

社会心理学对话语和互动的社会和认知两个维度的重视体现在对以下详细信息的提供上：语言使用者如何持续观察、分析和理解交际情境的相关特性，以及如何在个人心理模型中表征这些同时由社会共享表征，例如关于交际情境中参与者和行动的知识、态度和意识形态所控制的特性。

在考察了语境理论的社会心理维度在社会群体与社会行为者之间所发挥的接口理论的重要作用之后，我们现在准备关注该理论的社会学维度。

86 # 第三章

语境、情境与社会

引言

在前一章中，我们看到语境模型不仅仅是话语参与者的主观心理表征，还有许多社会维度，例如共享知识和意识形态的“应用”。在本章中，通过考察语言使用者在言谈和使用文本时理解社会情境方式的社会基础，我们将继续对语境进行社会分析。我们已经强调，他们不仅仅作为个体，而且作为互动中的参与者及群体或社区的成员这样做，例如通过获取和使用这种集体的社会表征。

与这种群体社会共享表征的应用相比，语境有更多的社会维度。例如，参与者通过参与话语来完成社会行动，通过分析，这些行动可能是集体行动、机构行动或社会、政治进程和关系（如权力关系）的实例化，同时这种参与有助于集体行动的产生。因此，在即将对伊拉克发动战争之际，托尼·布莱尔不仅仅作为托尼·布莱尔本人，还作为英国首相和工党领导人向英国下议院发表演讲。其他议员也正是基于这些特定的身份来理解他的讲话——布莱尔本人在演讲中也明确表达了这一点。在《话语与语境》（第一章）中，我们认为，在分析他的演讲时，如果不考虑这些社会或政治角色，不仅忽视了布莱尔的社会身份对演讲的生成和理解的相关作用，而且忽视了他的演讲在政治进程中的关键作用。同样，布莱尔不仅在他的演讲中应用了通常的社会结构类别，还同时再现它们。他的演讲也有利于英国的外交政策、首相和下议院角色的塑造以及政府和反对派之间的关系。因此，我们再次发现我们现在已熟悉的语境-话语关系的双向性：语境定义控制语篇生成和理解，并且——通过听话者的理解——话语本身 87
有助于改变或以其他方式影响社会情境。

在前一章中，我们已经表明说话者构建了他们的心理模型，他们以多种社会角色和身份代表自己，参与到社会活动中去。在本章中，我们需要更详细地研究这种分类的社会基础以及它们的制度和组织嵌入。

从这一点我们可以看到，社会心理学和社会学之间的区别是非常武断的。两者都涉及社会互动、社会行为者、社会身份、群体等许多其他现象。社会学的某些方向虽然不是主流，但也涉及社会认知（Cicourel, 1973; Zerubavel, 1997）。

下面我们将看到，社会情境的许多经典社会学定义也具有或多或少明确的认知维度。虽然今天社会科学中的社会方法和认知方法之间有很深的分歧（Van Dijk, 2006b,《话语研究》专刊），但我们也看到，一直并仍旧有学者试图缩小两者的分歧。

这一认知维度在前一章和《话语与语境》中至少得到了部分关注，即体现在语言使用者作为社会群体成员的心理过程和表征方面。在本章中，我们将详细阐述在认知和社会心理学中尚未解释的社会情境的社会维度，如语境与**互动**之间的关系、社会行为者的**机构**嵌入、互动与情境以及一般来说**社会结构**对我们称之为“语境模型”的情境定义的影响。因此，我们也参与了正在进行的关于社会结构与交互谈话、宏观与微观结构、社会中的“结构”与“机构”的争论。

我们认为，明确的语境理论是我们缩小这些众所周知分歧所需要的理论和经验接口之一，因为正是通过语境模型，社会行为者才能将理解和分析的宏观层面上的社会结构（如统治、群体、机构等）与微观层面的话语互动（“机构”）联系起来。因此，托尼·布莱尔在议会发表的演讲受到英国外交政策的影响，反之亦然——他的演讲同时也“影响”了这一政策。

在机构中，“情境的定义”也是社会行为者的心理构念。但这并不意味着我们想要将社会情境的分析简化为认知描述，也不是当我们意识到许多这些社会情境在话语中正被经历和谈论时，要将它们简化为语言描述。
88 事实上，通常这样定义也是相互作用的成果，如当它们在非正式或机构谈话中被协商、形成和展示时。

换言之，我们在这里探讨的是社会情境的不同维度和层次，而社会学在这种情境理论中有自己的自主任务。民族方法学和微观社会学的其他方向专门探讨特定“情境的”日常互动，其他（更宏观的）方法则探讨群体、组织、机构、权力等社会关系以及一般社会结构。

由于这是一个广阔的领域，显然无法在一个章节中进行总结，因此我会再次选择一些定义交际情境的相关概念，而我们这次研究的是，它们的倾向于在社会学理论框架中得到解释的一些属性。

社会学中的“社会情境”

那么，让我们首先对“社会情境”做一些理论解释，但这次会更多地从社会学角度来定义。由于社会理论是一个广泛多样的调查领域，因此我们需要关注与我们设计语境理论最合适的方向。由于语境是相对于话语而定义的，即作为交际互动的语境，我们的主要关注点应该是面对面情境下的社会（互动）行为理论，即微观而非宏观视角的社会秩序研究。

20 世纪社会行动理论的研究主要由现象学所启发，这些方法定义了参与者对他们自己、其他参与者及其社会环境的认识和理解。正如我们对语境理论所强调的，这种语境不应该用“客观的”社会结构来定义，而应该以参与者理解和解释他们交际的社交情景的方式来定义。在这方面，我们的立场与社会科学的悠久传统相一致。

行为者通过心理表征了解自己及其行为，其他社会行为者也是这样来做的。传统上，这种“心理”描述是用一般意义上的“意识”这个模糊的概念来表达的，更具体地说，是认知行为理论中没有明确表达的意图、目标或知识。

尽管有许多理论方法，人们往往说社会理论无法形成一个连贯的行动理论（Cohen, 1996），原因之一就是他们缺乏洞察行为的认知和社会认知维度。没有这样一个明确的行动心理基础理论，一方面无法解释意图、目标和知识之间的关系，另一方面也无法解释行为、机构和社会（宏观）结构之间的关系。行动从而与社会分离，与有思维能力的人类行为者分离。尽 89
管心理导向的现象学家对社会理论产生过最初启发，但当 20 世纪 60 年代和 70 年代认知心理学和认知科学开始发展时，社会学和心理学之间的分离已经基本完成，这导致微观社会学将互动作为自主形式的社会行为，人类行为者的“思想”几乎没有发挥明确的作用——至多只是一种理所当然的作用。

如前所述，在社会学的早期阶段，这是非常不同的。如果我们考察社会学经典及其对社会行动和情境的看法，许多描述似乎也具有“心理”维度。

因此，根据西梅尔（Simmel）的研究，社会研究需要关注“个人及其情境与活动”，而社会过程（“社交”）则是内心的一种认知单位；每个人都拥有一套知识体系：在互动过程中，我们把他人作为一种类型来研究，即当作一组抽象的共同特征（Simmel, 1909）。虽然是用非常普通的术语来陈述，但是这些一个世纪前的言论几乎不会被错置于目前理论的形成中。

与作为语境理论基础的社会情境理论更直接相关的，对社会情境的最早描述之一，即托马斯（Thomas, 1966/1928）的描述，也是在我们用来引入语境**定义**的心理主义术语中提出的：当社会情境在结果中是真实的，它们被定义为对于人们来说是真实的。我们将会看到，这个观点以后会对舒茨和其他现象学社会学家产生重大影响。

马克斯·韦伯

如前所述，一百年前，当受埃德蒙德·胡塞尔（Edmund Husserl）影响的现象学哲学开始发展其社会行动及日常生活经历理论时，社会学和心理学之间并没有严格分离。事实上，人们经常引用的马克斯·韦伯（Max Weber）在其论著《经济与社会》（*Economy and Society*）（Weber, 1978/1921: 4）开篇对社会行为给出的定义，主要是根据社会行为者对自身及他人行为心理概念的主观意义。因此，这种范式中的行动和互动理论强调，对于社会行为者自身而言，明确行为的视角和意义是很必要的。很显然，这适用于韦伯还用**定向**（orientation）概念来定义的整个社会情境，这一概念至今仍被用于民族方法学和对话分析：社会情境是“人们彼此定向自己的行为”的情境，其中的“他人”可以是互动中的其他参与者，也可以是同一群体的其他成员。

90 顺便说一句，正如许多这样的一般概念一样，人们可能会想知道“定向”概念究竟是什么意思。我倾向于将其理解为一种心理概念，即作为（心理上）关注其他人的一种方式，这与韦伯学派和现象学对主观理解的强调是一致的。根据可观测性标准，会话分析似乎将这个概念理解为“定向展示”。在我的框架中，我认为为了能够展示自己的定向，首先必须为自己定向。这种定向是一种心理操作，需要进一步分析。一些相关的概念，如焦点、注意力等也是如此。需要注意的是，在会话分析中，“可观察性”并不意味着在实证主义意义上的严格可观察性（如果人类可以进行这种观察），但一直意味着有意义的行为、语言使用及其蕴涵的可观察性，因为群体成员正在理解这些东西。

互动和社会关系的定义也是如此，即在这种情况下，社会行为者相互定向，从自己的角度解释他人的行为，因此也可能产生相互冲突的解释。同样，我们为会话语境模型规定了相同的属性。

韦伯在其作为社会理论基础的行动理论中，解析了主观意义与行为的主体间意义及社会意义之间的联系，即行为与社会关系的“理想类型”概念，例如机构中的概念，以及指导具体行为的规范和规则。也就是说，韦伯关于社会行为和情境的理论拒绝行为主义者对可观察行为的限制，允许心理抽象或构建作为行为的基础，如意义、定向，规范和规则。事实上，这些不仅是个人行为的基础，其中个人的意义和定义一直是一个重要的维度，还是更广义的社会秩序的基础，即集体性、机构、组织和复杂系统——如基于道德标准其成员行为的经济性和合法性——的基础。

我们强调韦伯和其他现象学社会学家对于个人行为的关注以及对行为者、行动、互动、情境和社会的主观和“心理”层面的兴趣。因此，对我们而言，社会情境对言谈和文本的影响所预设的古典解释学术语就是参与者对这些情境的理解（*Verstehen*）。

其他古典社会学家论及的行动和情境

上面提到的现象学方法传统上有别于涂尔干（Durkheim）的“结构”
社会学，后者侧重“客观社会事实”和人们的集体性——虽然我们在前一 91
章已经看到，当代社会心理学中“社会表征”的认知观念受到涂尔干的集体主义描述的启发。一旦社会行为者（也）作为这种集体性的成员来定义他们的行动和情境，他们就会拥有这种集体性的信仰（知识、意识形态）。这些信仰反过来又是**主体间性**（intersubjectivity）的基础，也就是相互理解和相互作用。在社会认知方法中，这意味着参与者可以构建交际情境的心理模型，包括关于心理模型的策略信仰以及其他参与者的知识。集体中的共同成员预设并产生共享知识，而这又是形成主体间（“重叠”或“镜像”）语境模型所需要的。下面我们将回到语境模型的这种主体间性。

和韦伯一样，美国的塔尔科特·帕森斯（Talcott Parsons）专注于社会行动，也认识到这是由“心理行为”所塑造的，但他的主要关注点并不在于这些主观定义或行动的细节，而在于更抽象的社会秩序基础，例如内化的共享规范。也就是说，韦伯、帕森斯和其他许多社会学家都认同“意识”在行动中的（仍然非常模糊的）作用（一种可以追溯到笛卡尔、洛克和康德的哲学观念），但他们对主观认识的强调是不同的。

另一方面，在美国，杜威（Dewey）的实用主义和至少一些受到作为人类行为基础的达尔文和生物学影响的赫伯特·米德（Herbert Mead）的符号互动主义，将行动和互动视为对环境的适应。因此，他们仍然更接近当时流行的行为主义心理学，即主观意义、理解过程和心理表征被减至最小（例如能够发起新行动的自我），将外部刺激（包括符号和语言）与（习惯性）人类行为的外部反应联系起来（Cohen, 1996: 121ff.）。

然而，许多经典方法交叉重叠。因此，在符号互动主义及米德（以他的学生布卢默（Blumer）为代表）的著作中，有一些根据参与者的意义和理解来制定日常互动理论的原则，比如关注角色扮演、自我的自我反思性、污名、脚本和视角（Plummer, 1996）。例如，格拉泽和斯特劳斯（Glaser and Strauss, 1967）提出的“意识语境（awareness context）”的概念就与我们的视角相关。布卢默将符号互动主义的首要前提制定为人类根据事物对他们所具有的意义来对待事物的原则，他们在互动中也是这样做
92 的（Plummer, 1996: 231）。因此，戈夫曼和民族方法学家的著作（我将在下面讨论）往往（也）与这些符号互动主义的原则相关联，这不足为奇。

阿尔弗雷德·舒茨

阿尔弗雷德·舒茨作为引发当代“解释性”（定性的、微观的）社会学的现象社会学奠基人之一，也赞扬了我们经历的基本“心理”本质。因此，参照亨利·詹姆斯（Henry James）和埃德蒙德·胡塞尔（Edmund Husserl），他开始强调作为我们生活世界（Life-world）经历基础的自我反思（“我认为”“我感觉到”）和意向（目的导向）意识的本质（1970：56ff.）。尽管有这样的反思性，人们的“自然态度”并不是集中在心理过程本身上，而是集中在这个世界的主体间现实和实际需求上。

尽管舒茨并未详细关注社会情境的本性，但他确实把它们作为讨论人们的（像他那个时代的其他社会学家一样，他一贯使用“人的”）日常生活经历和行为的起点来介绍：

> 人在日常生活中的任何时刻都会发现自己处于传记式的确定情境中，即人所定义的物理和社会文化环境，在环境中他具有自己的位置，不仅仅在物理空间和外部时间方面的位置，或者在社会体系中的地位和作用，还包括他的道德和意识形态的位置。说这种情境定义是以传记式确定的，意味着它有自己的历史；这正是人类所有以往经历的沉淀，存在于他手头惯常的知识储存财富之中，并作为仅仅给予他的独一无二的财富。（Schutz，1970：73）

我们看到，继托马斯，舒茨也根据参与者的**定义**以及从以往经历中获得的独特个人知识来看待社会情境。在前面的章节中我们已经看到，这种“自传式”定义的情境与我们在情境（“自传式”）记忆中定义的语境模型相对应。从这个意义上说，我们的“社会认知”情境概念与现象学导向的社会学的基础是一致的。

赫里蒂奇（Heritage, 1984: 66）在对加芬克尔（Garfinkel）和民族方法学（见下文）的介绍中比较了舒茨和帕森斯，他强调，“舒茨派的行为者居住在广泛认知的宇宙中”：除了能够感知和解释“现实世界（real world）”，该行为者有着丰富的“内心生活（inner life）”，并且他能够记住、梦见和推理。我们将在下面再次看到，在这个意义上，相对于后期互动主义方法的发展，舒茨的现象学传统同时具有更多的认知取向，因此，为作为交际 93
情境的主观定义的语境理论提供了一个更加充分的基础。

对于舒茨而言，社会情境的部分定义不仅是社会传播的（事物的“类型”的）一般知识，还是决定在每个情境中指导我们行动的首要利益的“相关性”领域。在前面的章节中我们已经看到，这个**相关性**概念存在于大多数关于语境的定义中。

最后，在探讨互动关系时，舒茨定义了面对面情境，一方面是根据共享时间和空间，尤其是根据其他人的定向（相互情境下“你们的定向”与“我们的定向”）；另一方面是根据我们可以指向的共享“环境”（“我可以直接领悟的那部分世界”，192 页的注释）。下面我将回到舒茨的作为日常生活一部分的情境概念。

尽管继舒茨，贝格尔和卢克曼（Berger and Luckmann, 1966）所分析的生活情境的日常生活社会现实与常识**知识**的社会理论密切相关，并且具有“心理”维度，但他们并未对这些情境进行分析，除了对面对面情境中其他参与者（作为主体或社会类型）视角进行了一些评论。

1950 年，美国社会学学会会长伦纳德 · S. 小科特雷尔（Leonard S. Cottrell, Jr.）在演讲中用行为主义术语将社会学定义为“与社会刺激情境相关的关于个人经历和行为的科学研究”（Stebbins, 1967），这个定义很难区分社会学和社会心理学。

尽管早期的社会学对情境及其“心理”定义感兴趣，但它们被理所当然地当做社会分析单位，并没有精确定义，更不用说系统地研究。即使是这个概念的创始人托马斯也没有界定社会情境，没有将社会的许多具体和普遍的方面纳入情境。

正如语言学和社会心理学那样，我们看到，到目前为止，社会学的社会情境通常只是作为行动和交互的环境或背景引入，或隐喻性地作为“视野”，或“行为”的解释，而不是关注其本身作为一个合法的分析对象。

欧文 · 戈夫曼

我们看到戈夫曼（Goffman, 1964）在谈到“被忽视的情境”时是正确的。他提出了他自己的——相当复杂的——定义：“一个有可能相互监
94 视的环境，在任何地方，个体都可以接近其他‘在场的’人的赤裸的感官，同样发现其他人也可以接近他。”[①] 同样，戈夫曼也使用社会情境中人们的（共同）“定向”的概念，并将这些称为“相遇（encounters）”或“面晤（face engagements）”。这表明，可能有些人并未被认可为会面的参与者。这种（社会）区分也正是社会情境与作为社会情境的主观表征的语境之间差异的基础。

---

① 我不会在这里以及其他引用现代社会学创始人的文章中反复指出和批评性别歧视代词的使用。这些问题在社会科学史的许多女性主义研究中已得到广泛研究（例见 Zalk, 1992）。

与许多其他描述情境和语境的作者一样，戈夫曼强调，并非社会结构的属性构成社会情境，而是“在当前和临近的语境下被认可的这些属性的价值”。换句话说，通过戈夫曼，我们也再次找到一种心理的或主观的概念作为情境社会构成的关键标准：参与者对社会属性的**评估**。我们早先已经看到，这样的评估通常意味着对社会属性的**相关性**的判断（对于戈夫曼的框架分析的批评性分析以及对社会学中语境的另一种研究方法，另见Scheff, 2005）。

当代社会学中的“社会情境”

十年之后，在一篇评论中，佩林巴纳亚加姆（Perinbanayagam, 1974）发现，其间关于社会情境的论述太多了，以至于戈夫曼对“被忽视的情境”的抱怨不再有效，尽管他只引用了一本书和几篇文章来支持这一说法。

事实上，目前对社会学进行书目搜索，几乎没有发现更多标题中含有“社会情境（social situation）”概念的书籍。《社会科学百科全书》（*The Social Science Encyclopedia*）（Kuper and Kuper, 1986）没有（社会）情境的条目，《布莱克威尔社会理论指南》（*The Blackwell Companion to Social Theory*, 1996）中也没有。吉登斯（Giddens, 1987）在他的一本关于社会理论和现代社会学著作的索引中也忽略了这一概念。科尔曼（Coleman）的《社会理论基础》（*Foundations of Social Theory*）（Coleman, 1990）的详细索引中没有这个概念，赖特·米尔斯（Mills, 1959）30年前的《社会学的想象力》（*Sociological Imagination*）中也没有。

从谷歌学术（2006年8月）搜索到了约28,000条标题带有“社会情境”的人文社科类文献（其中很多都不是社会情境的研究），但标题中带有“社会互动（social interaction）”的超过了174,000条。2006年8月，美国国会图书馆只有少量标题带有“社会情境”的书。同月，《社会科学引 95
文索引》（仅提及索引期刊中的文章）仅有214篇标题带有“社会情境”的文章，而带有“社会互动”的文章有1300多篇。因此，可以有把握地得出结论，现代社会学中对社会情境的研究远少于对“互动”等概念的研究。

标榜提供了社会情境理论的斯特宾斯（Stebbins, 1967）强调，尽管它们具有可观察到的社会、物理和生理特征，但它们仍然是“心理构造”，因为它们是从更大的整体中进行选择的结果：人们选择性地感知他们的环境，从而构建情境。正是这种被社会行为者经历的“主观情境”影响他们的行为。这种选择来自的社会、物理和生理环境就是斯特宾斯的“客观”情境。我们再次看到，尽管在社会学中不占主导地位，但早期的社会学研究已用认知术语来定义情境。

佩林巴纳亚加姆关于社会情境的论文（Perinbanayagam, 1974）提到库利（Cooley）、米德、布卢默和伯克（Burke）以及其他启发戈夫曼的创始人，但也强调许多经典论著几乎没有定义这个概念。继米德和布卢默之后，他批评了经典人物之一的罗伯特·默顿（Robert Merton），一方面是因为他假定社会情境具有“客观”属性，另一方面是因为人们只能对这些属性的主观归属意义做出反应（Merton, 1968）。而且在批评斯特宾斯（Stebbins, 1967）的社会情境理论时，佩林巴纳亚加姆强调整个社会情境是一种构想，因此，区分“客观的”和“主观的”特性是没有意义的：人们只对具有（主观）意义的情境属性做出反应。换句话说，不存在诸如“客观的”社会结构这样的东西，许多其他作者在社会结构的本体论和认识论的哲学方法以及当代建构主义中提到了这一点（例见 Searle, 1995）。

有趣的是，佩林巴纳亚加姆还批评了民族方法学的创始人哈罗德·加芬克尔（Harold Garfinkel, 1967），因为其受阿尔弗雷德·舒茨及其“心理学认识论”的启发，声称人们甚至能够使不可理解的情境“有意义”。继戈夫曼之后，佩林巴纳亚加姆强调，所有他人在场的行为都是互动，意义是由各方共同而不是由行为者单方确定的。

从第一次对一些社会学经典的回顾中，我们可以再次得出结论：我们将语境定义为参与者的主观构想，总体来说至少与社会学传统的某些部分一致。

社会学中“社会情境”概念的历史的另一个重要方面，不仅在于它在大多数研究中的缺失，还在于其模糊性和含混性。因此，这个概念可以表示当前“面对面”相见的实际情境，而且是一个更宽泛的环境，包括来自社会宏观结构的要素，例如群体和群体关系、机构等。

简而言之，任何可能影响人们行动的因素，无论其影响是局部（微观）的还是全局（宏观）的，迟早会被称为（部分）情境。我稍后会研究区分微观和宏观语境的可能性。然而目前，我将把重点放在社会情境上，即社会行为者在局部环境中的遭遇。

日常生活情境

在本书及《话语与语境》中，我反复论证说，定义为参与者心理模型的语境是日常**经历**的特例。这意味着，在社会学的情境中，我们也需要把它们定义为**日常生活**经历的一部分，因为它们在社会学中曾被研究，至少自阿尔弗雷德·舒茨关于“生活世界”的现象学研究以来（例见 Schutz, 1962, 1967），其中人们的经历也起到基本作用，正如我们已经在上面看到的那样：“在有意识生活的每个时刻，我都发现自己处于一种情境中”（Schutz, 1967: 100）。

对于舒茨来说，该情境是独一无二的，以传记式清晰表达（“通过将个体存在放入世界的本体论结构中”，第 111 页），并且是以往情境的结果，这些也是个人“知识库”的基础，其中只有一部分可以共享和交流。例如，它也受到人的身体和时空坐标的限制。从这个意义上说，情境在物理和社会上都是按结构排列的，参与者知道这一点（第 114 页）。

与我们的语境模型理论相关的是舒茨的观察，即虽然人们的私人经历是独特的，并且对他人而言是不可进入的，但这些经历通常与他人的经历非常相似，因此可被视为所有实际目的都是相同的。这意味着尽管语境模型如定义的那样十分独特，但其相关部分可用其他参与者的语境模型来表示。正是这种实际交互模型的可能性定义和实现了话语和互动的**主体间性**。在前一章中我们已经看到，这种主体间性也是基于对世界的共享知识以及更广泛的社会认知（规范、价值观、意识形态）——以

这种方式，同一集体的成员就可以理解类似的模型，并以类似的方法来
97 解释社会现实、当前情境和彼此的行动。根据舒茨的观点，理解行动意味着将意图、目标和动机归因于他人——我们曾经在语境模型理论中假定了这些属性，但在当代的交互方法中它们往往被忽略甚至否认。然而，自传、经历和当前目标的个人组合总是定义独特的模型，因此也存在误解和冲突的可能性。换言之，语境的心理模型理论既解释了模型如何会相互重叠，从而允许实际的互动和话语，又解释了话语如何同时具有独特性，并且会引起误解。

作为社会秩序的基本单位的社会情节

在舒茨、戈夫曼和其他人所定义的古典传统的背景下，我将把**社会情节**——包括社会行为参与者的反思性解释——而不是**互动**，作为社会秩序的基本单位（关于日常生活研究、社会学和相关学科的一个广阔领域，见 De Certeau, 1985; Douglas, 1970, 1980; Goffman, 1956; Highmore, 2002; Lefebvre, 1971；关于正式的博弈理论方法，见 Greenberg, 1990）。

> 由于理论上的原因，我宁愿使用社会情节（social episode）这个术语，而不使用社会心理学、社会学和其他学科经常使用的“社会情境（social situation）”这个术语（至此也用于本章），以便能将“社会情境”作为一个更具体的概念，即作为影响社会互动和受到社会互动影响的整个社会情节的维度。社会情节是由参与者定义和构建为经历的“日常生活”的完整生活单位或“带（strips）”。人们日常生活中的这些情节的核心要素，是与社会情境（即社会情节的社会“环境”）相关的所完成——和所研究——的（互动）行为。也就是说，如果我们想研究话语互动及其情境，或者更具体地说，如果我们要区分文本和语境，我们需要“社会情境”这一概念，以便能够谈论社会情节减去互动本身的部分。总之（但这样说很粗略）：社会情节被定义为社会互动加社会情境。然而，为避免常有的术语混淆，除本节外，我将继续使用被广泛使用的“社会情境”术语来表示（全部）情节，即包括互动。

在行为者的日常生活或集体历史的连续性中，片段是由时间段及其相
关维度之一的变化来灵活定义的，例如参与者、他们的意图或目标，或作 98
为组成部分的行动（可能或多或少是局域的或全局的）。因此，托尼·布莱尔在英国议会上干预关于伊拉克问题的辩论就是这样一个情节（他的演讲是其中的核心元素），所有辩论对于个别议员以及作为机构的议会来说也是如此。但参与者（和分析者）可能会关注布莱尔演讲中议员的简短（微小）打断这一插曲。也就是说，任一情节的有意义的情境行为或互动本身可能是另一情节的核心，因此使情节概念如原本那样在本质上是相对和递归的。

情节可能是复合或复杂的，可能不仅包括几个情节或情节序列（例如由各种演讲组成的议会辩论），还包括不同层次的特殊性和一般性的各种“轨迹”——当然是对参与者和观察者或分析者双方而言的。因此，我们可能分析会话转换 / 分配的局域轨迹，还可以分析议员的非语言动作、环境的时空结构（例如议员被分配多少分钟来说话）等。这些轨迹中的每一个都可能又与文本、言谈或其语境相关。

同样，根据古典社会学理论，我们知道情节在社会行为者的生活中可能或多或少是重复的，因此成为**常规**。这些积累的经历将导致构建或多或少固定的、社会共享的图式，这些图式组织了对构成互动的交际情境的理解。我们在《话语与语境》中已经看到，这样的语境模型图式如何策略性地产生，恰当地生成和理解会话或文本所需的，以及有助于管理意外事件或冲突的语境模型，就像托尼·布莱尔回应打断一样。

与大多数微生物学家不同，我们将整个情节（情境）而不是互动视为构成社会秩序的基础，因为没有环境、行为者及其属性的互动太抽象且含糊不清。“相同”的言谈形式在另一种社会情境下可能具有非常不同的含义或功能。

例如，我们不仅对作为互动手段的打断的一般的、抽象的特性感兴趣，而且对**这种**互动的当前意义或功能感兴趣。在这一背景下，这种互动是由特定议员做出的，并在首相托尼·布莱尔的演讲中，具有特定的政治

知识、目的和后果。只有这样我们才能将打断情节定义为政治反对的一种形式——它本身也可能是较长序列的反对情节中的一个片段，或者最终在另一层次上甚至是反对的历史政治时期的一个片段，例如自由民主党提出的反对。打断成为互动交谈的一个要素时，这一反对情节会被每一位参与者定义为自己的语境模型。

99 包括言谈语境在内的这种“更宽泛的”情节方法，不仅允许对发生的事情进行更为社会“基础”更好的描述，而且还提供了对互动本身的“更详细”或更丰富的描述。我们已经看到，如果没有将对布莱尔演讲的打断作为政治反对的一种形式来分析，那么，当议员打断时，我们只能理解其意义的一个维度。我们需要深入的情境描述，因此需要描述整个情节，以便理解它在参与者生活中的意义（地点、功能、角色）、整个机构交际情节（辩论、议会会议）或该机构的历史——就看我们想要研究社会政治情节的哪些“轨迹”了。

正是在这种社会行动、互动、情境和情节的社会学方法的框架内，我们现在能够更详细地研究当代社会学中，特别是会话和话语分析中的语境概念。

语境、民族方法学和会话分析

当代微观社会学对“情境”“语境”等概念的理解，例如在民族方法学和会话分析中，是模棱两可的。一方面，强调交谈是**情境**互动，但另一方面，很多人不愿意将语境维度引入对言谈的描述，因为害怕传统的社会结构的社会学观点会影响局部的互动分析。民族方法学和会话分析最初通过批评帕森斯的方法和“宏观”社会学家用抽象范畴来分析聚集社会结构的方式初步获得了它们的科学认同，这些抽象范畴与社会成员通过情境互动来理解和组织日常生活的方式无关（Heritage，1984：2；Schegloff，1991b；Wilson，1991）。也就是说，在古典社会学的某些方面，互动被描述为由内化规范（Parsons，1951）、集体规范价值观或“社会事实”（Durkheim，1964/1895）决定，正如我们上面所看到的，但民族方法学和会话分析扭转了影响的方向和视角，认为社会结构是通过互动产生的。

哈罗德·加芬克尔与民族方法学

赫里蒂奇（Heritage, 1984）在他对加芬克尔著作的介绍中详述了民族方法学发展的历史背景。有趣的是，他将帕森斯与其前博士生加芬克尔及 100
其他民族方法学家之间的决裂总结如下：

> 重新强调人类在社会生活中的作用，强调行动的认知基础，并重点关注行动的情境，以此作为解决先前难以解决的研究困境的手段。（Heritage, 1984: 2）

令人惊讶的是，我们在这里发现，不仅之前被帕森斯抽象方法忽视的人类行为体本身得到明显强调，而且在之后的会话分析中被边缘化的认知和情境概念也得到了重视，这一点我们将在下面看到。也就是说，在这个意义上，加芬克尔延续了舒茨的传统，而赫里蒂奇的介绍通常指向现象学研究的认知传统（Heritage, 1984: 37ff.）。因此，正如我们在上面所看到的那样，佩林巴纳亚加姆批评了加芬克尔关于社会行为者在彼此理解和理解他人及其言语和行动时在做什么的基本心理学，这并不奇怪。通过关注社会行为者关于他们（现在）在做什么的反思性叙述，民族方法学提供的研究方法是迄今为止被广泛接受的原则，但在经验上却是行动的相当难以描述的方面：**行为者对情境的定义**（Heritage, 1984: 3）。因此可解释性和可理解性成为民族方法学中的两个关键概念，而民族方法学这个术语预设了成员共享民间“方法”来产生可理解的行为并相互理解。同样，**常识性知识**这个关键概念也是促使现象社会学和民族方法学产生的“认知”概念之一。事实上，如果没有这种共享知识，行动和互动就无法构想。

顺便提一句，加芬克尔对帕森斯的批评并不意味着后者忽视认知作为行动的基础。相反，与涂尔干等“社会事实”实证主义者不同，帕森斯主要根据主观和认知因素，如目的、目标和定向来定义他的意愿行动理论——尽管他后来更侧重于将内化的社会规范作为社会秩序的基础和行动条件的（共同）制约因素。因此，在根据参与者主观观点来界定行动和情境的现象学传统上面，帕森斯和加芬克尔并没有真正决裂，虽然帕森斯（后来的）心理学倾向于关注普遍的、外在的个性和社会化机制。

帕森斯和民族方法学家（以及会话分析家）之间的关键区别在于，在试图设计一个普遍的抽象理论时，帕森斯对行动的细节和分析并不感兴趣，这也意味着他对行为者理解他人时所进行的详细认知工作或“方法”并不感兴趣。这还意味着如果行为者和行动受机构控制，他们行动的合理
101 化（作为世俗理由）——例如他们所定义情境的各个方面——并没有被重视，这是民族方法学强调的另一个“认知”方面。因此，在帕森斯看来，主体间性是基于社会情境的共同“客观”特性，并以机构化认知标准为指导。根据加芬克尔的观点，社会行为者无法看透其行为所依据的社会规范，因此成为“判断笨蛋（judgemental dopes）”。针对这种被动规则或规范，加芬克尔强调行为者行动方面的反思性和道德性，以及他们选择、解释备选事物的能力。在这方面，加芬克尔的行动理论比帕森斯的行动理论更倾向“唯意志论”而非决定论。

有趣的是，加芬克尔摒弃了帕森斯的方法，在 1952 年的论文中已强调，他有兴趣发展一个基于“经历结构（experience structures）”的社会系统理论（Heritage, 1984: 9）。同样，将语境（模型）理论发展为参与者自己定义的特定类型的日常**经历**也是我们的目标。请注意，像认知过程这样的经历很难被观察到，所以我们需要一些方法将其从人们“可观察到的”言行中推断出来。

加芬克尔著名的现场实验，即学生在互动中破坏一些习以为常的规则（从而激怒了他们的共同参与者），不仅表明成员确实使用了这些规则，而且在对话中参与者动用了一系列“令人震惊的假设和语境特征”来支持

一系列事件（Heritage, 1984: 95）。

赫里蒂奇引用的一个关于夫妻之间对话的例子表明，（在我们也从心理学的有声思维协议中了解到的所谓“并发思维解释”中）并不是话语的“表面价值”而是大量的“一方对另一方的无言假设和猜想”（第94页），是他们各自话轮的基础。

正如我们之前所见并将在下面再次看到那样，这表明言谈不仅仅是如经典的会话描述所表明的那样，由先前行动引起的一系列行动。相反，至少有两条轨道，一条是清晰的语言轨道，另一条是隐含的认知轨道，因此每次下一个话轮都是由**两条**轨道中发生在前面的事件引起的。换言之，每个话轮都是由以前的话轮以及当前发言者所具有的与语境相关的推论引起的。因此，会话就像人们常说的冰山一样——它的大部分意义是隐含的——我们需要一个强大的话语和互动的认知理论来解释这类意义，并说明参与者是如何理解一段会话的。

这种详细的“认知工作”正在通过我们称之为参与者语境模型的知 102
识手段来完成。由于参与者不可能详细说出每句话所预设的大量隐含假设，所以他们需要相信接收者将会理所当然地做到这一点，并且会理解每句不完整的话。参与者相互了解越多（因而认知共同基础越大），这种话语可能就越含蓄，因为语境模型将激活大量先前的语境模型和其他经历来填补相关但缺失的信息，这是当代会话分析无法解释的关于会话的众多属性之一。语言使用者不仅是高度专业化的会话者，而且还是有经验的认知专家；如果没有他们不断更新的当前交际情境的语境模型，以及被相应激活的谈话的情境模型，参与者就无法相互理解。因此，大部分言谈内容都是不可见的，众所周知的民族方法学的“可观察性”概念很难从字面上理解。为了充分分析对话，我们不仅需要互动专家，还需要认知专家。

毫不奇怪，我强调社会学传统的这些“认知”元素，是为了恢复情境和语境的社会学理论，经典会话分析中对言谈研究的互动主义方法日益具有形式主义、反心理主义和脱离语境的倾向，大大忽略了这一维度。

会话分析

如果我们现在聚焦作为民族方法学的专门研究之一的会话分析，我们首先发现，在广泛使用的对会话分析进行介绍的主题索引中，既没有“情境”概念，也没有“语境”概念（Ten Have, 1999）——还因为它们太普遍，被认为是理所当然的，很少被研究（Ten Have, 1999）。会话分析的经典合集之一（Atkinson and Heritage, 1984）在主题索引中仅有一处提及“语境”，而且也只是编辑在介绍部分强调会话的**互动**“语境”作用，而不是可能影响会话的情境社会特征。用篇章语言学的术语来说，这叫作（言语）上下文，而不是语境。因此，在会话分析中，我们应该区分言谈本身的顺序“环境”和更广泛定义为社会结构相关属性的社会语境（Wilson, 1991）。

经典会话分析的观点，特别是谢格洛夫在数篇论文中为之辩护的观
103 点，是将语境特征引入会话分析时要十分谨慎，并专注于互动本身。他强调，这种自主的方法本身是对社会结构研究的重要贡献，但与传统的社会结构方法不同（Schegloff, 1991b: 46）。基于这个观点，一般的社会结构和特定的语境——如参与者的性别或种族——只有在参与者**使**之相关时才相关，即当他们“明确地”**定向**它时。换言之，只有当社会结构、社会情境或语境对言谈具有“程序性结果”时才应予以考虑（Schegloff, 1987, 1991b, 1992a, 1992b）。这是用他自己的话对该观点做的一个很好的总结：

> 现在让我们弄清楚这里所说的和没有说的。重点不在于人们是男性或女性、上层或下层、有权力或无权力、教授和/或学生，他们有时属于这个类别，有时属于另一个类别。也不是社会的那些方面不重要，或者说在那个时候不重要。我们可能都会有这样一个强烈的感觉，即它们确实很重要，而且它们在那个时候很重要，并且对于我们所关注的某个互动的那个方面很重要。但仍然存在这样的问题，即我们所分析材料中的言谈细节或其他行为表明，场景的那些方面就是各方所定向的。这是为了说明各方如何体现彼此互动的相关性，从而产生社会结构。（Schegloff, 1991b: 51；下画线部分在原文中是斜体）

基于非正式日常会话的数据，早期会话分析的这种不依赖语境或自主的方法更能站得住脚，而这种会话中的语境制约则不够明确和系统。大约从 1980 年起，会话分析就开始研究组织和机构的言谈。很明显，参与者以其各自的社会角色和身份对会话做出了（至少一些）贡献，谈论与组织相关的话题，拥有与组织相关的目标，受到与组织相关的规则和其他限制的制约（例见 Arminen, 2000; Atkinson and Drew, 1979; Boden, 1994; Boden and Zimmerman, 1991; Drew and Heritage, 1992; Drew and Sorjonen, 1997；关于最近的评论，见 Heritage, 2005）。这些以会话分析为导向的机构互动研究或多或少与机构话语的其他研究方法存在松散联系（Erickson and Shultz, 1982; Fisher and Todd, 1983; Mäkitalo and Säljö, 2001; McHoul and Rapley, 2001; Sarangi and Roberts, 1999）。

尽管大多数这样的“机构”或“组织”研究仍然关注实际言谈的细节，以及组织如何互动地产生和复制，但是社会情境和社会结构中的一些——无疑相关的——元素就这样被引入会话分析，即使有时是通过后门引入。

然而，“纯粹”话语分析的主要目标仍然是仔细研究互动言谈本身的 104
机制，而机构研究往往是针对日常言谈中更具普遍属性的“规范”（Drew and Heritage, 1992）。从“纯粹”的话语分析的角度分析机构言谈及其特定语境往往也被认为是不成熟的：通常认为，与日常非正式言谈相比，在我们能够考查有关机构言谈的具体内容之前，我们首先需要了解日常会话的基本特征。为了能够回答“为什么”的问题，我们首先需要关注机构言谈的“怎么样”的问题（Schegloff, 1991b; Silverman, 1999）。

以布莱尔的演讲为例，这意味着我们首先需要分析和确定什么是打断和提问，以及提问如何可能被理解为批评。在许多交际情境中可能会出现这种情况，但是当这种情况发生在议会辩论期间时，参与者的语境模型通常将这种打断理解为政治反对的一种形式。

赫里蒂奇（Heritage, 2005）在关于机构言谈的综述文章中首先驳斥了他所谓的语境“木桶理论（Bucket Theory）”（另见 Heritage, 1987）。根据该理论，语境包含了既有的机制环境，这一环境包括互动但并未被它改变（第 109 页）。他强调，“语境通过互动来建立、引发和管理”，而“正是通过互动，源于互动之外的机构强制力得到证明，对于参与者来说变得真实和可执行”（第 109 页）。

问题在于如何解释这些立场。如果语境是通过互动“调用”的，这就预设它们之前已经存在（且是已知的），并且可以使其与当前情境相关。这很好，因为事实上，大多数机构结构显然在参与者交谈之前就已经存在了（即使它们早些时候由言谈和文本构成）。

但是，如果赫里蒂奇继续补充道，参与者通过他们的言谈建立语境，那么这只在我们提出的社会认知术语中是有意义的，即作为参与者对（机构）情境的定义，而对语境的任何传统社会学意义而言，包括机构组织、角色、规范、规则、权力关系等，则都是没有意义的。否则，又要通过互动中之前和之后的话轮或行为的序列、上下文句子来理解语境了。

他所举的由他们共同构建的紧急电话报警的例子暗示了后一种解释：当然这种呼叫是根据参与者如何定义和执行紧急报警电话而发出的。但显然，当他们打电话给警察时，只能在**以前**已知道警察制度的时候这样做，并且假设接电话的人很有可能是警察，并且这种知识正在被激活和应用在
105 他们当前的语境定义中。这种标准的语境类别很难由互动本身“构建”，事实上它们已经具有相关性，因此被整合到人们的报警计划中，即语境模型的最初设计。

赫里蒂奇进一步强调，机构中的许多言谈也是非正式、非机构的，许多形式的机构言谈非常像非正式的日常谈话。然而，他同时列举了机构和非机构言谈之间的一些差异，例如各种形式的受控制的话轮转换（如议会中的话轮分配）、整体组织（上层建筑）、序列组织、话轮设计和词汇选择。

很少有话语分析研究主要是通过系统地研究这些机构中的言谈来理解

机构，这个目标通常被认为是“应用型”话语分析（Ten Have, 1999）。事实上，这样的社会学研究还需要包括分析书面文本和文献在机构中的普遍作用（Psathas, 1995）。然而，这种机构“文献编制”的民族方法学或相关的微观社会学研究比机构的谈话互动研究要少得多。

这也是因为在话语分析理论中，人们认为日常会话是互动和交际的基本模式，所有其他形式的言谈（和文本？）及机构中的“对话”，如托尼·布莱尔在英国下议院关于伊拉克问题的演讲，都由此产生。尽管日常会话的“原始”或“基本”性质在大多数话语研究的社会学方法中都是不言自明的，但当代信息社会中的大多数话语可能都是书面的、组织的或机构的（如电视节目），而非正式的言谈只在私人领域占主导地位——非正式的计算机媒介交流（聊天）现在也大部分都是书面的——在公共和机构领域是次要的。目前仍有待观察的是，新闻报道或教科书的结构如何能够从日常会话的结构中获得。因此，正如话语分析所提出的，非正式会话的首要地位在历史上对于简单的人类社会来说可能是正确的，但在当代社会似乎岌岌可危。

更一般地说，应仔细考查复杂机构场所和会面的“单纯”话语和会话分析是否能够捕捉在（“非正式”）民族志研究者的调查笔记中所描述的事件和行动中“真正”发生的事情（Hak, 1999）。也就是说，语境分析不仅有助于为话语和会话分析提供更多描述和解释的“深度”，而且可能会关注日常生活中更相关、更有趣和更具代表性的“情境”或“延伸”。一个“纯粹的”互动分析，即一方面不考虑意义和内容，另一方面不考虑机构结构和制约因素，可能无法充分描述互动本身。正如我们所看到的，在 106
议会中“进行反对”不能单纯以纯粹的互动关系来研究——这并不意味着详细地研究“产生”这种反对的互动和话语是不相关和无趣的。

阿尔米宁（Arminen, 2000）补充道，一种对语境敏感的机构会话方法也应该解决机构身份和权力问题，而且对于机构会话的语境敏感分析，分析者还必须对这种语境有足够的了解。这不仅在正式的机构言谈中很明显，例如在法庭上，而且在非正式的机构言谈中也很明显，例如在医患互动中；在此，一方面获得“通用”互动模式，而另一方面可能与参与者具有特定的机构相关性。但是对于非正式机构言谈的这种分析，阿尔米宁强调了程序性结果的标准，以避免对数据过度解释，并作为一种方法上的检查以“防止任意调用语境的大量外在和潜在层面”（Arminen, 2000: 435）。

赫斯特和弗朗西斯（Hester and Francis, 2001）也批评了“机构会话”的主流话语分析方法。他们首先回顾了对机构会话的许多假定的“特殊”顺序限制也出现在其他形式的言谈中，因此不能被定义为这种言谈的特定机构性的组成部分。事实上，使用我们自己议会辩论的例子，议会中由议长预先设定话轮分配的方式类似于许多正式会议中由主席分配话轮的方式。同样，托尼·布莱尔能够长时间讲话（没有或只有几次简短的中断），这一点我们也早有耳闻。赫斯特和弗朗西斯特别关注那些通常在话语分析和机构会话中被认为是理所当然的机构的语境层面，例如，面试中是面试官提出问题。最后，他们表明，并不是互动的顺序性使机构会话机构化，而是（参与者进而还有分析者的）机构身份知识以及参与者的目标。换言之：语境。

也就是说，不仅仅是通过对机构会话制定特殊的互动限制来扩展会话分析，会话分析的方法根本不够“机构化”。这一立场与我们的观点一致，这在我们对托尼·布莱尔讲话被打断的最初观察中得到了证明，即仅仅描述对该打断的会话分析，不足以分析该打断的机构、政治和议会性质以及布莱尔对其的回应。换句话说，毫无疑问，与赫斯特和弗朗西斯一
107 样，会话分析可以帮助我们理解一般会话的互动结构，特别是机构会话，但这样的分析不足以表明这种会话的特定机构性。必须将机构制约（例如参与者的机构特征）的预设方面明确化，而不是视为理所当然。在不要求明确的语境方法的情况下，很明显，需要对会话和机构会话的相关情境特征进行说明，以便能够理解并明确地描述这种会话。

话虽如此，非正式互动和机构互动方式之间的差异不应该被夸大，它

们往往只是渐进的或者是“方向”或“定向”的问题。毫无疑问，由于特定机构的（即语境）制约，例如互动的特定目标，机构中的互动形式在机构上是特定的。然而，许多这种特定的互动（比如访谈、谈话节目）都是基于参与者从日常非正式互动（例如在会话中提问）中所了解到的信息。正如上文中出自曼尼·谢格洛夫（Manny Schegloff）的引文所言，在话语分析中，毫无疑问存在各种各样的机构角色，而且这些角色在互动言谈中很重要。但是，“适应的方向”（如约翰·塞尔（John Searle）对言语行为类型的描述）是不同的。

其他方法有时会将这些机构角色视为既定的，然后继续分析（尤其是解释）这样的话题（例如，托尼·布莱尔这样说 / 做是因为他是首相）。

另一方面，会话分析方法倾向于首先关注言谈本身，并表明机构角色如何在这样或那样的场合被“完成”（首相是在议会中首先讲话的人，是代表政府讲话的人，也是将政府政策在议会中合法化的人）。也就是说，按照这种观点，议会、政府和首相等机构正由其成员的相互作用构成（塑造、改变、确认等）。会话分析不是通过这些机构的假设来预先分析数据，而是认为我们应该聚焦数据本身，看看如何使用通用的互动术语来分析它们，看看它们的属性是否以及如何实际表示机构的目标、角色、约束、结构等（另见 Arminen, 2005; Heath and Luff, 2000; Maynard, 2003）。

在我们所举托尼·布莱尔演讲的例子中，人们首先会考查打断的性质以及布莱尔如何应对，正如我们在日常言谈中对任何其他打断所做的那样，然后才检查它是否具有需要在机构（议会、政治）背景或角色方面进行说明的特定属性。这种方法的另一个优点是，在分析其他机构中的打断时我们不需要从头开始：我们已经知道它们的通用结构，然后可以看到其他机构中的打断在不同机构约束的框架内是如何以不同的方式“完成”的。根据会话分析，从我们对机构的了解着手，然后分析数据，这个 108
相反的分析策略可能会将特定（政治）属性归因于打断，事实上所有打断都具有这种属性。

显然，这两种方法之间的选择也取决于一个人的研究目标。如果一个人主要对会话及其策略感兴趣，那么会话分析方法具有明显的优势。另外，如果一个人采取批判的态度，想要说明托尼·布莱尔如何操纵议会，一方面可以把我们关于布莱尔和这些机构的知识都视为理所当然，另一方面也可以将我们的话语和会话知识视为理所当然，然后表明布莱尔是否以及如何操纵议会。这并不意味着人们会对数据进行预先分析，更不用说预先判断，而是带着具体的问题和侧重点来分析数据——就像所有的研究人员一样，尽管并不是所有人都有明确的目标和预见。我们将在下面看到，一种批评性方法仍然必须通过仔细的分析来**展示**布莱尔做了什么，以及他是如何做的。也就是说，在那种情况下，侧重点在权力和通过言谈的权力滥用上，并且需要说明这种权力滥用实际上是如何实施（或不实施）的。

另一个也将在下文和其他章节讨论的重要一点是，语境属性（如目标、角色、身份、权力）并不总是在言谈或文本中**表现出来**，因此对于遵循上述标准的严格会话分析而言是无法获得的。例如，避而**不**谈某事可能是由于受语境制约（如禁忌、禁止、角色）。此外，语境不仅控制产出，还控制接收者对言谈的理解。尽管参与者和其他成员都心知肚明，也不在下面的话轮中明显说出对机构中所说话语的具体理解。事实上，由于这种理解，人们可能决定中断谈话、改变话题、不那么友好等，但如果对数据的分析“不依赖语境”，这些可能无法观察到。也就是说，对于参与者自己而言，在生成和理解过程中，对该机构的**了解**会使我们在数据中“看到”更多的内容，因此会描述得更充分，分析得更完整、更详细、更理性。这种情况下的数据不仅仅是明确表达或完成的，还包括隐含地说出、完成或推断的内容。在这种情况下，作为分析者，我们可能并且应该考虑在这一情境下或关于这一情境“人人所知晓的方面”。

经典会话分析的自主立场的破裂在会话的批判方法中变得明显，特别是在性别研究中，如坎达丝·韦斯特（Candace West）关于男性在会话中的打断（West, 1979）、医患互动中（男性）医生权力（West, 1984）的研究，以及后来大多数关于性别和会话的著作，也在主流会话分析范式之外 109（例见 Kotthoff and Wodak, 1997；Speer, 2005; Tannen, 1993; Wodak, 1997；另见《话语与社会》有关性别和会话的特刊，*Discourse & Society* 13（6），2002，由 Liz Stokoe 和 Ann Weatherall 主编）。

同样，西利娅·基青格在（Celia Kitzinger）一系列论文中指出，异性恋可以通过许多方式进行索引，这通常被认为是理所当然的，并且通常在言谈中不这样分析，例如当说话者提到自己的配偶或婚姻，或仅仅用代词指代配偶时（Kitzinger, 2005）。

在方法上，这意味着语境的某些方面（如说话者的异性恋）可以在话语中“随意”地表达，但不必被参与者明确地“定向”，而是被视为理所当然的，因此是话语预设的，而不是断言的。更一般而言，语境不需要参与者定位于其某些属性就能影响言谈——通常对于规范性和被视为理所当然的语境属性来说更是如此。我们在上面已经观察到，“定向”的概念需要更明确地去定义，即根据心理过程，或者定向的“外部”表现去定义。

对于我们的讨论很重要并且与我自己的方法一致的是，在话语分析中，语境不是作为“既定”结构进行研究，而是由参与者局部地和交互式地构建。但是，问题在于这在话语分析中到底意味着什么。如果参与者“定位于”诸如性别等社会结构方面，那么这表明一方面参与者的性别身份在实际的互动发生之前就已存在，另一方面这种身份现在与正在进行的言谈“相关起来”。一旦定向于互动，相关的社会结构就定义了言谈语境，直到有了进一步的通知，即直到参与者互动地改变了那些社会结构（Wilson, 1999: 125）。

但在这种情况下，“构建”隐喻是误导性的，因为它表明性别和其他社会身份在每次言谈中都是从头开始构建的。在前一章中我们已经看到，这种目前流行的方法被误导了，因为这种**社会**身份的定义预示了集体的成员资格，以及与不同社会情境下的其他成员的相似性。社会身份是类型而不是标志，因此它们不能被“局部地构建”，而是需要由处于很多情境中的很多人的很多局部生成，这也是一个需要分享和社会认可的过程。

然而，我们之前认为，独特而且总是（至少部分）重构的是这种身份在每种情境下由具有特定传记的特定人物“使用”“应用”“表现”“显示”“执行”或改变的方式，因为这取决于情境的其他属性，包括互动的
110 偶然性，如前所述。关键是，只有当作为成员的参与者已经知道社会身份的属性时，他们才能够将这些知识应用于持续建构的独特“语境身份”中。这不仅适用于参与者身份，也适用于其他社会情境的属性，如背景、行动和社会信仰。

也就是说，我们赞同话语分析和（其他）建构主义方法，即语境是独特的参与者构念，但不赞同那些认为社会身份和其他社会属性仅“存在”于这种独特语境下的方法。另外从“历时性”意义来说，社会结构，包括性别和其他社会身份，当然是通过重复和普遍的社会实践而“建构”“（重新）生成”或改变的。但是，一旦这些结构作为共享知识“存在”，它们就会被成员在进行交谈时“使用”并应用。这与语言使用相似，也预设了语言的一般知识——即使历史上这种语言（如共享语法、规则等）从言谈和文本的实例中发展而来。同样，独特的语境可能会以独特的方式互动地具体呈现一般的、共同的社会身份（如阶级、性别、种族、性取向、职业、国籍）或角色（妻子、姐妹、朋友、老板、移民等），但只有当参与者知道它们通常的、共享的意义时，这种独特的身份才能被理解并对言谈产生影响。

话语与社会结构的批评话语分析方法

特别是对于批评话语学者而言，一个受限制的语境的话语分析方法（意味着只有在被参与者明确定向时，语境才与研究相关）是有问题的，因为社会情境的许多结构，包括社会身份和参与者之间的关系，即使它们并不总是被明确地表示或定向，也与话语和互动相关。我们已经看到，参

与者可能并不总是意识到社会结构的许多方面，因此不会以明确的方式定向这些方面，但这并不意味着这些方面没有影响。

此外，影响力可能只存在于不可观察、隐含的意义或推论层面，例如，种族主义或性别歧视的讲话者几乎不可能意识到或明确地定向种族主义或性别歧视的身份或主导关系，尽管接收者或批评分析者可能是这种情况。许多其他的语境属性可以在言谈中观察到，但不需要被参与者定向，例如因为它们被认为是理所当然的，譬如说话者的异性恋（Kitzinger, 2005）。因此，虽然更具批判性的学者可能会认识到详细会话分析的相关性，并实际上参与其中，但会话分析方法历来与它所认为的不成熟或肤浅的批评方法保持距离（见《话语与社会》中玛格丽特·韦 111
瑟雷尔（Margaret Wetherell）发起的批评谢格洛夫批判批评方法的辩论：Schegloff, 1998, 1999a, 1999b; Wetherell, 1998; Billig, 1999a, 1999b）。

关于“种族”或“民族”的他者（Others）的话语是语境影响言谈和文本的突出例子，这一点我已在一系列研究中表明（Van Dijk, 1984, 1987, 1991, 1993b, 2005b, 2007; Wodak and Van Dijk, 2000）。（欧洲）白人讲话者经常使用刻板的、种族主义的语言称呼、谈论或写及他者。但他们很少将自己定义为一个民族的成员，尽管他者在某种程度上被归类为不同的“种族”或“民族”，预设他们以“民族”的标准隐含地将他们与我们进行比较。在众所周知的群体两极分化（我们与他们）策略中，他们倾向于用积极的语言来呈现自己，用消极的语言来呈现他者，但这里的指示语“我们”指可能被模糊地表征为“荷兰人”或“欧洲人”的群体，通常不是“白人”。换句话说，“白人”理所当然被认为是组织文本和言谈的规范基准，并且不需要明确地定向——位于焦点的是那些以某种方式可以被构建为不同肤色或文化，或两者兼具的人们。

更一般地说，与话语分析不同，批评话语分析是问题导向的。它主要不是关注话语及其属性，而是关注社会议题和问题，如种族主义和性别歧视或其他形式的专断和权力滥用，然后考查文本和话语是否及如何参与其再现（其他研究有很多，例见 Caldas-Coulthard and Coulthard, 1996; Fairclough, 1995; Lazar, 2005; Van Dijk, 1993b, 2008b; Weiss and Wodak, 2003; Wodak and Meyer, 2001）。

在那种情况下，话语分析主要不是“证明”这种权力滥用——这通常是预先假设的，例如基于少数群体遭受的歧视——而是研究它**如何**影响文本和言谈。与话语分析不同的是，这种批评话语分析的方法可能同时关注说话者或作者共享的潜在社会信仰，如偏见和意识形态，从而调查这些又如何由文本和言谈（重新）产生。

请注意，这样的调查不是循环的（基于言谈假设提出潜在的偏见并根据相同的偏见解释言谈）。正如我们之前解释的那样，独特的话语是基于所讨论事件的主观心理模型而生成的，并且由参与者独特的情境模型所控制，这些模型可能受到社会共享的潜在偏见和意识形态的影响（但不由其决定）。这意味着成员可能会或不会遭受偏见，如果他们共享他们内群体的偏见，他们可能会或不会表达出来——这取决于语境。**如果**他们表达这些偏见，他们会以独特的个人方式表达，这也取决于语境。也就是说，既
112 然偏见话语的结构与潜在偏见的结构并不相同，也就不存在循环问题。

我们看到，与其他有关种族主义话语的著作不同，这种方法不仅描述了话语如何遭受偏见，还解释了为什么（认知上）这是可能的，以及为什么（社会）会发生这种情况。因此，分析和解释方向有两个：个人成员的偏见言谈（也）从内群体的种族信仰方面进行解释，同时这种言谈的社会相关性也被描述为再现（并且可能修改）这样的信仰。这样，微观和宏观语境以及互动和社会结构就会相互影响。社会种族主义通过共享社会认知、心理模型和话语影响其成员的种族歧视行为，而这些又反过来再现了种族主义制度，这是语境和话语如何相互影响的典型例子。与其他方法不同，这种相互影响是通过详细和系统的术语来研究的，这些术语明确描述了文本和言谈，以及作为社会成员的参与者表征认知结构和社会结构的语境与方式。

在这个框架下，文本和言谈的系统分析遵循了分析结构和策略的惯

例，正如我们从其他话语和会话分析方法所了解到的那样。除了这样的分析，我们还用社会统治系统来解释这种结构，但不是用直接的宏观－微观影响的传统和简单化的术语来解释，而是用“调解”参与者和成员构念的多学科理论来解释：语境模型。对于我们的分析实践来说，这通常意味着（种族主义、性别歧视等）权力或社会偏见以他们个人和局部的独特方式——在文本和会话的多个结构层次——得到系统地考查。一般来说，这也意味着会话分析的语境标准适用于：参与者定向于社会结构的某些方面（如感知到的移民文化差异），从而使其具有互动相关性。

然而，我们认为说话者或接收者的心理模型可能带有种族“偏见”，但是受语境其他方面的制约，这不需要在言谈中明确表达或表现。首要的做法是使用“间接的”语言，例如众所周知，在美国谈及“内城（inner city）”的问题，说话者实际上是指“非洲裔美国人”，可能就是如此。但即使在这种情况下，有一种形式的（间接）表达方式，可以推断出（预期）含义，即隐含。而即使是这种间接或隐含的表达也没有必要，例如在议会辩论中，种族主义和反种族主义的议员在提到“移民问题”时可能或多或少说的“同一件事”，但鉴于他们社会信仰的语境知识，接收者将会以不同的方式“听到”甚至“相同的”话语，即移居**给移民造成的**问题以 113
及移民**给我们造成的**问题。也就是说，会话或其结构被赋予不同的含义，不是因为不同的结构，而是因为参与者构建的不同语境。

社会结构可能会以这种和许多其他方式“影响”言谈，即影响被接收者赋予的言谈的意义和推论，即使它们未被表达或显示出来。讲话者对社会结构可能有不同的“定向”，但并不总会表示出来。事实上，就像所有预设的情况一样，当他们知道接收者无论如何都知道他们的意思时，他们**无须**表现出这些预设。欧洲种族主义政党的选举口号通常亦是如此：它们很少表现出明显的种族主义，但读者知道如何解读。这再次表明，话语的生成和理解都是以上述方式由语境控制的。

会话分析和民族方法学的目标之一是从社会结构的局部再现来解释社

会结构，例如通过会话和其他形式的互动。它很好地考查了复杂过程的第一步：考查言谈和互动。然而，这只能部分解释社会结构如何能够影响这种言谈，或者说社会结构究竟能够如何通过互动（重新）产生。如果社会结构是建立在互动基础上，那么这不仅应该被认作一个原则，而且应该被展示：那么这是如何发生的呢？

问题导向的方法，如批评话语分析，从根本上需要分析社会结构和话语之间的关系，因此需要阐述和整合在古典（宏观）社会学、当前微观社会学中，以及在或多或少属于简化主义的认知、社会和话语心理学中被忽略的理论模块。

语境的互动方法

在总结了一些社会学导向的社会情境和语境的方法以及社会结构与文本和言谈之间的关系后，我们现在需要以更系统的方式探究语境的“社会”定义。

与社会情境一样，语境是社会行为者参与话语互动的主观构念。然而，在认知解释中，这种语境被定义为情节记忆的心理模型，即个人经历，从社会学的角度来看，这些经历被作为社会行为者的**互动成果**来研究。也就是说，尽管严格来说是个人的，但语境是由参与者**共同产生的**，并且基于他们各自的和相互的对彼此的理解，彼此的相关社会属性，彼此
114 的行为，以及交流环境的更多相关方面。事实上，因为参与者的语境模型在各自发展的每个时刻都可能有所不同，参与者可能需要对当前情境**商定**不同定义，或者接受并处理可能由不同语境模型产生的误解或冲突。

互动和语境的持续共同产生并不意味着社会行为者不会根据早期的经历和互动做任何预先计划。他们进入或发起一个交际会面时，角色和其他社会身份（心理模型）、对参与者社会属性的期望、环境的设定（例如他们打算在哪说、说多久）以及行动的意图和目标，或多或少是含糊不清的。为

了简单起见，并且为了与社会行动的术语保持一致，我们将使用常识性术语“计划”来指代对这种会面的预期（详见 Suchman, 1987; Schank and Abelson, 1977）。社会成员能够根据以下两种情况制订计划：（a）他们以前类似会面的个人经历或与相同的人的个人经历（他们传记的一部分，即旧的语境模型），以及（b）关于这类会面的实例化的一般社会文化知识和其他信仰。

然而，一旦开始口头交流，参与者的这些预备计划将通过对当前交际情境相关维度的策略性观察和理解，被**具体化**和**重新定义**为语境。因此，参与者的每个言语或其他行为都相继需要所有参与者对其语境的定义进行部分地**实现**，例如时间的变化、相互了解、目标以及偶然归属的角色。这样，每个“语境状态（state-of-context）”将影响下一个行动，每下一个行动重新定义每位参与者的下一个语境状态。同时，前面话语的每一部分都成为语境的一部分，正如我们以前所论述的那样（另见 Drew and Heritage, 1992: 18—19）。这样的语境更新可能是常规的、非常快并且部分超出了参与者的意识。

在《话语与语境》（第三章）中，我们考察了生成这种动态变化语境所涉及的认知过程，这里相关的是有时互动地表现或引起参与者语境持续实现的微妙策略行为，如各种“语境化线索”（Gumperz, 1982a, 1982b）。例如，语调变化，特定代词或礼貌形式的选择，可能会重新定义参与者之间的社会关系，而话题的突然变化可能被解释为互动目标变化的一种表现（关于这种话语属性的细节，参见《话语与语境》第四章）。

议员们打断了托尼·布莱尔在英国下议院关于伊拉克问题的演讲，从而体现了他们作为反对派成员的角色，并因此改变了局部语境（在本章 115
中，我再次忽略了这种实现中涉及的复杂心理推理过程，互动研究通常不描述这些过程）。布莱尔不仅作为首相，而且**在那种语境状态下**（由打断及其解释造成）也作为工党领导人，回击了反对派自由民主党。与此同时，他以讽刺的方式对打断做出回应也定义了他作为一个聪明机智的辩论者的互动角色。最后，他对自由民主党人的蔑视将再次改变他们的语境模型，重新激活或重新强调托尼·布莱尔的政治对手角色。因此，不同的接收者可能会将布莱尔定义为不同的角色，如军国主义者、强硬的领导者、不听取反对派意见的人、乔治·布什的朋友等。

因为布莱尔在演讲过程中有发言权（由议会规则和议院议长决定），这也意味着他在议员的语境模型中所塑造的各种角色比他自己在演讲期间所构建的听众的角色更新得更快（这些角色可能会在每次打断或干预后才重新定义）。

显然，语境的互动实现不必对称，对于不同的活动类型和交际情境，其程序也不同。对于机构或组织间的互动来说尤其如此，例如专业人士和客户之间、发言者和沉默的听众之间的互动等。也就是说，语体理论不仅需要描述这种语体的话语结构和语境结构，而且还需要描述这种语境结构如何被交互地更新。在常规服务会面的情况下，参与者的相互角色定义很可能会比我们考查过的议会辩论或法庭审判的定义更稳定。显然，要评估这样的概括，需要对语境变化在这种不同语体中持续显示的方式进行大量的实证研究。

我们看到，机构对当前语境的可能实现施加了限制。除了非常特殊的情况，否则托尼·布莱尔在演讲中不可能放弃他的首相角色，他的听众也不会放弃他们的议员角色。也就是说，议会会议的初始语境的某些部分在辩论中保持不变。作为参与者专业知识一部分的议会互动的规范和规则，也被投射到与会者的语境模型上。正如我们下面将要看到的，这是机构宏观语境影响互动的微观语境之形成和变化的方式之一。

并非所有的交流都是上述意义上的互动。阅读报纸、小说或教科书的
116 人并非与物理上实际存在的参与者（作者等）互动，就像平常言谈或机构会话的情况一样。当然，在阅读文本时，读者确实有自己作为读者的心理模型，并且通常对作者也有一个或多或少详细或模糊的模型，这种模型基于阅读文本不断进行修改，就像言谈的情况一样（详见 Nystrand, 1987; Nystrand, Himley and Doyle, 1986）。然而，不同的是，除了正在进行的文

本解释导致的语境变化之外，在这种情况下没有实时的、面对面的互动和持续的语境相互适应。也就是说，在印刷传播中，尽管印刷风格（例如英国流行的通俗小报和大版面报纸之间的差异）可能允许语境推测，但是从诸如语调、姿势、脸部表情、外表等语境线索无法进行语境推测。在互联网上的书面聊天互动中，也可能交换一些视觉信息（图片、笑脸等）（Cherny, 1999）。因此，更一般而言，需要根据多模态交流的不同“轨道”对语境中的互动进行单独分析。

作家对读者的认知是他们语境定义的一部分（这些概念可能在不同语体和情境下差异很大），这种定义可能在写作过程中发生变化，但不是读者的行为或话语的结果。在线聊天和类似的书面互动仍然是例外，这些新的语体都需要进行广泛的语境分析。

以更具互动性的视角初步总结一下语境的特征，我们认为：

a. 语境是认知和互动的结果。
b. 参与者在计划他们的互动交流时准备语境定义。
c. 参与者更新他们的语境定义并使其适应基于自己或其他参与者先前依次进行的口头和非口头表达，以及基于对环境相关方面的选择性观察所进行的推断。
d. 他们应用、确认和部分改变社会共享成员对其社会情境和话语文化的知识。

宏观语境和微观语境

在这第一次尝试以更具互动性的术语来定义语境时，我们发现了社会的宏观-微观层面及互动-认知维度这个熟悉的划分法。也就是说，语境
的定义被参与者不断地构建和更新为对交际情境的动态的、局部的推断和 117
理解（意义、构念等）。这种理解需要应用抽象的、社会共享的群体或社区知识，正如我们前一章探讨社会认知的作用时所看到的。

然而，与此同时，这种语境化的互动会生成和再现参与者所属的群体、社区或机构。因此我们发现，在言谈和文本中的任何一点上，也在社

会上，社会的微观（机构）–宏观（结构、系统）方面和认知–互动方面形成了一个组合体。

详细地讨论社会学中众所周知的微观–宏观辩论超出了本章的范围（例见 Alexander, 1987; Huber, 1991; Knorr-Cetina and Cicourel, 1981）。我们关心的仅仅是确定参与者在其语境的定义中是否代表这种不同的社会层次。

例如，托尼·布莱尔构建的语境是否不仅包括他的演讲和议会辩论的当前交流情境，同时还包括更多有关议会、政府或英国等全部或宏观信息？从他所说的话来看，他似乎**确实**将这些“宏观”方面纳入了语境中：他明确提到下议院、政府、民主等。他这样做，不仅是作为所谈论的机构（这只意味着在“语义上”激活这种知识），而且是作为当前交际情境本身的相关维度，例如他作为民主党领导人自我呈现的一部分。这意味着，至少在这种机构的互动交谈中，局部理解和分析层面的交流情境实际上与参与者本身在全部或宏观层面上的交流情境有关：下议院正在进行的民主辩论是作为民主制度的实例、证明或标志。同样，他们的话语很有可能再次表明（见第五章的分析），议员不仅根据当前（微观）背景、参与角色或目标，而且根据下议院在英国外交政策、与美国的关系等方面的作用等，解析正在进行的交流情境。

除了将社会的微观和宏观结构联系起来的其他理论分析外（如局部和全部行为之间抽象的成员–群体或者部分–全部关系），我们还可以看到，这种联系也可能是一个参与者结构，例如在语境定义中：参与者可能将自己和正在进行的行为表征为对诸如群体、机构、社会关系、进程等宏观类别的贡献、实现或其他相关的东西。

如果我们接受宏观结构可能通过参与者对社会情境的多层次表征产生影响（并局部再现），那么宏观–微观差异的几个问题就会消失。我们多
118 次说过，**社会结构（无论是微观的还是宏观的）本身并不影响言谈或文本，我们需要一个认知接口**。我们现在看到了，作为语境模型的社会认知接口就是起这个作用。

机构与结构：吉登斯

尽管社会学的微观-宏观层面的差异引发了许多争论，并因此提出了许多方法来缩小差距（或者否定这种差距的存在）（尤见 Knorr-Cetina and Cicourel, 1981），但很少提出采用社会认知视角。因此，让我们更详细地考察一种方法，它整合了社会科学中许多其他方法，即安东尼·吉登斯的“结构化理论（structuration theory）”，因为它具有更多的认知元素，（几乎并大致）可以弥合差距（如 Giddens, 1979, 1984）。

吉登斯认为结构与机构之间存在“辩证”关系：它们互以对方的存在为前提（Giddens, 1979: 53ff.）。社会实践（在时间上和空间上）是情景化的，在范式上是社会结构的实例化——就像语言运用与语言系统的关系一样（吉登斯对语言学中的结构主义概念进行了许多比较：在他 1979 年关于社会理论的著作中，有关结构与机构的章节出现在讲结构主义的章节之后）。正如加芬克尔和其他民族方法学家的“解释性”所描述的那样，行动不是单一的行为，而是一种“连续的行为”，受到意图和目的的反思性监控（第 56—58 页）。吉登斯说，这种监控不仅适用于行为本身，也适用于互动环境。不同于哈雷（Harré）（及话语心理学家），他没有将这种解释性归结为“话语能力”（能够解释自己的行为），而是强调了更广泛的“实践意识”，这是人类行为普遍合理化的表现之一。这种实践意识的一部分是社会行为者在交流时所使用的（通常是隐性的）相互知识，但也包括可能将行为与机构惯例联系起来的（或多或少意识到的）动机。

与对哲学行为的分析不同，吉登斯还强调了未确认的状况以及行动的意外结果——这是这种哲学一般不能解释机构角色的原因之一。受到结构主义方法的启发，同时也在批评（如 Lévi-Strauss）这种方法的基础上，吉登斯非常抽象地将“结构”定义为：“在社会系统中提供时空‘约束’的结构特性”；由规则和资源（包括权力）组成的虚拟秩序；“如何做事”的知识；由这种知识的递归动用所组织的社会实践以及这种实践所预设的能力（第 65 页）。

119 顺便提一句，看到（具体的、组合的？）**社会实践**本身出现在影响这些社会实践的知识、规则和资源的**虚拟**（范式）秩序的定义中，这是非常奇怪的，结构化理论定义的行动和结构之间的区别是一种奇怪的失误。

因此，在这些术语中，吉登斯将“结构的二重性”定义为“社会生活的基本递归特征（……）以及结构和机构的相互依赖性”。可以说，系统的结构特性是构成这些系统的媒介及结果，因此吉登斯否认同步与历时以及静态与动态之间的差异。结构不仅仅是对行为的**约束**（帕森斯行动社会学中的规范就是这种情况），而且还可以**引起**行动。机构既不是行动的障碍，也不是行动的背景，而是积极参与其中——有能力的行为者对这些机构有广泛的了解（第 71 页）。与早期关于意识形态作用的研究（如阿尔都塞（Althusser）的研究）不同，认识到行为者对自己及其社会语境理解的重要性，表明了主流意识形态毫不夸张的作用（第 72 页；另见同一书中后面一章关于意识形态和意识的描述）。到目前为止，社会系统的微观-宏观划分对吉登斯来说没有多大意义，但他认识到可能需要证明社会行为者之间的互惠（社会融合）是如何与群体或集体之间的互惠（社会整合）相关联的（第 76—77 页）。

吉登斯还探讨了“语境”在语言使用中的作用（第 83 页及后续页）。他强调，语境不仅仅是语言使用的“环境”或“背景”：“**互动语境在某种程度上被塑造和组织为交流互动的一个不可或缺的组成部分**”（第 83 页，黑体为原书的强调）。行为者利用语境元素，而且“同时通过他们的相互知识将这些元素重新创建为语境关联”（第 84 页）。

我们看到在他的著作中，吉登斯通常批评性地将宏观和微观社会学、民族方法学、结构语言学、马克思主义等许多不同的观点整合在一起。这本书和《话语与语境》中的许多概念也出现在这个关于结构化的理论框架中。我们已经看到，并没有避开诸如“相互知识”这样的心理概念。但是，当更仔细地研究他关于结构和机构的观念时，我们发现这两个基本概念并非真正联结，或者只是以非常模糊的词语相联结，例如，结构“被涉及”在机构中，或者结构与机构相互“依赖”，或者正如结构主义中的语言范式与语言组合维度之间的关系。对于结构与机构关系的描述来说，语 120
言系统和实际语言使用之间的比较可能是最明晰的语言学隐喻，但这需要一个更加详细的与“心理语言学”方法对应的社会学方法，来表明实际言谈中是如何使用（作为一种社会资源的）语法的。

当吉登斯说社会行为者对机构了解很多的时候——而且这种知识在社会运作中不是“偶然的”，而是必然会“被涉及”（第 71 页；另见 Giddens, 1984: 280）——再次使用了相同的模糊术语，这时他把结构和机构之间的差距拉得最小。同样地，他使用了另一个社会科学中历史悠久的模糊概念来区分“实践意识”和“话语意识”（正如马克思恩格斯的“虚假意识”）。换句话说，通过使用知识和意识等认知概念，吉登斯将机构（和话语）与结构（机构等）联系起来，但他没有使之更加明确——尽管事实上在 20 世纪 70 年代末认知科学已开始发展了。同样，在他 1979 年的书中，使用通过行为者的规则和资源知识所“参与”机构的社会结构的概念来定义的“语境”概念似乎无法成立。后来，他从空间–时间边界、行为者的共存以及对共存（手势、脸部表情）影响或控制互动的进行这个现象的意识方面，更加局部地简短定义了语境（Giddens, 1984: 282）。

吉登斯没有解释结构、机构、规则和资源**究竟**是如何形成具体的互动或持续的机构的——反之亦然：差距依然存在。但好在至少我们知道它存在及其存在的地方，即社会行为者关于社会结构的（规则和资源）知识对他们自己的行为产生影响。我们看到，这种方法与传统的帕森斯主义思想，即行动是由行为者学会的内化的社会“规范”塑造的思想，相距甚远。事实上，古典社会学和现代社会学都未能弄清，如在社会认知方面，连接社会结构和社会互动的理论所涉及的概念，如意识、知识、规则、资源、规范等。尽管吉登斯强调行动的时空表达，却没有研究互动情境或语境的细节。

语境的层次

几位作者——通常简要地——讨论了几种类型或层次语境的可能性（关于“情境语境”和“文化语境”的传统差异，另见《话语与语境》第二章）。同样，我们已经看到关于语境在会话分析中的影响的讨论，通常
121 一方面集中在“社会结构”上，另一方面集中在持续的情境上。因此，诺布洛克（Knoblauch, 2001）根据舒茨关于行动的类型和范围以及互惠性的想法，区分了直接（面对面）语境、中介（间接的，例如通过大众媒体）语境和社会语境。霍尔斯坦和古伯伦姆（Holstein and Gubrium, 2004）展示了如何从“远端”语境中解释“自上而下”的言谈，以便了解活动，例如从机构知识的角度，或者如何从“近端”语境中通过考察交流活动来理解“自下而上”谈话的意义。

如果参与者——在相关情况下——在更广泛的社会情境中定义局部交际情境，他们的语境必须反映出这种“双重记账（double bookkeeping）”。同样出于认知经济的原因，我认为社会宏观结构的语境表现形式与微观结构的相同，就像通常的微观 / 宏观结构一样（Van Dijk, 1980）。也就是说，在宏观层面上，我们有背景、参与者（及其角色）、行动等。因此，除了目前背景的此时此地外，我们可能会从现今（或后现代性）以及该城市或国家的层面来进行描述，正如我们在前一章所看到的不同时间和空间层面的表征那样。同样，如所暗示的那样，政府、议会或民族国家可能被定义为整体行为者，并且也有不同的角色（比如对于托尼・布莱尔来说，伊拉克是敌人的角色）。像战争合法化这样的整体行动可能是宏观行动，具体的议会演讲可能是局部的行动、实施或贡献。

显然，这种宏观层面的表征并非基于直接观察，而是基于一般的、社会共享的知识。但它们不应仅仅是抽象的：在托尼・布莱尔的心理模型中，我们找到了具体的、特定的宏观行为者，如英国。

在认知方面，所有这些都相当简单：语境具有通常的图式结构，但类别可能在每个时刻都有更多局部或整体信息，具体取决于正在进行的互动

和参与者的其他方面，例如他们的目标。在互动方面，我们基本上有相同的策略，即参与者可能会参与，然后在不同层次的理解中显示社会分类。例如，互动的具体形式（如请求解释）可能使更高级别的环境、社交身份、互动和目标更加相关。正如托尼·布莱尔正在进行的策略行动强调了他当前发言的“民主”属性和其政府的政策，宏观焦点可能会导致对正在进行的言谈和互动的描述，即“叙述”做出的目的性反应（Antaki, 1980）。

因此，一个机构或一群作者可以**合作**生成一个或多个话语，正如大学系部规划一个班级、组织发布一个或多个广告、机构出版一本手册或者议 122
会决定派遣部队前往伊拉克那样。除了他们自己的宏观自我分类和自我定义，这种生成计划需要以（宏观）听众及其属性（例如学生、选民等）以及互动话语的总体目标为特征。

群体思想?

这种“局部-整体”行为的多层面描述和诸如群体、组织或其他集体的“宏观行为者”的引入，具有更一般性的理论上的复杂性。语境是具身表征，而群体作为群体本身没有实体。同样，语境是心理模型，机构或群体没有大脑，因此没有表征这种模型的思想或记忆。

这个问题可以通过两种方式解决。一方面，以抽象的“宏观”方式，我们可能会承认集体或组织为“虚拟”或“抽象”的行为者，他们可以计划、打算和实际行事；而只有当他们不仅有打算或计划，而且有交际情境的表征时，才会恰当地实施行为。也就是说，我们应用相同类型的分析，但仅限于更全局的抽象层面上。因此，与隐喻过程一样，我们可以把群体或组织称为“行为者”，将他们所做的称为“行动”。

另一方面，以经验上更满意的“微观”方式，我们需要以“真实”社会行为者的合作形式来审视集体行动，其中蕴含了所有其他理论概念。此外，参与者需要**协调**他们的互动，以便**共同**制订计划，**共同**决定执行计划，然后**共同**生成（集体）话语，就像议会决议、新闻报道或教科书一样。然而，某些行为的认知维度，如计划或意图，可能只在心理上完成，而这些行为可能需要在特殊话语或互动会话中“外化”。总的来说，正如我们在本研究其他地方所假设的那样，社会知识被假定为群体和社区成员共享的知识，集体或联合行动基于各种这样的共享的一般或特定知识以及其他共享的知识信仰，如计划或意识形态。与协调个体行为以产生联合行动或集体话语一样，相关的语境模型和其他心理表征也是相互协调的，以便首先实现这种协调的行动和话语。这通常意味着一个群体中的每个成员都有重叠的心理模型（计划），而这些心理模型与其他成员的心理模型不断相互适应，这是对并发言谈观察和解释的结果。**换言之，正是因为互动**
123 **参与者形成并更新了持续的经历模型和语境模型，我们才能够解释集体行动和话语究竟如何成为可能。**

因此，议会可以决定向伊拉克派兵，但这种集体“决定”实际上是一系列复杂的交流情节的总体结果，即议会辩论及其组成部分的演讲有说服力地表达意图、观点、论据和参与者的其他“心理”条件，意图使这些条件被其他参与者采用或至少是知晓。

因此，在各个层面，我们见证了言谈细节（作为一方面）与参与者部分地同步的语境模型的后续状态（情境定义）中的条件和结果（作为另一方面）之间永久的相互作用。在这种情况下，每位参与者都需要具有复杂的语境模型，能表征其他人的意图和目标，就目标进行谈判，然后——根据各自的角色——参与生成集体所需的所有行动话语。在复杂的组织中，这可能意味着一些参与者只具备局部的知识，并不知道更不用说控制全局行动。群体、组织或其他集体的每位成员通过语境模型来组织他或她自己的行动和话语，这些语境模型是由与行动和话语的每个级别和范围相关的角色、身份和目标来定义。正是以这种方式，托尼·布莱尔与其他议员有不同的语境模型，但与此同时，他和议员都以不同的方式对议会集体决定参加伊拉克战争负责。

这意味着集体行动和话语问题的微观和宏观解决方案完全不兼容：微

观方式是参与者在局部**完成**事情的方式。宏观方式是，复杂的互动和语境可以整体被理解、计划和控制，并由此被一些或所有参与者，或者仅由一个集体项目的领导者所表征。换言之，用多学科的社会认知方法，我们不需要对更抽象或虚拟的宏观行为或行为者或社会结构进行更一般的推测。相反，我们将局部层面（具体体现的）个人行为和个人心理表征结合起来，但将宏观行为者和行动的相关结构视为参与者共享或部分同步的心理表征的一部分。换言之，宏观层面是“微观层面”的一部分，或者被投射到微观层面，因为人们能够**表征**或者在心理上**构建**宏观层面。而且以同样的方式，即通过情境的心理模型，社会结构可能会影响机构，反之亦然。

这种描述与社会结构的微观社会学和互动方法一致，从认知角度来看，在经验上是合理的，而且同时接受作为成员的社会构建的群体、集体 124
行动和表征的“存在”，以及宏观结构能够影响个体行为者的（微观）行为的方式。我们已经看到这在托尼·布莱尔的演讲中是如何发生的，以及它一方面如何局部地实现议会决策、外交政策、参战决定等宏观层面的概念，另一方面如何局部地体现议会、政党、民族国家和其他宏观行为者。

我们认为宏观层面的信息有时候可能会更少被意识到或更少被关注，并且只能作为相关背景信息，而语义话语生成和理解过程中的宏观意义（主题）也是如此。换句话说，就像心理模型一样，在语境模型中，一些局部特征也可能同时被关注（例如当前演讲者的机构角色，如托尼·布莱尔在演讲期间的首相身份），而模型的宏观层面信息可能只是为了生成或理解话语的片断而偶尔被关注（例如，当布莱尔将民主定位为“我们的”制度时）。

社会情境的结构

经过前面的一般性评论和理论准备之后，我们现在应该更具体地讨论（局部）社会情境的**社会**结构以及这些情境如何被参与者表征和用作语境模型。在《话语与语境》中，我们展示了如何从语言学和心理学的角度分析社会情境，以及语境模型是如何以从参与者对这种情境的话语相关方面的理解和表征中衍生的类别为特征的，并且在前一章我们已经看到个人语境模型是如何在社会共享的知识和意识形态的基础上形成和改变的。

在本章中，我们对这些社会认知表征的更为详细的社会基础感兴趣。在上文中我们看到了社会学的一些创始人写过关于社会情境的文章，但除了戈夫曼等作者之外，社会学关于情境**结构**的理论著作并不多。但是，让我们尝试做一些（初步的）一般性观察，这些观察可能与更详细的语境的社会学描述有关。

以上已经迈出了第一步，假设语境可以以各种普遍性和特定性级别表征，并且因此说明了集体和机构结构可能会如何影响文本和言谈的形式，反之亦然。同样，背景（时间、地点），尤其是参与者和行动本身也具有
125 结构-社会维度类别，正如我们看到的托尼·布莱尔作为首相在特定的日期和时间在英国下议院发言的非正式语境化。

问题是所有这些“社会”信息往往与参与者在语境上相关（关于在不同文化中的差异，我们将在下一章谈及）。社会情境的完整结构和社会行为者偶尔所关注的方面可能非常复杂，但我们已经表明，参与者不可能管理具有数十或数百个相关级别、类别或子类别的构念，因此需要在每次交流及交流的每个时刻，建构一个目前与社会情境和互动相关的、相对简单的模型。

例如，托尼·布莱尔在演讲时，他的机构职能和首相角色无疑在他自己和在场议员的语境定义中具有相关性。但布莱尔也是英国人（在演讲中无疑是相关的）、工党领导人（在他对自由民主党的嘲笑中是相关的）、政治家（当谈到他与布什的关系时）和政客（在他的任何职业行动中）。但是，正如我们在前一章所看到的，布莱尔还可以被定义为男性、中产阶级、白人、中年人、俱乐部和组织的成员、丈夫、父亲等——这些社会身份几乎都与他的演讲无关。然而，有人（例如某些议员）可能会批评布莱

尔是一个军国主义者（在未合法化时参战）、男人（由于他对萨达姆·侯赛因的猛烈言论）、独裁者（因为他无视大多数人不要与伊拉克开战的意愿）等。这是否意味着所有这些身份都是相关的，无论是对他还是对他演讲的任何接收者来说？事实上，在语境模型中，这种身份定义的社会（政治）条件是什么？

对于空间与地点的描述，可能会提出类似的问题——的确，需要呈现多少关于作为当前辩论场所的议会的信息？这是指下议院本身还是整个议会？

我们看到，参与者语境模型的设计也取决于成员对事件和情境的**社会**分析。相关性或程序性结果的标准可能会有效地制约语境定义中可能的社会范畴的扩大，但这些标准本身也需要进一步的社会分析。

总之，作为语境理论基础的社会情境的社会分析可能需要关注其中各种类型参与者的类别（身份、角色、功能、关系等），这些类别与诸如组织、机构、群体、社区、民族国家等宏观层面类别之间的关系，以及使成员与群体等相关联的社会共享信仰（知识、规则、规范、态度、意识形态 126
等）。由于这样的分析预设了当代社会学的许多方面，我仅就这些类别中的一小部分进行评论。这些类别中有一些也已经在前面的章节中探讨过了。我们现在应该从社会学的角度，即作为社会界定或互动协商的社会范畴的一部分，来进行探讨。

社会背景

正如我们在前一章中所看到的，时间和地点是语境模型的背景类别的中心子类别。更一般地，在他们的经历中，人们定向他们所在的地方、所处的时刻（至少接近），他们说话、写作、听或阅读时也是如此。例如，他们需要这些信息以便在文本和言谈中恰当地生成和理解指示语，以及确定动词的时态、讲故事中叙事结构的定向、预测和命令的未来时间框架等。这些是所有话语的一般语境属性。

地点。然而，从社会的角度来看，地点和时间不仅仅是控制言谈的时空坐标，例如指示语的生成和理解。正如我们在前一章中所看到的，它们对参与者也具有社会意义（Lofland and Lofland, 1995；Urry, 1996）。例如，“在家”和感觉“宾至如归”与“在工作”和“在宾馆”相比，对于很多人来说，具有不同的含义、观点和情感（Nippert-Eng, 1996）。这种感觉不仅仅是主观的和个人的，而且是社会文化上学习和共享的，因此在互动和谈话中，例如在边界谈判中被预设或表示。这通常同样适用于公共场所与私人场所（Benn and Gauss, 1983；Rodin and Steinberg, 2003）。

某些话语的语体、结构和互动策略可能是排他性的或会选择私人场所（或公共场所的较私密区域），例如爱情表白、争吵等。同样，家庭不是（仅）在语境中被定义为建筑物（如“我们的房子”），而是作为与日常生活、家庭生活、早餐、睡觉、放松等意义相关的社会表征，即作为由住户互动建构的地方——当然，不同角色的不同社会行为者的建构不同（例如传统的家庭主妇，丈夫只在晚上和周末在家，有孩子或——在富有的家
127 庭——女佣）。同时，家可能与社区（如“建筑物”）、建筑（如“公寓”或“房屋”）、室内设计（如“房间”）及家具等关联。

对于交谈和互动的参与者来说，这些复杂的地点建构结合了概括性的部分个人经历（自传模型）和从（通常是大众媒体中的）公共话语所预设或隐含的社会文化表征中衍生的推论。例如，报纸和杂志对“家”的关注较多。在日常互动中的任何时刻，“家”的所有这些社会维度中的一个或多个都可能变得相关，话语也是如此。某些会话或故事讲述可能会具体发生在餐桌上（Blum-Kulka, 1997; Ochs and Capps, 2001），另一些则会发生在卧室里，那么相应的讲话风格、主题、话轮分配等就会不一样。我们看到，地点不只是地方或空间，而是复杂的社会结构，对于不同的社会行为者和角色，它们与个人和社会意义、身份、互动、话语类型和说话方式的复杂社会表征相关联（Smith, 2001）。像“我要回家（I am going home）”这样简单的多重指示语可能意味着许多不同的语用、语境意义，它们可能

与诸如“北方佬，回家去！（Yankees, go home!）”等口号中的地点指示意义有很大不同。

机构话语具有特定的背景，正如我们从一开始就看到的托尼·布莱尔在下议院演讲的例子。在前面的章节中，我们发现作为互动背景的社会场所和空间的组织和理解往往与这种互动的机构相一致。因此，学校可能是一种类型的建筑，因而也是地点类别的一部分，但更多时候，当我们使用学校作为互动环境时，指的是与特定（教育）交际活动相关的机构、参与者等。

因此，当我们研究背景的社会维度时，我们所谈论的是机构背景。当我们研究这一维度时，布莱尔恰好在下议院发言，但如果大楼正在修缮中，议会会议原则上可以在其他地方举行，大多数机构和组织也是如此，学校或课堂有时可能会设在公园或动物园。因此，“在议会中”发言不只意味着在议会大楼里发言，还可以是一位议员在一个机构环境中与其他议员交流。议会、大学、学校、机构、办公室、商店、工厂、警察局等似乎具有模棱两可的作用，即一方面是具有功能的社会实体场所，另一方面是观念性的机构或组织。话语中的指示语可以指两者：“这里”可以指代这座建筑，也可以指这个机构，就像我们在布莱尔的演讲中看到的那样。第一个与一般的地理定位（及其话语）相关，例如如何找到路，第二个与互 128
动的社会嵌入相关。在这方面，机构和组织是整体概念，即背景、参与者、活动等的结合体，而不是背景的地点类别。

社会行为者不能持续定向于诸如家庭、组织和机构这些私人和公共场所的错综复杂体，但会在不同的特定性或普遍性水平上这样做，并与典型的其他社会行为者、互动、目标和其他属性相联系——譬如“破坏一幢房子”与“破坏一个家”等表达所暗含的差异。换言之，与一般的语境一样，地点也是交互解析的——同样是基于以往经历和社会文化知识（有关详细信息，尤其是对城市的话语描述，见 Mondada, 2000）。

对地点的这种复杂的社会理解也转移到我们称之为语境的日常经历，

即对当前“地点”相关维度的选择性总结，也就是与语境的其他方面相一致，例如参与者（如家庭成员或议员）以及正在进行的行动和话语（家庭晚餐、晚餐谈话或议会辩论中的公开演讲）。此外，地点的纯粹“地理”方面因此可能在社会和文化上有所区别，就像“家”在特定街道、社区、城市或国家中的位置一样。

正如一般情况下的话语加工，人们可能会惊奇地发现，社会参与者在参与文本和言谈时如何能掌控如此多和如此丰富的关于场所的社会知识——而这仅仅是语境定义的一个类别的子类别。难怪他们需要认知和社会互动策略，以便能够专注于与**现在**相关的方面。

时间。在社会意义上，时间虽然不像地点那么丰富，但时间在建构社会互动和话语方面也具有社会意义（Chafe, 1994；Hassard, 1990）。我们之前已经看到，在现代社会中，时钟和时间从我们早晨起床的那一刻开始（使用闹钟或不使用闹钟）组织大部分日常互动，我们得赶紧准时上班本身就是严格按时间表组织的。

文本和言谈也是如此，在进行日常谈话，特别是机构谈话时，往往眼睛盯着时钟，并在会话中发出多种信号，如结束语的开始信号（Schegloff and Sacks, 1973）。正如我们在布莱尔演讲的《议会议事录》中看到的那
129 样，议会辩论是在由议院议长对讲话时间分配的精心控制下进行的。

同样，时间不仅是可以计算的或分类的（秒、分钟、小时、天等），而且具有社会性，例如某人缺少或不缺时间，宝贵时间（quality time）等。毫无疑问，大多数语境模型的大多数时候（！）都具有社交时间类别和含义，正如我们从关于过去的故事讲述、广播或电视上的实况体育评论，或从天气预报和科幻小说中对未来的预测和故事讲述中得知的那样。也就是说，社交时间不仅仅是文化成员对时间的组织，而且还是一个与许多不同含义相关联的社会和互动的构念（Collett, 1989）。个人历史、经历、自我和情节记忆是由（过去）时间来组织的，并与个人身份密切相关（Boden and Bielby, 1986; Jenkins, 2002；Turnbull, 2004）。组织、机构和民

族国家及其集体认同也是如此。

在会话中，从某人“按时”或“不按时”赴约的那一刻开始，直到由于时间限制而中断谈话，无论是否在谈话中明示中断谈话的理由，互动的时间是一直受监控的。谈话的节奏和韵律也是按时间组织的（Auer, Couper-Kühlen and Müller, 1999），并且持续会话中的实时协调是至关重要的，对暂停、过渡、相关场所和打断暗示的研究也至关重要。而且，由于宝贵时间是“极好的”的社交时间，在谈话中人们通常可能在讲话时“忘记时间”，这可能再次成为“占用”接收者太多时间的借口。

因此，除了语境时间类别与解释时间指示语、动词时态、时间副词、叙述时间、会话管理等相关外，文本和言谈还具有多种信号，即话语的生成受到诸如自然时间、时钟时间、社交时间等各种社会和时间的文化概念的控制。与本章尤其相关的是，言谈中持续的互动，以及时间的更一般的社会文化建构。与地点一样，我们必须得出结论：背景类别中的时间子类别也可能具有包含不同类型和维度的时间组织的复杂结构。

社会行为者、角色和身份

很少有其他语境类别与话语的个人或集体“发言人”或“作者”的相关构建对话语和文本具有同样的影响力。众所周知，作为女人或男人、年轻人或老年人、教授或水管工、荷兰人或西班牙人、朋友或敌人等的身份，对于很多交流形式来说都是相关和重要的，我们在谈及托尼·布莱尔 130
在下议院发言时的各种角色或身份时表达过这个意思。

只有当语言使用者了解这些身份或角色类别时，他们才能够加以使用。从这个意义上说，情境定义的形成和更新应用了更多关于话语、互动和交流的一般知识。参与者不仅是具有自己传记的个人，即代表自我，而且还作为成员参与，例如作为社会阶层、机构、组织或国家的成员。同样，这种角色不仅是应用于许多情境的（已知）抽象概念，而且可能是在局部的互动中产生，并以或多或少独特的方式进行改变。因此，撰写社论的新闻记者和编辑从而实例化“编辑”角色，但同时也可能是“批评者”或“分析者”——除了在严格审查政府政策时的其他角色和身份（例如“保守派”“美国公民”等）。正是这种独特的、多重的身份和角色集合，在语境上定义了当前撰写社论的作者。类似的观察结果也适用于接收者的预期（预测的、解释的）或实际角色。换句话说，我们需要研究文本和言谈的**参与结构**（participation structure）的一些细节，以及参与者在这种结构中的可变**立足点**（Goffman, 1981）。

交际参与者。参与结构由来自不同领域或社会阶层的各类社会行为者组成，直接相关的是话语和交流本身的具体参与者角色，例如大多数形式的日常会话中的讲话者和听话者。

然而，我们从戈夫曼（Goffman, 1981）讨论**立足点**的著作中得知，不同类型的言谈或文本都有几种说话者写作或听话者阅读的角色，这些角色在言谈中也有不同的表示方式（Fuller, 2003; Goodwin, 1984；Wortham, 1996）。

例如，电视上的新闻主播，可能实际上并不是真正撰写或编写新闻的人，即新闻主要观点的“作者”或“主体”，而只是“当事人”。

同样，在日常会话中，我们可能会充当不同的人，并以各种形式的引用语和互文将我们所说的话归于他人（Holt, 1996）。例如，我们可以讲述某人告诉我们的内容（有时用“所谓的”表达式或者用手指做出引用手势），或者从我们在报纸上读到的新闻中总结出一个话题。

类似地，在新闻报道中，新闻主播可以通过直接、间接或混合“风格”，形式多样地代表发言人（Bertolet, 1990; Clayman, 1990; Coulmas, 1986）。

131 口头和书面交流中的接收者或受话者，都可以明确而直接地提及，例如通过使用第二人称代词称呼、指向或注视对方。但他们也可能会被间接提及，如医生在查房期间同其他医生或护理人员说话时，既会谈及患者，也会向患者讲述。或者，接收者可能是未经批准的会话的临时听众，这些听众可能知道也可能不知道谁是被批准的参与者。

这种接收者角色的许多可能的组合形成了复杂的参与结构，除了各种交流角色之外，还涉及参与者关系（感知、意识、友谊等）、参与形式、相互了解和情境的其他方面。正如我们在背景类别中看到的那样，通常很难从其他类别抽象出情境或语境。因此，接收者类型的状况也取决于空间属性，显然，电梯里的人能够听到自己没有参与其中的谈话，并因此成为已知的听众（然而，他们可以切换为旁观者或参与者角色）。与参与话语生成的方式相同，接收者也可能不同**程度**参与会话：作为活跃的听、说参与者，作为仅聆听多方会面中的另外两个参与者之间会话的经批准的参与者，作为感知的非参与者的旁听者，作为会话的较远旁观者（然而，他们能够看到手势、面部表情等，并且因此可以推断出谈话的气氛或参与者之间或多或少的亲密关系），以及只听到一两句话的路人，等等。

在许多话语语体或活动类型中，这种接收者角色的详细类型和分析可以很容易写成一本书，但与我们相关的是参与者如何不断地分析和构建他们在语境定义中的这些角色（例见 Schober and Clark, 1989）。除了被直接和明确地提及，参与者的角色在文本和谈话中予以表示（例如用第二人称代词、礼貌形式等）之外，这些定义的许多相关性也通过非语言方式表示出来，例如通过注视、身体位置和朝向、声音大小、手部运动（如遮住自己的嘴巴）以及上面分析的空间和地点维度。

有时候，对发言者语境中接收者定义的谈话的影响仅仅是间接的，例如，当发言者知道有旁观者、听众或类似未批准的永久或临时旁观者时，他们会避开个人和私密话题。在（记录和转录的）谈话中不能直接观察到这种情况，但对于获准的参与者来说可能非常明显。这在后面会话中可能会变成一个明确的话题，或通过对陌生人作为非参与的接收者的情境中的 132
会话主题进行系统观察分析而变得明确。

由于所有关于参与和倾听类型的信息都很复杂，我们必须再次问自己，参与者如何在相对简单的语境定义中管理这种复杂性。除此之外，还有相当大的个人和情境差异，正如我们从社会心理学的大量文献中所了解到的，在谈话中有些人比其他人更不情愿在旁观者或偷听者面前分享比较私密的信息。类似地，人们在朋友的生日聚会上和与陌生人在火车上共处时的做法也是不同的。同样，我们可能需要区分合作得或多或少的接收者们（Bublitz, 1988）。显然，正如我们在下一章中需要考察的那样，参与结构可能存在文化差异。

在组织和机构情境中，参与结构可能比以上对平常对话的总结要复杂得多（Drew and Heritage, 1992）。例如，在大众媒体上，新闻和电视节目联合制作中有许多不同的专业角色。在电视脱口秀节目中，主持人可能会采访嘉宾，在这种情况下，嘉宾可能是主持人问题的主要接收者，但同时在场的可能有工作人员（有时会对他们讲话，他们会鼓掌喝彩参与其中）以及大众媒体受众（Calsamiglia et al., 1995；Mühlen, 1985；Tolson, 2001）。在这种情况下将媒体受众称为“偷听者”与大众媒体传递信息和娱乐观众的功能非常不一致。与舞台上演出的情况一样，主持人和嘉宾的访谈以及演播室的公众共同表演一场“秀”，排第一位的受话者为观众（Giles, 2002）。那么我们称该观众为“主要”（一阶）还是“次要”（二阶）接收者或受话者，这是一个术语问题。然而，从理论上来说，评估观众是电视节目的主要受话者和接收者是很重要的，因为它是一项复杂的交际活动，甚至在该活动进行时或在活动之中，节目“里面”的参与者之间会发生交流、互动或谈话。与此同时，节目可能又是关于他人的，作为一种公开的八卦，可能假设这些人是直接或间接的接收者（Thornborrow and Morris, 2004）。同一节目可以由主播或“主持人”提前宣布（也可之后“宣布取消”），当然也可以部分通过其他电视节目中的各种引用或由人们在日常交谈中以日益复杂的话语间性形式予以表达。

尽管这里所说的很多内容都涉及机构和组织中的各种交际角色，但
133 参与者也可以以各种专业角色参与话语**生成**。电视节目制作或报纸新闻报道可能涉及主编、节目或节目编辑、导演、记者、作家、翻译、摄像

人员和摄影师，以及许多不同类型的技术人员（正如我们有时在电影结尾看到的冗长的鸣谢单）（Gans, 1979; Tuchman, 1978）。他们共同“生产”机构会话或文本，通常的做法是通过管理日常例行活动渠道，但采用不同的方式和模式，有些人只是收集新闻或想法，有些人则是写出来，或者更正、翻译这些初稿文字等。因此，除了视觉和听觉人物之外，我们还有话题人物（作者、编剧等）、风格人物和戏剧人物等职业化的“话语”角色，他们可以连续或同时致力于“同一”话语创作。显然，正如戈夫曼对谈话参与结构所做的微妙分析那样，在这样的情况下，很难区分“当事人”“作者”和“主播”。电视上脱口秀的主持人可能是制作和表达创作的人，而不仅是念出别人准备的文章的“主播”。相反，报纸的新闻报道可能会明确署记者的名，但我们在报纸上看到的实际文本可能与他或她提交的文本大不相同，可能经过了其他几位记者的大量编辑。的确，新闻生产在很多方面是对以前的文本和言谈的一种话语加工形式（Van Dijk, 1988a）。

可以对组织内部或组织之间的许多其他话语类型的生产，或对为大众生产的话语，进行类似的分析。即使学术论文这种相对简单的参与结构，也不只是有执笔的“作者”和提供思路的“作者”。特别是在有许多作者的科学论文中，需要对第一作者和其他合作者进行区分。作者参考其他作者的概念或想法，有时直接引用其他作者，也可能引述例如访谈中其他人的话语作为资料来源。然后，将完成的论文发给一家期刊的一位或多位编辑，他们会征询一位或多位审稿人的意见，审稿人也会或多或少提出修改建议，这些建议可能会或不会全部体现在论文中，至此原作者的论文已经发生了一些变化。最后，将论文发给出版社时，文字编辑可能仍会对风格做最终的修改。换句话说，这里也有各种联合制作和互文性，每一步都需要更详细的分析。

我的目的不是系统分析社会中复杂的社会交际系统，而是分析参与者在这些或多或少复杂的参与和互动结构中如何表征自身与他者。因此，学术文章的作者知道，不标明或认可所引其他学者的概念、观点、理论或134 数据在学术上是不可接受的，甚至可能会因剽窃而受到法律处罚。他们还需要接受主编、审稿人和排版编辑（以及有时是律师）建议的或所做的修改。某些形式的参与结构和互文性在规范和法律上受到控制，从而将话语、互动和交流秩序与组织、社会、法律和文化秩序垂直联系起来。

组织话语的联合生产不受所有参与者共享的语境模型的控制，这不仅仅是因为按照定义语境模型是个人的和独特的。文本和言谈的多种形式的机构化生产的结构可能太复杂，无法使用所有参与者的语境定义来管理。相反，正如上述的理论解释那样，每位参与者都有他或她自己的生产语境模型，该模型表征了组织规定的交际角色和任务，并结合了定义不同程度专业知识的个人经历和目标。然而，缺乏合作与协作，是不可能产生这种组织合作和联合生产的，而且这也需要由被两个或更多参与者部分地分享的模型来控制。

因此，期刊编辑与作者和出版社保持联系，但通常不会与文字编辑打交道，文字编辑只与出版社的期刊责任编辑进行交流。也就是说，在组织话语生成过程中进行互动和交流的那些人需要在他们的语境定义中有相应的参与者表征，指明对他们以及其他参与者的期望。显然，编辑的这种交际角色也应该与其广泛的社会（权力）角色相关，例如作为知识的把关者（McGinty, 1999）。

很明显，与动态语境定义一样，这种参与者表征不仅仅是静态的或规范的，而且具有情境依赖的、特定的表现形式、表达或解释，并结合了个人目标和经历。独特的交际活动的这种独特的控制机制也与由于参与者表征错误而导致的各种麻烦的解决办法有关，例如，当参与者错误地表征他们的任务或责任时。组织的互动冲突是常见的，对此已有详细的研究（例见 Putnam and Poole, 1987）。但是我们需要更深入地了解组织参与者表征自己和其他参与者的具体方式，更具体地说，在交际活动中，这些（错误）表征如何影响组织话语（的不同方面或版本）。同样，我们也需要调查这种语境模型的总体（专业）图式结构是如何在工作中获得的，而且是否以及如何在局部互动和话语中实施或应用。135

社会类别。我将仅提及参与者的中心定义特征之一，即他们的类别是由性别、年龄、民族（“种族”）等定义的集体性成员，其在本研究的多处经常被视为人们身份的核心或基础（例见 Fiske, 1998）。语言使用者通常会表明这样的身份，而且很可能在很多（如果不是大多数）交际情境中实际上以这种方式表征自己，即使在动态语境模型中，这些身份也可能被作为前景或背景。

例如，很可能在男女“混合”互动中，参与者往往会激活他们的性别身份，这是以往与性别相关的会话贡献的结果。这样的身份也可以被机构定义并且与角色相结合，例如妇科医生与其（女性）客户之间互动时的情况。

更一般而言，我们需要知道每个情境模型中的参与者如何理解复杂的参与框架，它不仅包括交际角色（不同类型的演讲者或作者），还包括社会身份以及机构角色，正如我们所要询问的女性、黑人、年轻人、中产阶级、左派、北美人、纽约记者的语境模型中的身份等级和优先事项。即使在工作中，职业角色也很可能会在多数组织互动的大部分时间里被前景化。但在这种互动中，女性和黑人这两个身份是毫不相干的。她也会知道，在一个白人男性主导的社会中，这种身份**可能**在任何时候都变得相关（例见 Essed, 1991），因此她的语境模型将被相应地组构（另见《话语与语境》第四章）。

社会角色。言谈和文本不仅受互动或话语本身参与者的交际角色（主观的、互动的）构建的影响，而且受到其他社会角色的影响，我通称为“社会角色”。其中包括职业、机构和组织角色与关系，我们在上面和前面的章节中提到了许多例子（对角色理论的总结，例见 Turner, 2002）。还要注意的是，社会角色和社会身份是很难区分的，是经常被混淆的概念。

我们多次提到托尼·布莱尔在下议院发表的演讲中表现出的各种社会

和政治角色：首相、政府首脑、工党成员和领导人、政治家、英国公民等，
136 而他在其他交际情境中则由关系角色来定义，比如儿子、父亲、丈夫等。

不仅在我们的语境概念中，而且在许多其他当前理论中，这些角色或身份在作为宏观层面的组织要素上的分析，远不及作为局部的互动建构的分析那么深入（例见 Abell and Stokoe, 2001; Seidman, 2003 ；Shotter, 1993; Shotter and Gergen, 1989）。也就是说，对于布莱尔而言，并不是他作为首相或工党成员的抽象或正式的角色或身份（如成员卡上所明确显示的那样）与社会互动和话语相关，而是这些角色在当前的情境中更动态地持续构思、构建、展示或表现，并与其他角色紧密交织在一起。因此，在目前的情况下，布莱尔不仅以首相的身份行事，这使他能够在议会辩论中首先正式发言，而且还作为民主和善解人意的首相和国家领导人，其他或多或少是临时的角色或身份。当然，类似的观察结果对于大量其他社会身份和角色也同样适用，其中性别特征可能已经被广泛研究，也可以适用于话语（例见 Litosseliti and Sunderland, 2002）。在这个意义上，角色似乎将社会结构（组织、机构）与社会实践联系起来。

然而，我们之前曾经论证过，当谈论社会角色或身份的“局部建构”时，人们必须非常小心。“身份”的概念以分类、概括、抽象和比较为先决条件，而“角色”通常以抽象术语来定义，如由一般属性、职责、义务等定义的“类型”。从这个意义上说，“局部”的角色扮演和身份表现不是凭空发生的。

在构建独特的局部身份时，社会成员显然会使用关于其他相关类别人群的更普遍的、社会共享的知识和信仰。从这个意义上说，谈论角色和身份的独特的、临时的、个人的或互动的“用途”“应用”或“表现”可能更合适，就像我们对语言的使用一样。而且，在许多托尼·布莱尔作为首相、政治家或工党成员的情境中，他并不“这样做”，这一点他是知道的。

至少在一种定义下，由于它们抽象的和普遍的性质，角色和身份无论是在个人成员的生活中，还是在群体、机构和组织的社会描述层面上，或

者在普遍的、重复的或分配的互动分析中（例如通常首相可以或应该做的事情），都是跨语境的，甚至是脱离语境的。因此，角色与规范的经典关联表现为：某个角色在什么情况下该履行什么职责。这些普遍的抽象概念除了与社会结构的更加抽象（宏观）的理论明显相关之外，也与互动和话语描述 137
相关，因为群体成员每时每刻不仅知道他们的各种社会身份（及其角色的更普遍的社会蕴涵），而且也可能在许多情况下或多或少激活并应用它们。

例如，在布莱尔的演讲中性别的显示看上去并不多，但在一些语境模型的语境中，议会议员、关键公民或分析者主张对伊拉克采取强硬的军事手段很可能归因于“男性”或“硬汉”角色；玛格丽特·撒切尔（Margaret Thatcher）作为女性的情况也是如此，例如她对矿工罢工或福克兰群岛（Falklands）战争的应对（另见 Reicher and Hopkins, 1996）。即使在议会辩论中，布莱尔有时也会激活他此外无关的父亲角色，比如在辩论家庭法案时。

也就是说，由于语言使用者具有一般的语言和交际知识，他们能够策略性地激活不同的风格或语体，即使它们在情境中不占主导地位；与语言使用者一样，社会行为者也可能会以各种方式显示“其他”身份的情节，而不是现在正在“使用”的身份。也就是说，由于托尼·布莱尔作为政治家或父亲的身份具有一般性、脱离语境性和永久性，因此可以在特定情境下策略性地“使用”这些身份。总而言之，社会行为者只能“扮演”他们和其他社会成员所了解（因此能够识别）的角色，尽管局部的角色临时将就、组合等还有很大空间。也就是说，作为象征的实际“扮演”是独一无二的，也可能是当前“扮演的角色”，但参与者只能在共享知识的基础上扮演或理解这种独特的角色。我们再次看到（语境）模型是如何基于社会表征，而不是仅基于情境偶发事件。

在理论上，与**仅仅**从局部互动建构的角度来描述身份相比，这种社会认知分析为固有的局部概念，如语境的情境、临时性质，提供了一个更为令人满意的解释。参与者在局部、话语和交互上以被定义为语境的当前相关的社会情境术语，更具体地说是每个“语境状态”，来构建自己和他人，正是这种情境身份会影响当前的言谈状态。但是，正如他们在会话中也是“相同参与者”一样，他们也是跨越不同语境的“同一个人”，即一个或多或少稳定身份的独特组合，就像同一个群体中的所有其他成员一样，他也是其中的一分子。

在前一章中，我们研究了这种身份的社会认知特性，本章将同样对这
138 些社会角色和身份进行社会学分析，这些社会角色和身份以特定的社会互动和话语形式在局部获得、使用和改变，并作为群体或机构的组成部分在整体上产生和再现。显然，传统的角色方法是行不通的（Thomas, 1979）。但是，作为仅在局部凭空产生的身份是社会角色的一种完全临时的概念，在社会学上与张三或李四在这个特定会话中的言语和行为一样不能使人感兴趣。显然，我们一方面对互动言谈的机制、规则、系统感兴趣，另一方面对局部获取、使用、应用、改变、执行这种机制的（同样可概括的）方式感兴趣。

每个情境身份的使用不仅有助于建构个体参与者的个人语境定义，而且这些使用（激活、失活、聚焦、组合等）是由先前共同参与者的行为和话语在局部引起的。因此，在受到被理解为一种批评或反对的打断的挑衅之后，托尼·布莱尔作为政党领导人和自由民主党反对者的身份被激活并以特定的方式（讥讽地、积极地等）应用于他的演讲中。在场的议员很可能也是以这种方式理解他的演讲片段，而不是像以前那样把他看作善解人意的民主党领导人。

尽管在话语和会话分析中，社会结构通常集中在更加局部、微观的层面，但前面的章节表明，社会不仅仅是互动的，即使人们认为社会是基于互动或从互动中产生。对于参与者也是如此，他们也可能在不同层次上感知、理解和参与社会。他们像分析者那样进行抽象和概括，更准确地说，分析者本来就会进行抽象和概括，而他们则是在日常生活的许多互动和话语中学会这样做的。因此，他们不仅能够将一般的社会知识

应用于具体的互动和话语中，而且反过来，还能够从多个抽象层次上对许多局部互动进行抽象和**去语境化**。

因此，从这场演讲以及其他许多互动中，托尼·布莱尔逐渐获得了更多关于“当”首相意味着什么的更普遍的知识和见解。同样，其他人也可以因此对“当”或“扮演”首相（党派领导人、社会民主党人等）的不同风格有更全面的认识。因此，我们从对布莱尔作为首相的较历史性解释转向对议员在政治理论中的作用的更一般性分析——社会角色的维度超出了本书范围，虽然它们很可能是（被解释为）参与者语境模型的组成部分。

我们已经看到在一个特定的演讲中是如何局部地实现“扮演”首相的，以及如何通过参与者的语境模型来控制这样的演讲（以及其他相关行为）。这是社会学相关的再次“向上”移动，并将局部情境身份和角色与 139
更一般的抽象的身份和角色联系起来，参与者获得并将其作为资源，而且将这些更一般的角色再次与群体、组织和机构及其结构联系起来，并在局部实施、产生并再现。托尼·布莱尔和议员通过他们目前的互动，将议会作为一个机构来实施和再现，他们能够通过局部定义（语境）及其社会共享知识做到这一点。托尼·布莱尔向议员发表演讲时，并非主要留意具体某位议员，而是将参与者更多地集体构建为议员、党派成员、反对派等议员角色。再者，对于社会心理学中的社会认同理论，这样的观察是微不足道的，但我们也需要在更多的社会学分析中考虑文本和言谈的语境。也就是说，社会学理论（例如角色的社会学理论）与我们的研究事业相关，因为它不仅向我们展示了不同层次的社会秩序可以在语境模型中表征出来，而且还表明社会成员如何为这种角色获得、确认和实践一般能力（知识、信仰、能力等），以及这种角色与其他角色和机构结构之间的关系。因此，布莱尔和其他人所熟知的他作为首相的角色，不仅是一个孤立的“职位”或一套规范，而且也是与政府、大臣等其他政治角色和结构的一系列关系的一部分。

社会关系：权力与异议。对参与者的这种双重整合（微观–宏观与社会认知相结合）分析也适用于对**参与者之间具体关系**的分析。也就是说，在几个分析层面上，托尼·布莱尔在对自由民主党人的冷嘲热讽中也确立了一种**权力**关系。他被给予发言权，并且被允许随意发言（嘲笑和攻击），从而实现了一种形式的话语或者互动权。其次，作为首相、政府首脑、工党领导人等，他的角色还定义了可以用来且正在被用来在局部展示权力的**权力职位**（关于权力和会话，例见 Forrester and Ramsden, 2000；Hutchby, 1996; Owsley and Scotton, 1984; Thimm, Rademacher and Kruse, 1995; West, 1979, 1984）。

换言之，正如我们将要看到的对行动和互动的分析一样，布莱尔现在不仅在“做”首相（除其他身份外），还在“行使”权力。再者，这样的分析总是需要两种方式：他实施、使用、应用或执行他所属党派的更一般的权力关系，但与此同时，他通过演讲的局部互动产生和再现这种权力关系。

与**批评分析**相关的是，在这种情境下布莱尔是否在滥用权力：他不仅
140 试图说服议员使伊拉克战争合法化，而且还通过例如策略性地强调威胁和淡化议员如由于缺乏信息而可能未完全意识到的风险的方式操纵他们（Van Dijk, 2006a）。也就是说，**统治**（定义为权力滥用）作为一种社会关系既是在局部完成，也是在整体上、结构上出现和运作，正如我们在关于种族主义的研究中所表明的那样（例如 Van Dijk, 1984, 1987, 1991, 1993a）。

对权力和统治的更为抽象的社会分析，例如在职位、群体或机构对他人或公民个人的控制方面，既有对思想的控制也有对行为的控制，可以通过详细分析其在议会演讲中是如何应用和“完成”的，来得以应用和充实。批评性话语研究专门针对的就是这种分析（例见 Van Dijk, 2008b; Wodak and Meyer, 2001）。

类似的分析当然适用于**反权力**、**抵制**和**异议**。布莱尔明确表示他意识到了这种反对，而这一点与他在演讲中的劝说和对反对他的反对有互动性关联（例见 Hackett and Zhao, 1994；该书大部分是关于女性抵制男性统治的；另见 Fisher and Davis, 1993; Houston and Kramarae, 1991）。

差别在于异议者缺乏界定权力和统治的社会或政治控制机制，因此必须诉诸其他资源，如打断（如布莱尔的演讲）、反对言论、公开抗议、组织各种反对群体，等等（Rucht, Koopmans and Neidhardt, 1999）。在话语和互动上，这可能涉及首相或强大的领导人在道德或政治上的授权，就像美国、英国和西班牙的议会、媒体以及其他公众演讲中及文本上关于伊拉克问题的辩论那样（例见 Chouliaraki, 2005; Edwards and Martin, 2004）。合法化和非法化概念是权力、统治、同意和异议之间这种关系的具体例子，这两个概念既涉及社会（政治）行为者、群体或机构之间的关系，又涉及它们所参与的具体互动（演讲、打断、抗议等）之间的关系（Martín Rojo and Van Dijk, 1997）。

参与者的其他属性。参与者不仅是由他们的交际或社会角色和身份来定义，而且也可以由他们在群体或机构中的成员资格来定义。毫无疑问，在日常个人的感知以及互动和话语中，不管受话者（现在或者更一般地）被认为是聪明或愚钝、友好或不友好、合作或不合作、有吸引力或缺乏吸引力、专家或非专家等，都会对演讲者产生影响（例见 Wyer, Swan and 141
Gruenfeld, 1995）。

正如我们从戈夫曼早期著作的自我呈现策略研究中所知道的那样，这不仅是性格和印象形成的传统的社会心理学的首选主题，而且也是一个互动和社会的问题（Goffman, 1956; 另见 Malone, 1997）。将这些属性分配给受话者也许关乎语境，即从参与者对会话的持续贡献中得出的推论。也就是说，这样的评价不仅仅是基于参与者的先前个人知识，而且还是交互产生的。在这两种情况下，话语最有可能适应这种参与者的特性。人们可能会格外努力地向愚钝的接收者解释难懂的事情，对表现出不合作的参与者则采取特定的说服策略，对被认为感兴趣的参与者则倾向于延长会话，这一点我们也可以从社会心理学的众多研究中得知（Cantor and Kihlstrom, 1981; Furnham, 1986; McCroskey, 1987）。

这些相当明显的观察结果表明，参与者的社会属性通常对言谈和文本很重要。但是，这又造成了语境限制的问题。如果有数百、甚至数千个这样的属性，并且都可能系统地影响言谈或文本，语言使用者显然无法处理如此丰富的语境定义——除非有办法选择或降低这种“个人图式”的复杂程度。

凭直觉，刚提到的属性对互动进而对会话具有相当明显的影响，但也许其他大多数不会——至少不是系统性地。因此，吸引力、合作和智慧可能是成功会话的系统的、一般的条件，因此在相关的场合参与者通常会特别关注这些属性（例如，做讲座或上课时，会认为观众的智慧比他们的兴趣更重要）。另一方面，蓝眼睛、左撇子、出生在阿姆斯特丹以及其他许多特征，有时可能与某些参与者有关，但通常不会影响超出会话主题层面的话语或文本或偶尔的看法及关注点。在语境理论需要研究的许多其他问题中，这尤其是一个经验证据问题：除了上述社会属性之外，参与者的哪些个人特质似乎会系统地集中于言谈或文本中？更具体地说，从社会认知的角度来看，这些属性是否可以简化为一个可以快速分析、理解和表征语境模型中的参与者的相对简单的图式？寻找这种属性的最明显途径是系统
142 分析互动的一般条件，其中合作、一般知识、专业知识、友善等通常确实起着系统性的作用，而比如喜欢集邮或长着大鼻子则不会。

回想一下，即使我们将参与者互动分配的个人属性限制为与文本和言谈系统相关的属性，这些属性也会紧随上述社会属性（类别、角色、关系）。这意味着语境定义的参与者类别成倍增长，并且我们需要一种机制来降低这种复杂性，例如通过形成简单的“参与者图式”和/或策略，这些策略能够在每个语境状态下选择并关注相关的社会和个人属性。

在方法上，这是一个棘手的问题，不能简单地仅通过互动和会话分析来解决。参与者对其他参与者所形成的许多相关印象可能在互动上保持隐含，在言谈中难以或不可能检测到。因此，很明显，人们使自己的言谈适应聪明的接收者，但主要采用隐性做法，表现在主题的选择、更简短的解释以及言谈的许多其他微妙属性中。许多这种语境控制和互动适应可能只

能通过实验来评估，或者通过对以前言谈的有声思考或故事的分析来评估。

群体、网络、社区和其他人类集体

在本章中，我们一直使用诸如“群体”和“社区”等概念，而没有进行更多的理论分析。然而，为了能够正确定义身份的概念以及参与者如何表征自己的身份或成员资格，使这些概念更加明确是很有用的。很多时候，讲话者作为人类“集体”的成员进行交谈，但显然情况并不完全相同。

与其他概念一样，如空间和时间，集体也有不同的分类、大小或范围，它包括人类所有成员（当我们面对动物或无生命物体时的身份），涉及世界地区（“西方的我们”与“东方的他们”）、大陆（“我们欧洲人”）、国家、州或省、城市、社区、街区、楼栋等地点的居民这样的人类集体。除了这些“空间”集体外，我们显然可以按照通常的传统意义，以性别、阶级、年龄、职业、种族、地位、收入等来定义不同的集体。

在本研究和以往研究中，我将群体的概念用作“意识形态”概念的社会基础。因此，（人的）社会**群体**共享着定义群体之间身份和关系（如权力或抵制的关系）的意识形态（Van Dijk, 1999），而**社区**则通常共享文化 143
属性，如知识、语言、宗教和习俗。在这个意义上，民族和国家是社区而非群体。例如，美国公民形成一个（国家）社区，但他们属于许多不同意识形态（和其他）群体。这表明，例如在共享预设的一般社会文化知识时，不管他们的意识形态或其他差异如何，（国家）社区的大多数成员都共享他们从父母、学校、教科书、同伴和大众媒体那里获得的一些基本知识，而且国家社区的大多数成员至少共享一种（国家）语言。

另一方面，**群体**不如社区那样“自然”，它们更多是由比较明确地是或成为成员的人们在社会上有意组成的，其目的是为了实现共同目标、加入共同项目、捍卫共同利益等。对于政党、联盟、非政府组织、机构（作为人的集体）等来说，情况通常如此。因此，拥有共同意识形态的集体通常是一个群体：女权主义者、和平主义者、社会主义者等等。这些群体可能或多或少通过以下途径实现组织化或机构化：入会与会员仪式、吸纳与排除程序、领导和其他角色的产生、条例制定、会议、办公楼等（详见 Van Dijk, 1999）。

群体和社区的定义不仅取决于其成员，以及成员、互动及组织等的属性或其之间的关系，而且还有赖于他们共享的社会表征，如共享知识、群体目标和意识形态。根据定义，社区没有意识形态（如他们所见），而只有理所当然的知识和信仰（在其他社区可能被描述为意识形态），除了维持社区之外没有其他总体目标。只要社区中的某些成员形成意识形态并制订具体目标，就应将其定义为（意识形态、利益）群体，就像一个国家的民族主义者一样。

因此，在我们的例子中，我们之前评论过托尼·布莱尔的各种社会和政治身份，他就是作为议员和工党等或多或少有组织的群体的成员，以及作为一个英国人、说英语的人和欧洲人发言的。

作为对社会语言学传统上使用的阶级、性别、年龄、种族等社会变量的补充，米尔罗伊（Milroy, 1980）引入了**社会网络**（social network）的概念来解释语言的（语音）变化。尽管其他概念解释了群体、社区或社会类别的影响，但社会网络解释了个体讲话者与日常生活中其他讲话者关联的
144 方式，例如朋友、家人、同事、教师、公务员或店主——谈话中的这类参与者不受制于群体、社区或类似的集体观念，但他们可能会共同影响人们（学习）讲话的方式。尽管人们以不同的角色、不同的关系并且因此也以不同的语境方式与社会网络成员进行交谈，但他们可能以这种方式获得本地口音、知识、规范和价值观，特别是如果其他人也是这个（言语）社区的一分子。但是，如果其他人属于不同的阶层或社区，这些也可能对个人语言变化产生影响。因此，尽管其他集体尤其是根据其成员的属性、共同目标、规范或价值，或通过联合任务来定义，但社会网络是由个体的（话语）互动来定义的，因此根据定义，其与文本和交谈的属性而不仅仅是与语音相关联。

因此，我们可以假设，对托尼·布莱尔的社会和政治网络的描述不仅可以洞悉他的口音，而且可以洞察他话题的选择和谈话方式中的其他风格变化，当然，也取决于他从不同的对话者那里得到的反馈。例如，在议会演讲之前，他可能已经与他的顾问、妻子、同僚和其他人就其演讲的内容、策略或言辞进行了商讨，而对于内部人士来说，这样一个网络的影响可能会体现在多个方面。在我们的框架中，这在理论上意味着布莱尔激活旧的语境模型，并利用这些信息来构建当前的语境，例如其目标，或他在演讲中应更加突出的政治身份，例如作为一个忧虑的民主党人而不是专制党派的领导人。

在社会科学以及话语研究中，现在常常使用**实践社区**（community of practice）的概念来解释情境互动和话语（Lave and Wenger, 1991; Wenger, 1998; 另见 Eckert and McConnell-Ginet, 1992）。这种社区的典型例子就是组织、俱乐部、学校班级、研究团队等，大致由共同的目标和联合实践或互动来定义。但请注意，即使按照共同的目标和实践来定义，这些集体的性质也是完全不同的。此外，鉴于我们将群体定义为有意组成的拥有共同目标的集体，一个人可以决定成为其成员，那么在我的术语中，这种集体将是群体而不是社区。对我们来说，至关重要的是谈话参与者是否将这些“实践群体”作为其语境模型的一部分来定义。鉴于我们对英国下议院关于伊拉克问题辩论的分析（另见第五章），当人们以议员、党派成员、和平主义者等身份讲话时，似乎确实存在这种情况。

一般而言，语境理论预设了一个更宽泛的人类集体社会学理论，该理论为不同类型的集体提供了明确的定义和描述，其依据是例如以下特征的 145
存在与否：

- 位置、空间、建筑物
- 时间、永恒、暂时性
- 规模、成员数量
- 成员资格、准入、吸纳、入会和排除

- 共享知识
- 共享语言和其他交流系统
- 共同目标
- 共同的规范、价值观、态度或意识形态
- 成员行为的类型
- 成员之间的互动类型
- 组织类型（层级、权力、领导者）
- 参考群体（我们与他们）
- 资源（用于目标的再现或实现）

有了这样一系列标准（有待进一步详细地加以发展），我们可以设计出超越示例的社会集体（如群体和社区）理论。温格（Wenger, 1998: 73ff.）在其“实践社区”的定义中使用了三个更抽象的标准，这些标准也需要进一步的理论发展：“相互参与”“共同管理”和“共享成果”。

互动言谈通常作为机构或组织的一部分在各种任务组中面对面发生。因此，对于语境理论来说，更清晰地了解这些群体和它们的结构、限制及其调节谈话属性的其他方式是至关重要的。例如，在议会会议、教室、不同种类的会议、项目团队、生日派对或家庭晚餐中，话轮分配是极为不同的。谈话主题的选择和改变、开始语和结束语、打断等也同样是由在场的主席或领导、成员的角色和权力以及目标的性质或任务等进行调控（详见第五章）。

互动

互动和互动言谈可以自反地表征为语境模型的核心定义元素。人们通常至少在某种程度的意识和控制下才知道自己现在在做什么、说什么，至少在意识和控制的某个层面上说，这需要在他们对整个交流事件的定义中表现出来。我们认为，根据定义，过去的部分谈话内容成为语境的一部分。文本和言谈接下来的部分是计划或设计的一部分，也是语境模型的一部分。

因此，托尼·布莱尔不仅通过说话，如说英语、发表演讲，甚至对下 146
议院发表演讲等进行自我表达，而且还意识到他当前的演讲同时是要求合法化的（一部分），也是管理国家的一种方式和参与国际政治等全球行动的一部分。

在计划、执行和回忆中，参与者持续在其语境定义中，在不同普遍性水平上表征一个或多个主观（交互）行为定义。今天给议员留下一个好印象显然比制定国家的国际政策更具局部性，尽管前者可能是完成第二项行动的一部分或一个条件。

这些行动表征还包括社会共享的知识、态度和意识形态，就像托尼·布莱尔在调动民族主义意识形态（在国际危机中支持我们的部队）或民主意识形态（我们可以讨论这些关键问题）时所做的那样。记者不仅通过撰写新闻报道或社论来进行自我表征，还通过向公众发布信息或批评政府这类（专业）工作——还有许多其他核心或边缘、局部或全局性社会行动——以及受专业知识和意识形态的控制。

我们已经看到，语境定义形成中的这些认知和互动策略是“微观-宏观”关系和社会再现的基础。正是通过这种方式，语境定义中更多的全局性行动表征持续控制互动和会话。

与本章相关而之前较少强调的是根据**组织**或**机构**嵌入的相关社会行为的分类和表征。撰写新闻稿不只是撰写有关最近趣事的任何文本，还是为报纸撰写报道的机构、组织和职业行为，这是为公众制作报纸，从而实现告知公众的目的等协作和共同任务的一部分。它不仅仅是一个实际话语成就（包括语法、文体、图示、话题等成就），而且还是一个机构话语成就。这意味着撰写新闻报道的行为需要通过语境模型来控制，这些相关机构行为及其目标在这些语境模型中被表征，正如我们在上文所谈到的机构言谈和文本中的（交际和专业）身份表征（Van Dijk, 1988a, 1988b, 1999）。

从更局部和互动的角度来看，新闻报道写作作为一项实际成就受到这种交流事件的持续动态模型的控制，记者在其中自我表征“她正在做的社

147 会活动”。因此，在社论的开始，她可能会提醒读者近期事件的结果，从而实现读者的知识和预设。其次，她可能会关注政客的消极行为，参与（公众）批评的社会行为，以新闻工作者将自己定义为“社会监督者”的意识形态态度来积极自我表征。再次，在社论的第三部分，她可以为政府、机构或企业的未来发展提供建议，从而在局部产生并完成报纸的另一项全局性任务或职能，即助力公共辩论等。

正如我们之前所看到的，所有这些可能的社会行为不需要每一刻都是有意识的，但是，当然，稍作思考记者就会知道，通过撰写这篇对政府的特别评价，她现在正在从事批评政府的社会行为。

在会话的动态语境定义中，这意味着在每个语境状态中，一个或两个（各个层次的）当前行为可能会被关注，而在背景中会有更多全局性定义。例如，当参与者在会话中明确表示其意图、正在持续的行为或过去的行为时，好比在明确的施事句中，或者被其他参与者询问或挑战时，这种反身性可能通常在言谈中变得明确。

程式语。作为语境模型的一部分，持续的反思互动表征也可以在言谈本身中表达或引用。与会话本身各方面相关的会话片段通常由（相当奇怪的）**程式语**（formulations）这个术语描述（Garfinkel and Sacks, 1970; Heritage, 1985; Heritage Watson, 1979, 1980）。通常，这个概念用于描述总结先前发言者所说内容的那些段落，即（主观上理解的）主旨，这样的总结可能经过或未经过发言者批准。然而，发言者也可以总体上对会话的任何其他方面，或者他们自己和其他参与者以前的话轮或贡献发表评论，例如他们的语气、风格、用词、含义等。这意味着程式语原则上也可以与参与者在会话期间执行的动作有关。例如，赫里蒂奇（Heritage, 1985: 109）展示了一位参与者如何将面试官前面的话轮解释为（对第三方的）指责（另见 Sacks, 1995: 637f 中的讨论）。这些例子表明，参与者在多个层面理解持续进行的文本和交谈，当然包括当前正在完成的行动。

虽然只是偶尔在言谈中明确表达，但这也意味着每个时刻同时并存的语境定义需要包含“当前行为的定义”。当然，对于接收者而言，持续行为的这种语境表征是基于所说内容（当然还有其他信息，如发言者的 148
知识、一般社会文化知识以及当前情境及其历史的其他方面）的主观推论。这意味着发言者可能会拒绝接受前一位发言者较早前会话贡献的程式语。在第五章中，我们将考察如何以这样和那样的方式使语境在谈话中变得明确。

从这个反思性的具体例子，即行为者意识到自己的行为并将其表现为对话语的话语评论，我们还可以得出更笼统的结论：对这种“程式语”的研究需要区分例如话语的语义和语用。总结主旨程式语的意义或内容，这是一个将局部和全局话语语义相关联的特征，也是一个侧重话语特定方面的互动行为，而口头表达参与者（包括发言者）通常隐含的持续行动则是一个典型的语用问题，这两者是不同的。我的理论观点是，如果参与者的语境模型主观地表征了当前情境中正在执行的行为，则参与者只能“使用”这种“实用程式语”。换句话说，如果参与者持续定义交际情境，他们也需要定义当前的行为。关于这一点的理论结论之一是，如上所述，语境的社会基础可能不是社会情境的模型，而是社会事件的模型。

社会信仰

除了诸如背景、参与者（及其各种社会身份、角色和其他属性）、互动等基本类别之外，语境模型还需要描述参与者的相关信仰，例如目标、意图、知识和意识形态，这些已经在前一章中从社会认知视角进行了研究。然而，知识、意识形态和其他社会共享的信仰不仅与社会心理解释有关，而且与社会学视角有关。正如我们在上文所看到的，它们定义了群体、社区和机构，并且形成了社会集体最强大的组织力量之一：成员属于集体并且在共享（部分的）这些社会信仰时这样做。社会信仰和社会集体彼此相互构建和再现。

社会信仰被习得并用于（交际）社会情境中，如与父母、朋友和教师的交谈，教科书，电视电影和辩论，以及基于这些信仰的日常会话（Van Dijk, 1990, 1999）。如上所述，如果没有话题的社会文化知识或交际情境的社会结构的激活和语境应用，文本或话语生成的任何步骤都无法实现。

149 对于一种更社会学的方法来解释情境的“认知”类别，诸如参与者的知识和意识形态，**成员资格**的概念至关重要。在相对简洁的语境模型中，参与者不能表征他们所知道的一切（并了解接收者的知识），因此需要有效的策略，例如前面章节中讨论的策略。参与者通常可以通过假设其他参与者是同一文化、民族、地方、意识形态或专业知识社区的成员来管理知识，因此可以共享作为言谈和文本的共同基础的相同知识。而且，由于参与者在任何情况下代表自己和作为相关群体与社区成员的对话者，他们只需激活每个社会身份拥有的相关社会信仰。他们这样做不仅仅是为了知识手段在语境中的重要运作，而且还为了如上所述的其他类别的细节，例如背景（时间、地点）、参与者和互动。

与此相关的还有知识的社会分布这个一般性主题、作为稀缺权力资源的知识的滥用以及相关的关键问题，这是一个超出本章范围的广阔的研究领域（例见 Carlson and Apple, 1998; Fardon, 1985; Foucault, 1980; Paechter, 2001）。

对于语境的社会维度的讨论，这些问题很重要，尤其有助于描述和解释通过言谈和文本来实施和再现认知能力与权力滥用。也就是说，专家可能或多或少有意地参与预设他们的知识不被接收者分享的话语。正如我们从一些滥用专业文本的事例，以及医生、律师（West, 1984; O'Barr and Conley, 1990）及记者的谈话（Wodak, 1987）中所了解到的，他们可能会排除接收者的理解和参与。

从前面讨论过的知识手段的相关策略意义上讲，这种滥用权力的前提是语境阐释。更一般而言，在特定的社区（职业、教派等）内获取知识可能是通过在认识上并由此在交流上排除其他人的方式来再现这样的社区权力。因此，我们可以看到，在集体（宏观）层面上，基于知识的权力和权力滥用是如何在日常互动和小集团话语中实施、获得及再现的。

除了集体共享的知识和意识形态的宏观社会基础以及它们对成员知识的微观社会影响之外，这种语境元素的社会信仰也具有**互动**维度。因此，我们已经看到，当发言者不确定接收者的相关知识时，他们利用一些策略来确保自己不会啰唆，以减轻重复自己的话或已知信息，或提醒接收者之前所说的话可能产生的消极影响。因此，断言不仅仅是新旧信息相结 150
合的全部与否，而且包含相当复杂的策略。这些策略预设了一个或多个认知社区的大部分知识，提醒或重新激活一些可能被遗忘的知识，以及接收者很可能尚未知道的、或多或少比较新的个人或公共知识（关于会话中的知识管理，详见如 Chen and Cegala, 1994; Collins, 1987; Drew, 1991; Gibbs, 1987; Gumperz, 1977; Komter, 1995; Perakyla and Vehvilainen, 2003; Planalp and Garvin-Doxas, 1994）。

媒体问题：文本还是语境？

本章及其他章节均未涉及的一个问题是，诸如报纸、电视、互联网、手机、广告牌等传播**媒体**的（语境）文本地位。更一般而言，我们还没有涉及很多当代话语和交流的多模态性质，这个话题需要进行详细的、多学科的研究，既要讨论其话语符号，又要考虑其语境属性。一些从事语境研究的作者，如海姆斯（Hymes），将媒体视作语境的一部分。毫无疑问，书面和口头“模式”（作为话语的属性）以及各种传播媒体约束并促成许多（其他）话语属性及其变化。的确，从某种意义上说，正如该术语所表明的，媒体是文本和语境之间的**媒介**。它们似乎既不是真正的语境属性（如背景或参与者），也不是典型的话语属性（如视觉或声音结构），而是交际情节的两个维度之间的某种接口。简而言之，话语在诸如信件、报纸、杂志、电视、互联网等媒体中**表现出来**、**被表达**或**出现**（被放置、题写等），位置隐喻将暗示背景的一个子类别（或背景的地点子类别）。另外，还可从对话语的物理表现形式（声音、视觉材料等）即话语载体的物质或电子“支持”方面，对话语媒体进行分析（事实上，意大利人不说在报纸“上”有什么东西，而是说在报纸“里”，正如我们在英文中所说的“在电视上”）。遵循一般的理论框架，我确实认为语言使用者在其语境模型中表征媒体，不过是在广义的语境中表征，（反身地）包括作为社会活动本身的话语及其实现模式（口语、书面或各种其他多模态形式）。但目前我没有具有说服力的理论依据来这样将其作为背景的地点子类别中的一种，一方面作为背景与话语
151 活动之间的一个独立的主要类别，或另一方面作为以宽泛的多模态形式定义的话语本身的一种属性。例如，在后一种情况下，我们将报纸报道描述为报纸上“出现”（发表）的话语，即作为其视觉表现的物质支持，而这似乎并不是语境分析。的确，人们不会将口头言谈描述为发生在“承载”谈话“语音实现”的振动空气的“语境”中，也不会将舌头和嘴巴描述为其发音“语境”的一部分。相反，我们将这些描述包括在文本和言谈的物质（或生理、身体等）表现、表达、书写等中，也就是说，作为话语本身的一部分。总而言之，这两种理论表述都有很好的论据，即将媒体作为文本或语境的一部分，或者作为其接口的一部分，而我目前没有解决这个问题。

话语和互动中的语境模型

在本章中，我们已经看到，正如《话语与语境》中所描述的，语境模型在文本和言谈生成中的“应用”不仅仅是一种认知话语加工形式。话语的“语境化”同时也是一种实践的成果，它遵循生成适当文本和言谈的互动策略。

语境化还包括应用一般的、共享的规则和类别，就像托尼·布莱尔（以及议员们）知道如何向英国下议院讲话，如何向他自己的党派或反对

派成员讲话，使用什么样的常规方法，选取什么样（正式）风格的词汇等。也就是说，先前的经历（及偶发的自我记忆）以及共享的专业知识（如作为“议员”及“首相”）和群体信仰（如工党的意识形态），可以从恰当话题的选择到适当的代词和语调的产生上持续生成文本和言谈的语境变量结构。如果没有这样的常识和能力，社会成员将无法形成说话和语境规划，将他们的语境投射到他们的文本和言谈中，并在快速交谈中实时、适当地说出来。

然而，正如我们在这项研究中反复看到的，语境是独特的心理模型，因此不仅仅具有成员共享的实例化常识，还具有特定的个人历史、当前的个人观点、对话者或读者社会身份的临时解读、对行为目标和意图的怀疑等。尽管具有“已知的”或“常规的”特点，但每种交际情境都 152
或多或少是独特的，因此需要认知和互动策略来生成（或理解）适当的文本或言谈。

总而言之，语境化一直也是一项实践性成就，参与者不仅要应用一般规则以及文本与言谈的语境映射策略，而且还需要解决许多局部问题，例如对交际情境关键方面之一的疑问或缺乏了解，如对作为背景一部分的时间的未知，对交谈者身份、地位或权力以及自己目标的怀疑，或者对接收者知识的缺乏了解等。

这些“并发症”中的某些可能是常规的，可以用常规方法来解决（West，1984），比如缺乏对接收者知识的了解。还有一些是意想不到的问题，需要用临时方法来解决，例如当托尼・布莱尔在下议院提到“主要”政党时被打断和批评的情况，那样他就忽视了（或者至少没有视为政治上的“主要”参与者的）自由民主党及其出席议会的议员。在这种情况下，解决方案就不只是一个普遍的互动方案，例如明显地同意错误描述（“啊，是的……”），还要将他的“同意式纠正”变成对自由民主党的讽刺性攻击，也就是批评反对派的政治举动。这种举动只有在用独特的语境模型来描述时才能得到适当的分析和理解，而这种独特的语境模型不仅控制议会中这种一般性交流互动，而且控制交流情境的许多其他社会和政治层面，例如参与者的目标、政治身份和政治信仰。

结语

语境社会学的任务就是阐明话语参与者能够形成的社会基础，并将交际情节的定义应用于持续的文本与言谈中。

我们已经看到，这需要对社会情境进行复杂的社会学分析，即作为话语的相关背景的时间和地点，详细分析参与者作为集体成员的相关角色、身份和社会信仰，以及在各级社会结构中表征的持续行动。

原则上，语境定义的这些相关社会类别应该以文本和言谈的形式显示，否则程序上会有影响。然而，我们已经看到，言谈和文本的社会条件无疑与其生成或解释有关，但是仅通过话语或会话分析无法检测到其（默认的、间接的）影响。

153 我们也看到，语境的概念能够在社会结构的宏观与微观层面及其分析之间起媒介作用。

然而，本章的主要问题之一并不是社会学问题，而是社会认知问题：参与者如何能够构建和应用交际情境的心理模型？毫无疑问，该交际情境具备与背景、参与者及互动相关的社会信息。这不仅要求关注相关社会类别或参与者与情境维度的互动策略，还要求有强大的认知策略，例如管理（共享和新的）知识与形成参与者图式的策略。

我们无法解决的另一个问题是承载、传递或显示文本和言谈的“媒体”的地位。它们可以被定义为一种话语的物理位置，或背景的一部分，或语境模型的一个独立的主要类别，或文本或言谈的物质的、电子的表现形式，口头、书面或其他“模式”的话语也可以同样处理。

尽管我们已经对托尼·布莱尔在英国下议院的演讲做了很多分析性评论，但我们并没有在这个更具理论性的章节中进行详细的文本分析。我在

《话语与语境》（第四章）中非常明确地论述了语境的影响，本书第五章还会提供进一步的例证与分析。

最后，我们反复提到将共享社会文化知识作为语境模型的形成与运用以及话语的生成与理解的基础。然而，我们没有注意到这样的事实，即这种知识具有文化差异，因此语境定义和基于此定义的话语也具有文化差异。这将是下一章讨论的主题。

154

第四章

语境与文化

> 语境是什么？什么都是又什么都不是。它像一个阴影，逃离那些试图逃避它的人，逃避理论的层次和类别；追逐那些试图逃离它的人，暗示自己为甚至最明确的陈述都需要依赖的不为人注意的根据。如果你被现象学的不完整概念说服，那么语境是无穷尽的。你越是试图明确说明它，投射的空白点就越多，它们都需要填充。归根结底，语境就是发生语言使用的，并且与组织语言结构相关的人类世界。
>
> （William Hanks, 1996: 140）

引言

在《话语与语境》中，我们看到马林诺夫斯基和弗思以及后来的韩礼德对“情境语境（context of situation）”和“文化语境（context of culture）”这两个概念进行了区分。第一种语境是局部性的，参与者面对面处在特定背景中。“文化语境”通常被定义为更具全局性，涉及整个社区的成员及其许多基本属性，例如他们的知识、规范和价值。在前一章中，我称之为社会“宏观语境”。

在本章中，我将探讨语境的这些“文化”层面，尽管我们需要开始质疑“文化”的概念。我不仅在这里关注文化的全局语境，还关注文化对局部语境的影响。事实上，我论证过，参与者的文化知识使局部情境语境成为全局文化语境与话语之间的接口。

我之所以还考察了局部语境更宽泛的文化方面，是因为一般而言，社会情境的解释和定义，特别是语境的解释和定义在不同的文化和语言中是不同的。例如，参与者的年龄、权力或性别可能与所有或许多社区相关，但参与者的其他社会属性——例如特定的亲属关系——在不同的社区可能 155
或多或少相关。这种表述也隐含地预设了，无论语境定义的**文化多样性**如何，都可能存在**语境的普遍性**。

除了在将社会情境构建为语境方面存在差异之外，文化在语境定义中影响文本与言谈的方式上也可能不同。例如，洛杉矶的一位非洲裔美国顾客可能会将街区商店的顾客角色定义为在服务接触时能够或要求与店主进行愉快闲聊（例如，以示礼貌），但是，也许对顾客与店主（或服务提供商）之间的关系持"相同"看法的韩国店主，可能会将顾客与店主的谈话特别限制在与业务相关的方面，而不会与顾客进行只有韩国社区的家庭成员及亲密朋友之间才会有的那种非正式的私人"闲聊"（Bailey, 1997）。

当然，除了语境和会话之间的不同关系之外，这种差异也可以根据情境的不同定义来描述，例如，如果韩国社区的顾客未被归类为与许多文化相关的"亲密朋友"这种语境类别，而该语境在欧洲文化中还控制话语特征（如代词或礼貌性）和非言语行为。

本章将讨论上述及相关问题。首先，我将从德尔·海姆斯等人在交际民族志传统中的开创性研究开始，考察语言与文化人类学定义和分析语境与交际事件的方式。然后，我将专注于人类学更多当代发展中的语境研究。鉴于我们对话语的特殊兴趣，重点将放在语言人类学及其相关方法的发展上。

更一般的语境理论包含人类学或民族志描述的另一个原因是，毫无疑问，人类学家对语境的定义和分析做出了最广泛的贡献，这从海姆斯、甘柏兹（Gumperz）、莱文森、杜兰蒂（Duranti）、汉克斯等著名学者的著作中可以明显看出。因此，尽管主流社会学和社会语言学可能专注阶级、性别或族群的宏观现象及其在语言使用或互动中的作用，但对交际活动的周密民族志分析倾向于研究社会情境的细节、参与者的解释及其对言谈的影响。虽然会话分析可能专注言谈和互动本身，但语言人类学通常会将这种言谈置于更宽泛的文化“语境”以及局部情境中。

156 正如我们在前几章中所看到的，我们还将在本章中看到，研究方向之间的差异正在慢慢变得不那么明显。例如，即使在语言人类学越来越将自己定义为一个独立的分支学科的情况下，我们也很难将互动社会语言学的一些研究与语言人类学的会话民族志研究等区分开来（Duranti, 2001）。

文化?

不同社会中人们理解交际情境的方式的异同，以及这些异同对文本和言谈的影响被描述为“文化性的”。这种描述预设“文化”这一复杂概念通常是人类学和社会科学的基本（在根本上有争议的）概念之一（例见 Kuper, 1999）。

尽管学科的一般基础概念（如语言、话语、社会、心理等）通常没有明确的定义，但是整个学科的对象，人类学和其他社会科学中文化定义存在的争议尤为出名。早在半个世纪前，两位主要的人类学家克罗伯（Kroeber）和克拉克洪（Kluckhohn）发表了一篇评论，其中列出了术语“文化”的 164 个定义（Kuper, 1999: 56）。显然，在本书中，我们的任务不是总结与文化的相关文献的，因此我对文化的一些观察将（再次）仅限于可能与多学科语境理论相关的领域。

例如，在洛杉矶的非洲裔美国人和韩国人之间的交际冲突的例子中，我使用“社区”这个概念来指称非洲裔美国人和韩国人，并假定“相同”情境中的行为差异可能是由于这些社区之间存在“文化”差异，例如，服务接触、客户及客户关系定义上的差异，尊重规范、礼貌规范以及更一般的“闲谈”规范或规则的差异：何时、何地、与谁一起，以及如何参与这种言谈。但是，如果我们观察韩国的年轻人和老年人之间在“相同”情境中的行为差异，我们可能不会称这些差异为“文化性的”（即使我们有时使用“青年文化”这个词；例见 Bucholtz, 2002）而称为“社会性的”，我们会谈论不同的“一代人”而不是不同的“社区”。

如果我们想要界定“文化”概念，并与相关概念划定界限，这只是我们可能遇到的诸多问题之一。就街区商店的例子而言，非正式的差异化尝试可能包括诸如共享相同语言、知识、规范和价值观等标准——以及基于 157
这些的行为类型——也许还包括共同的历史、地域或出身。但是，很容易举例说明这些标准不成立，或者需要其他的标准。因此，让我们首先承认“文化”的概念本质上是模糊的，最好避免使用，代之以更低层次、更具体的概念，如共享的语言、知识、信仰或实践。

对我们来说，关键并不在于我们如何对社区、信仰或行为进行分类，而是要研究：人们如何理解社会情境和交际情境，这种理解如何影响他们的话语生成与理解，尤其是**这样的做法在全世界如何会十分多样化**。

我们已经看到，除了定义独特语境模型的个人差异之外，建构人们交流模型的关键贡献首先来自社会表征，即共享的知识、信仰、规范和价值观，而这些恰恰就是通常被称为“文化”的东西。在认知人类学中，这些共享社会表征（如关于礼貌或服务接触的共享社会表征）通常被称为**文化模型**（Holland and Quinn, 1987; Shore, 1996）——这个“模型”概念不应与我们对特定事件的主观特定模型的概念混淆。遵循这种对文化的认知方式，文化往往被定义为人们作为社区的合格成员为了能够参与其中而需要了解的东西——尽管这些知识也可能是关于**如何**行事的“程序性”或“实用”知识。那么问题又来了，这也适用于比如说学语言学的学生或者我们希望用社会而非文化术语描述的任何其他认知社区。而为了解决这样的术语和理论问题，我们很可能最终又是通过将文化术语优先应用于不只需要分享知识的**种族**社区。

为了阐明我们的目的，可以假设，如果一个社区的社会文化信仰不同，其成员的语境模型就会不同，因此基于它们的话语或交际活动也会不同。正如我们所看到的，在实践中，这些差异需要非常普遍和系统才可被称为“文化性的”，并由不同社区共享，其原型就是“种族”社区。因为如果同一社区的年轻人与老年人的尊重规范稍微不同（许多社区就是如此），我们就不称之为“文化性的”，而称为“社会的”或“一代人的”。因此，对于拥有自己的语言、历史、出身、日常经历、制度和社会政治组织的社区而言，更可能存在普遍的文化或“种族”差异，这样就将社会和历史标准添加到认知或象征标准中。但很明显，除了**共享相同的社**
158 **会表征，包括“我们”是谁之身份的自我表征**外，很难制定准确的标准。使用另一个模糊术语，我们可以称之为“文化共同基础（cultural common ground）”（另见 Clark, 1996）。

重要的是不要混淆（文化）**社区**和（意识形态）**群体**。同一个社区可能有意识形态不同的群体，虽然这些群体在意识形态上有所不同，但共享其社区的许多文化维度（语言、规范、价值观等）。因此，和平主义者、女权主义者或社会主义者不是“文化”社区，而是文化社区内的意识形态群体——所以，例如，日本女权主义者可能与美国女权主义者迥异（关于意识形态群体与社区之间的区别，详见 Van Dijk, 1998）。

人类学中语境的首次定义

德尔·海姆斯可以说是对早期语境研究贡献最大的人类学家。他 1962 年发表的关于他所谓的**言语民族志**的文章是人类学本身一个有影响力的范式的开端，也是 20 世纪 60 年代构成当代话语研究开端（参见我于 1985 年和 1997 年编辑的《手册》里关于话语研究历史的记述）的第一个研究方向。值得注意的是，海姆斯将其 1962 年的论文献给了语言结构主义创始人之一罗曼·雅各布森（Roman Jakobson），这一范式在海姆斯自己的文章中也非常突出，该论文提出了一种“主位（emic）”方法来研究言语事件的。海姆斯把“言语民族志”定义为“言谈作为一种活动本身的情境和用法、模式和功能”的研究（Hymes, 1962: 101），并且感叹几乎没有关于语境中言谈的“民族学”研究（Hymes, 1962: 130）。语境概念在这篇早期的文章中已经很突出：“所有话语都是在语境中形成对比的，但是对于大部分词汇和大部分更大的言语单位而言，不应该在通常的语言学语料库而应该在行为情境中寻找语境框架”（Hymes, 1962: 104），因此，需要语境来消除话语含义的歧义。一个群体的“言语经济”研究的一部分是言语事件及其组成因素和言语功能。他列出了他自己的初始（“客位（etic）”）框架中定义的七个言语事件的组成因素：发出者（发言者）、接收者（受话者）、信息表、途径、代码、主题和背景。他强调固有（“主位”）类别肯定会因使用它们的社区而异。与我们的讨论最相关的是他对背景的看法：

> 背景因素是基本的且难确定的。它是其余大部分因素的基础，但其构成成分难以确定。我们认为“情境语境”和“情境定义”之类的术语是有意义的，但很少从民族志的角度来探讨作为“情境”的标准可能是什么、情境有哪些种类、有多少，等等。（Hymes, 1962: 112）

他在脚注中解释说，他不想使用“理论色彩太浓”的术语“语境 159
（context）”，而是参照例如弗思和马林诺夫斯基使用替代术语“情境（situation）”，参照伯克使用术语“场景（scene）”。通过改变各种因素共现的情况，可以制定出一个人或一个群体的“适当性规则”。他接着列出了语言的七个主要功能，分别与言语事件的七个组成部分相关：表达（情感）、指令（指责、实用、修辞、说服）、诗意、联络、元语言、指称和语境（情境）功能。

在接下来的几年里，海姆斯进一步发展了该言语民族志的基本思想，其后来被称为“交际民族志（ethnography of communication）”。最有影响力、被广泛引述且在几个学科中被当作最详细的语境分析而使用的，是他 1972 年与约翰·甘柏兹合编的关于社会语言学（！）的一本书中著名的言语网格（SPEAKING grid）（Hymes, 1972）。

顺便提一下，其他几本也从同一年开始陆续出版的著作摒弃了正式句子语法范式，例如社会语言学研究者拉波夫（Labov, 1972a, 1972b）和篇章语言学研究者范戴克（Van Dijk, 1972）。鲍曼和谢尔泽（Bauman and Sherzer, 1974）紧随其后主编了第一本专门研讨言语民族志的书。同年，萨克斯、谢格洛夫和杰斐逊关于会话中话轮转换的开创性论文开启了会话分析。

总之，海姆斯、甘柏兹和其他人类学家在 20 世纪 70 年代初巩固了对 20 世纪 60 年代所探索的人文学科和社会科学的变革，从而催生了符号学、言语民族志、社会语言学、心理语言学、语用学、话语研究等新的交叉学科。

海姆斯在 1972 年发表的一篇文章中（其早期版本可追溯到 1967 年）提出了“语言和社会生活相互作用的模型”。从一开始他就强调世界上的言语模式是多样的，他提出并应用于实例中的理论概念和分类法旨在解释这种多样性，文章的主要论点之一是语言和互动的一般理论应该“包含语言手段和社会意义之间的多重关系”（第 39 页），包括“言语多样性、表达技能和说话方式”的描述，他认为这是人类进化的一个主要方面（第 40—41 页）。海姆斯给出了许多具体的例子来说明这种基本的多样性，他强调我们不应该把它们抽取出来，而是建立分类法作为更多理论模型的基础。这样的分类应该旨在说明说话的普遍性维度——也可以指导比较研
160 究——并且应该包括最近各个学科提出的建议，还包括文学研究和哲学，如言语行为方面的最新研究。

在分类学和描述性理论的总体目标范围之内，海姆斯首先提出了进行此类分析的社会单位（social units）（第 53 页及后续页）：

- 言语社区：“言语行为和解释的社区共享规则”（第 54 页）
- 语言领域和言语领域：说话者社区的总范围
- 言语情境：情境的语境，如仪式、用餐等，不应归为言语事件类型——因为这种情境也可能具有非言语维度

- 言语事件：受言语规则管控的活动
- 言语行为
- 言语风格
- 说话方式：获取言语多样性的总体条件
- 言语组成部分
- 说话的规则（关系）

正是在**言语组成部分**类别中，海姆斯进一步提出了描述交际情境的类别，如**讲话者**与**听众**、其他**参与者**以及他所描述的普遍类别（第59页）。他说到目前为止，在民族志研究中发现了大约16或17个这样的组成部分，但是他将缩小到八个维度，以SPEAKING这个词的字母为助记符来概括。

有趣的是，海姆斯使用米勒（Miller, 1956）著名的认知论点，即（短期）记忆量限于"七加或减二"项。除了使用"助记符"这个词，他没有提供进一步的论据，例如在理解言语事件的记忆结构或过程方面。但据我所知，他是唯一一位将这种认知论点用于语境理解理论和语境结构的人。我们已经在《话语与语境》（第三章）中看到，为什么语境模型在理解交际情境的过程中可能包含大约七个基本类别：不可能在几秒之内对数十个（更不用说数百个）类别的语境模型以及理解或产生话语所需的所有其他信息同时进行实时管理。

然后，海姆斯将言语的组成部分罗列如下（第58页及后续页）：

- 信息形式——被发现是必不可少的，虽然经常被忽略——除"信息内容"外
- 信息内容：正在讨论的内容
- 背景：时间、地点和实际环境 161
- 场景：场合的"心理环境"或"文化定义"（例如从正式场合转变到非正式场合）
- 发言者或发送者
- 发话者
- 听者或接收者或听众

- 受话者
- 目的—结果（言语事件的传统目的）
- 目的—目标（可能因参与者而异）
- 基调：言语事件的语气、态度或情绪（情态，例如戏谑或严肃）
- 途径：口头、书面、电报等
- 言语形式：代码、变体、语域
- 互动规范：所有言语规则
- 解释规范（不一定与互动规范相同）
- 语体

这 16 个组成部分可以按关键词分组：**S**etting（背景）、**P**articipants（参与者）、**E**nds（结束）、**A**ct sequence（行为序列）、**I**nstrumentalities（手段）、**N**orms（规范）和 **G**enres（语体），这些概念的第一个字母形成单词 SPEAKING。在文章结尾处，海姆斯将这些组成部分用来描述不同社群中的几次言语事件。

正如我们在本书的其他章节所看到的，许多（后来的）语境类别的提法与海姆斯的提议重叠，这些在文献中有详述，并且还附有来自世界各地言语事件民族志研究的实例。

要对海姆斯的提议进行批评性分析，首先必须侧重于那些类别的定义（通常缺乏），而不是所给的例子或其他解释。这个分类法的整个体系是混杂的，混合了文本或言谈本身的属性（形式、内容、基调）与社会情境（背景、场景）的属性，心理和社会维度、具体情况（目的）和一般条件（规则）等等。它还有相当明显的缺漏，特别是对民族志研究者来说：（除规则外）一点都没有提到在任何话语和互动中都很关键的**知识**，也没有提到**参与者之间的关系**，例如参与者之间的权力或团结关系，我们知道它们影响言谈或文本的许多方面。更一般地说，除了提及神奇的数字 7 之外，很少关注言语事件的更多认知方面。

尽管有时含糊不清或缺乏定义和系统性，相关社会单位和言语事件组成

部分的第一个分类法，在接下来几十年关于交际事件的民族志及其他研究
中发挥了至关重要的作用。此后几乎没有提出更详细的分类法，言语民族 162
志迄今为止仍然是人类学的一个重要研究方向（Philipsen and Coutu, 2005）。

语境类别的跨文化相关性

在其他章节中，我们在本研究的语言学、心理学和社会学讨论中对语境分析的分类非常笼统，那些类别可能与许多文化对语境相关性的描述有关。然而，这只是一个假设，因此我们需要重新审视它们，看它们是否带有文化偏见，以及是否具有足够的普遍性，以便用于进行更广泛的跨文化交际情境研究。因此，让我们以这种新的视角再次审视这些类别。在考察了不同（非西方）语言中的“语境”这个术语之后，我将回顾一些有关不同社区中交际实践的经典的民族志研究，然后回到（尤其是语言）人类学的当代研究，这些研究可能会对语境的性质和多样性有更新的深入了解。

语境

我们需要确定的跨文化相关性的第一个类别是**语境**本身。正如该英文词的拉丁语来源所示，它在西方文化中可能不是一个原创的概念。我们在《话语与语境》中也看到，诸如“情境”或“背景”等概念在英语中的使用频率越高，这些概念就可能更“原始”。

根据《韦氏词典》，英语中的“语境”概念来自拉丁语“contextus”（来自“contegere”，编织在一起），中世纪后期以来才有文献记载。大多数西欧和东欧语言具有相同或相似的“语境”概念，它们都表示言语语境（“上下文”）和情境语境的意义。对于非西方语言，我们询问了说母语的人和（其他）专家，他们的报告可以总结如下：①

① 在此感谢提供以下所述语言的当地提供资料者和（其他）专家，他们的名字作为每种语言实例的出处而被提及，但没有补充说明这些是通过个人交流获得的。

中文里没有“语境”的一般概念，但是言语语境的概念表达为 *xiang*① *xia wen*（即“上下文”），着重强调通常要在这个言语语境中解释单词，
163 与西方文化中的情况一样（Ron Scollon and Chen Ping）。*yu jing*（“语境”）也可以用来表示言语语境。由 *jing*（环境）表达的概念可以与 *bei* 结合构成 *beijing*（“背景”），或与 *huan* 构成 *huanjing*（“周围环境”）的表达，但作为语素 *jing* 一般不能单独表示语境（Chen Ping）。

林玲子（Reiko Hayashi）报道说，日语区分言语语境（*bunmyaku*）和社会语境（*shakaiteki youkyou*：社会情境），尽管语言学出版物中也使用 *kontekusuto*（源于“context”）。有时 *bunmyaku* 也被用来表示社会语境。更一般而言，*ba no youkyou*（“事件的情境”）可以用来指社会语境。日语的言语交流受到 *seken*（社会受众）概念的显著影响，此概念比局部的言谈受众范围更广，包括整个参照组或“广义的他者”（在米德看来），并且与互动的规范和价值相关。霍尔和霍尔（Hall and Hall, 1987）将日语定义为“高语境”文化，这意味着由于在言谈中共享和预设了大量的背景文化，说日语者说得很少却能够被理解。然而，人们可能会怀疑，这与西方（或其他）文化有着根本的不同；在西方文化中，会话以及其他许多形式的话语预设了大量的共享知识。但由于所有西方语言学家都共享这些知识，却共享极少的日本文化知识，所以日语中的预设知识、规范和价值观似乎要广泛得多。然而，不同文化中的预设和断言的规则各异，这可能会使某些形式的日语话语如会话更加间接，比西方文化中类似的语体需要更多的社会推理（另见 Maynard, 1997）。

在（古）阿拉伯语中，*maqaam* 的概念传统上被修辞学家用来评价话语的规范适当性，遵循 *li-kulli maqaalin maqaam* 的一般原则（“每个文本——文章、短文——都有一个语境”）。可以说意义依赖于文本或言语语境（*maqaal*）或社会语境（*maqaam*）。目前的语境方法更具有描述性，包括诸

① 应是 shang 的误拼。——译者

如说话者、听众等概念，还包括言语的社会历史环境（Esam Khalil）。

土耳其语的“语境”通常翻译为 *baðlam*，“言语语境”为 *sözel baðlam*，“社会语境”为 *toplumsal baðlam*（Sema Ogünlü）。

匈牙利语有时使用技术（外来）词 *kontextus* 来指代言语语境和社会语境，但更普遍的概念是用 *környezet*（社会物质环境），而言语语境用复合词 *szövegkörnyezet*。此外，有时使用 *összefüggés*（指两个概念之间的关系），有时将该词与 *szöveg* 组合起来表示言语语境（Anna Magyarosi）。

几十年前，泰国人引入了 *borribot*（或 *porribot*）这个概念，相当于英 164
语中“语境”的一般概念。为了表达社会语境的概念，增加了 *sangkhom*（“社会的”）概念（Somsonge Burusphat）。

许多美国本土语言似乎并没有表达语境概念的词语（德尔·海姆斯）。因此，尽管泽尔塔尔语（Tzeltal）元语言词汇中有各种各样的语境概念（见下文），但泽尔塔尔语没有关于语境的一般概念（Brian Stross）。库纳语（Kuna）也没有“语境”的通用词（James Howe）。阿萨巴斯卡语（Athabaskan）既没有“文本”（即书面话语）的概念，也没有“语境”的概念，而是将交流和互动视为某人行为的整体，而不是将话语与行为脱离开来（Ron Scollon）。

在智利南部马普切人（Mapuche）的马普切语（Mapudungun）中，（言语）语境概念译为 *wallon*（物质环境），而社会语境可以译为 *trawün-wallon*（*trawün* 意为会见、会面）（Cecilia Quintrilea）。

从对这些非西方语言进行的这种适度调查得出的结论来看，我们发现它们中的大多数并没有与“语境”的一般概念精确对等的词。然而，其中一些已经引入了与语境的社会或技术概念相对应的新词，而大多数其他语言则以环境、地点、情境或整个交际事件等概念来表示语境。一些语言确实区分了言语语境和社会语境，例如分别通过修改相应的环境的通用概念。

语境类别

在交流的民族志范式下开展的田野调查中，根据穆里尔·萨维尔-特罗里克（Muriel Saville-Troike）的学生的分析，发现了以下语境类别，在此译为英语并使用了我自己的分类法（2003年；基本上与本书早期1983年版相同）：

- 参与者：年龄、性别、职位。在班巴拉（Bambara）（马里），在一次进行决策的传统村务会议上，只有45岁以上的（“活跃的”）男性可能会发言，21—45岁的男性只有在被邀请时才会发言。14—21岁的男性可能会到场，但不会发言。主持会议的酋长只能通过《先驱报》（*Herald*）这个媒介和听众对话（Issiaka Ly，载于Saville-Troike, 2003: 128—129）。
- 参与者：性别、年龄；行为顺序。在阿比（象牙海岸），上门拜访时，男
165 性访客首先打招呼，然后必须由一名成年男子回应，如果家里没有成年男性，由在家的女子以道歉回应。不必与10岁以下的儿童打招呼，而是期待找到一位成年人。打招呼包括问候、找座位以及打探消息（Marcellen Hepié，载于Saville-Troike, 2003: 129—131）。
- 参与者：性别；背景：时间。在阿比（象牙海岸）的正式吊唁仪式中，在遇难者家附近的一条街道上，天黑后且在死亡后24小时内，男性坐在椅子上接受（只有非言语的）吊唁，由礼仪鼓通告。在晚些时候的非正式吊唁中，只有女性长时间坐在地板上哭泣，男性只坐在椅子上短暂地哭泣（Marcellen Hepié，载于Saville-Troike, 2003: 131—133）。
- 参与者：性别、年龄。日语（日本）。一位年轻的成年男子向一名年轻的成年女子求婚时，那位女子默不作声，低头看着下方。（Harumi Williams：载于Saville-Troike, 2003: 133—134）。
- 参与者：性别；亲属关系；知识。内瓦里语（Newari）（尼泊尔）。求婚者的姑姑询问新娘和新娘的姑姑是否合适，年轻女孩应该表现出害羞的样子，并默默接受赞美。只有在这样的场合才能表达对女孩之美的赞美。其实，姑姑在见面之前已经知道问题的答案了（Jyoti Tuladhar，载于Saville-Troike, 2003: 138—139）。

萨维尔-特罗伊克（Saville-Troike, 2003: 108ff.）报告和总结的其他跨

文化资料，讨论了各类交际事件，包括以下关于特定类别的观察结果（第111页及后续页）：在纳瓦霍（Navajo），人们只能谈论（讲述）冬季的冬眠动物的故事；东正教的犹太人不能在安息日谈论世俗话题；在伊博（Igbo），问候最好是在早上。

根据不同民族志研究人员所报告的关于各种语言和文化的第一轮数据，我们可以得出结论，尽管言语事件及其语境可能与西方的言语事件及其语境有部分差异，但语境**类别**在很大程度上似乎与西方语言和文化中的相同：背景（时间、地点）和参与者（年龄、性别、权威、权力、地位或职位）。不过将这些类别与话语或行为形式联系起来的**规则**和**规范**不尽相同，例如谁可能会问候谁。还应该强调的是，对这种（有时是独特的）交际实践的民族志观察并不总是反复进行的，也没有侧重于对语境的分析，因此应该谨慎对待概括。此外，在其他文化的影响下，许多交际实践可能会在一代或几代人的时间内发生变化。

一些经典研究中的语境类别 166

言语民族志中的许多经典研究涉及语境类别，让我们简要回顾其中的一些。

阿尔伯特（Albert, 1972）在她著名的布隆迪（Burundi）言语模式研究中强调了以下几种类别：*ubukuru*（资历、优势）作为主要原则，可能适用于性别、年龄和层级：老年人优于年轻人，男性优于女性，高层级优于低层级，等等。良好的教养、贵族（*imfura*）意味着说话得体。对女性进行培训，使其巧妙地沉默或回避，并重述她们所听到的。和许多其他文化一样，女性必须表现得羞怯和优雅些。几乎每个人都必须学会如何与长辈或晚辈交谈，包括采取特定的身体姿势（例如向家中地位高的人跪下表达请求）。地位低的人应有的恰当风格与角色和处境有关，与人无关。强烈的回避禁忌限制父亲探访已婚女儿，因此他们之间的沟通必须是间接的，例如通过母亲。

对我们的理论框架而言，有趣的是，在参与者类别中，我们不仅有熟悉的性别子类别和年龄子类别，而且还有阶层或阶级子类别，这在许多文化中是可以预料到的。也许更有意思的是，这些不同的参与者类别与参与者关系的一般类别相结合的优势，可能产生性别优势、年龄优势和阶层（或阶级）优势。虽然这些参与者的优势关系可能以不那么明显与明确的形式存在于西方文化中，但年龄和阶级优势非常明显，在很多方面性别优势仍然明显：在西方文化中，对老年人、男性和高级别职位或地位的人讲话时通常表现得更为尊重、礼貌。在许多文化中，如果这些不是普遍现象，似乎会是社会结构的一般特征，因此也是语境的一般特征。在许多交际情境中，女性（更加）沉默或被沉默是社会不平等的通常表现之一，这在许多社会中都存在。

在弗雷克（Frake, 1972）对亚坎（Yakan，菲律宾）的诉讼概念的讨论中，作者观察到进行诉讼的法院非常不正式，即没有法庭、道具（礼服等）等，诉讼在法官家的门廊进行。法官必须是具有政治权力、学识、军事实力、经济实力，以及符合领导者或长者（*bahiq*）等其他标准的教区领导人。在争端各方，还有校长、监护人（负责裁决的人）和支持者之间的角色划分。

与我们的讨论相关的是，首先，在不同的文化中，诉讼的背景和道具
167 可能有很大的不同，而且像法官这样的主要参与者不一定是职业角色，而是（年长）领导者承担的社会角色。虽然年龄显然是一个重要的标准，但我们看到其他的权力条件也可能涉及领导力。因此，这些社会条件与法官及其说话方式间接相关。除了优越性和权力的概念之外，我们还可以假设，相关但不同的**权威**概念可能在这里作为言语的语境条件是相关的。

同样，其他经典民族志研究也探讨各种语境条件，如 8 至 14 岁的土耳其男孩（Dundes, Leach and özkök, 1972）之间或非洲裔美国男孩（Mitchell-Kernan, 1972）之间的言语争斗中的性别、年龄和主导地位。

许多语言的称呼形式已经在民族志和社会语言学中得到广泛研究，特

别是自布朗和吉尔曼（Brown and Gilman, 1960）的早期和开创性研究以来，他们将语言使用（代词、称谓）与“权力与团结”的互动和社会关系联系起来，因此，欧文-特里普（Ervin-Tripp, 1972）认为以下变量制约美国英语中的称呼：

- +/– 成人
- +/– 标记背景
- 朋友或同事
- 亲属
- 等级
- 男性或女性
- +/– 已婚
- +/ 上一代

这些参与者属性解释了布朗博士、布朗先生、布朗夫人、布朗小姐、约翰叔叔、约翰和无称谓等形式。

我们看到，性别、年龄、级别或地位是起重要作用的语境变化因素，但也有一些其他变量，例如亲属和（未）结婚状态。有趣的差别是，对未婚女性有一种特殊称呼形式（Miss），但未婚男性则没有，西班牙语（有 *señorita*，但和 *señorito* 不对应）和法语（有 *mademoiselle*，对未婚男青年则没有对应词）也是如此。

类似的条件适用于众所周知的（礼貌的）V 和（熟悉的、亲密的）T 代词称呼形式之间的选择，如法语 *vous* 和 *tu*，或卡斯蒂利亚（Castilian）西班牙语的 *Usted* 和 *tú*。除了刚提到的语境类别之外，+/- 熟悉度也是一个重要的语境因素。然而，这些系统不仅在不同文化中变化很大，而且还随着其他的社会变化而变化（另见 Friedrich, 1972）。

因此，与其他西欧文化的情况一样，在几十年前的荷兰，年龄和地位的称呼形式也清楚地标以 V 形式的 *U*。而自 20 世纪 70 年代以来，熟悉 168

的 T 形式的 *jij* 和 *je* 变得更为普遍，例如，儿童对父母或教师，成人对其他未知的成人——他们之间的年龄和级别差异很大。针对老年人（甚至在老年人之间）、在年长的成年陌生人之间以及针对更高权力或地位的人，礼貌的 V 形式的 *U* 仍然占主导地位。

被定义为心理模型的语境理论的一个主要问题是，我们的证据通常只是间接的：我们只能从参与者的所言和表达方式来推断每个时刻什么与他们相关。我们很少有关于人们评估他们自己**为什么**使用这种或那种形式的数据。这就是为什么科瓦卢比亚斯（Covarrubias, 2002）对墨西哥建筑公司使用 *Usted* 和 *tú* 的研究很有趣：她录制了会话，之后采访了参与者，并问他们为什么在谈话中使用这些形式。她对这些数据的分析表明，一般来说，*Usted* 与 *respeto*（尊重）的概念相关，而 *tú* 与 *confianza*（信任）相关。然而，涉及的语境条件不仅仅是通常的熟悉度、敬重或对年龄、等级、地位和权威表示尊重的条件，还包括尊重某人的权利、礼貌和公司协议等标准。

欧文－特里普（Ervin-Tripp, 1972）在谈到社会语言学的早期工作时也强调，控制称呼形式变化的社会条件更一般来说是风格的基础，比如通常的正式语、口语和俚语的风格划分，与不同的情境和场合相关。换言之，可变的社会条件可以在几个话语层次上得到相应的不同表达，例如在语调、代词、句法、词汇选择等方面。

由于主题选择也与风格变换或语码转换有关，因此欧文－特里普也将主题看作“文化单位”，就像其他变量一样。《话语与语境》（第二章）对系统语言学使用的“语境”概念进行批评性评论时，我提出“主题”不是（非言语的）语境的一个类别，而是话语本身全部意义的一个属性。然而，由于早期的社会语言学尚未将话语而是将句子作为分析单位，话语话题似乎显然在传统上被视为语境类别，而不是共同文本类别。

请注意，解释风格变异的一般社会类别，如年龄、性别、阶层、权力、熟悉度或亲密度等，可以以无限复杂的方式进行组合和扩展，弗里德里希（Friedrich, 1972）在对某俄语小说中的 *vy* 和 *ty* 的研究中很好地描述了这一点。因此，至少在成年人中，阶层通常会凌驾于年龄之上。但由于人们的社会地位可能会发生变化，所以相互之间（对称或不对称）的称呼形式也会发生复杂的变化，这取决于情境的其他方面，如公共或私人环境 169 中的互动。这些社会条件进一步与认知条件和情感条件相结合，如人与人认识或不认识，以及对话者之间是否存在某种情感联系。这一发现提供了强有力的经验支持，即控制话语变化（这里指代词选择）的不是客观的、孤立的社会“变量”，而是语境模型中表征的对整个交际情境的解释。

在研究挪威村庄的语言结构的社会意义时，布洛姆和甘柏兹（Blom and Gumperz, 1972）进一步探讨了伯恩斯坦（Bernstein）的论点，即“社会关系充当语言结构及其在言语中的实现之间的干预变量”，并且假定交谈中允许的替代是“根据当地社会制度的某些特点进行模式化和可预测的”（第 409 页）。他们将言语交流看作两个步骤。在步骤 1 中，外部线索被翻译成适当的行为策略——与将指称意义转换为句子的感知过程平行。在步骤 2 中，“这些行为策略反过来被翻译成适当的语言符号”，这取决于说话者对语言技能、文化和社会结构的了解及其“将这些知识与语境限制联系起来的能力”（第 422 页）。这些语境制约因素是参与者、环境和主题。作者将“背景”定义为人们将自己的生态环境划分为不同场所的方式，例如，一方面是家、车间和工厂，另一方面是码头和商店，或学校和教堂等公共场所。社会情境被定义为“特定人群在特定时间内在特定背景中开展的活动”（第 423 页）。社会事件围绕有限的主题展开，具有连续的结构、典型的例行开始和结束，每一步（背景、情境、事件）都需要更详细的语境信息。情境（权利和义务）的定义的变化以许多不同的方式表达，例如通过语码转换，也可称为“情境转换”。在相同的社会情境下也存在语码转换，但是那种情况在很大程度上是由主题引起的，例如，用方言谈论家庭事务，用标准语言谈论正事。这被称为“隐喻转换”：它可能会带来额外的社会意义，例如保密性或隐私性（第 425 页）。标准语言也可以传达专业知识、正式性等。

我们看到，与语境的许多其他研究不同，布洛姆和甘柏兹的研究提供了一个非常详细的理论框架，解释了社会情境结构与语言使用形式之间的关系。虽然他们将社会关系抽象地概念化为“介入变量（intervening
170 variables）”，被很模糊地翻译为“行为策略（behavioral strategies）”（而非参与者定义），但他们将社会关系置于语言系统（的共享知识）和实际语言使用之间，正如我对话语生成中语境模型的位置所建议的那样。他们对背景和其他语境类别也进行了类似的详细说明。我们还看到，这些作者将“主题”作为语境的一部分——如果不把它定义为话语主题，而是定义为某种“思想主题”或心理模型，即作为发言计划的宏观结构的一部分，或作为控制整个意义的生成与理解的心理模型的一部分，这当然是好的。

菲什曼（Fishman, 1972）区分了多语言背景维度（包括主题，尤其是语言行为**领域**，如家庭、操场、学校、媒体、教堂等），将其视为不同语言或语言变体之间差异的决定因素，即“制度类语境与一致性行为共现”（第 441 页）。领域允许在与广泛的社会文化规范和期望相关的面对面接触中对语言选择和主题进行描述。也有社会心理学领域的定义：亲密、非正式、正式、群体间等（第 442 页）。领域被定义为“根据社会机构和言语社区活动范围，从交流话题、交流者之间的关系以及交际场所中抽象出来的社会文化建构，**个人行为和社会模式可以以这种方式彼此区分而又彼此相关**”（第 442 页，原文强调）。领域可以区分为角色关系（学生-教师，买方-卖方等）。为了研究纽约的波多黎各人，格林菲尔德（Greenfield, 1968，引自 Fishman, 1972）基于经验建立的领域包括家庭、友谊、宗教、教育、就业等。

西格（Seeger, 1986）报告说，在巴西的苏亚（Suya），某些形式的言语只能由男性使用，例如 *grútnen kaperni*（“愤怒的言语”），想要将他们的感受公之于众的任何年龄的男性都可以使用，而 *kapérni kahr ido*（“缓慢的言语”）是老年男性在乡村广场上对整个村庄讲述的劝勉言论

（第 61 页）。

奥克斯（Ochs，之前发表时署名 Keenan）报告说，马达加斯加（Madagascar）的女性能够公开和直接地表达愤怒和批评，而男性则应该隐藏这种感受或者间接和微妙地表达。这种间接性和微妙性被认为是理想的——但困难的——风格。这也意味着女性负责需要用直接言语表达的大多数实际事务，例如在市场上讨价还价（Keenan, 1974）。

欧文（Irvine, 1974）研究了另一个重要的语境条件：参与者的地位。在对沃洛夫人（Wolof，西非）的问候语进行分析时，她发现，即使在一个小村庄，问候普遍存在于所有彼此看到的人之间。地位较高的人先于地 171
位较低的人被问候。地位基于年龄、性别、阶层或声望（可能是道德上的或经济上的）。老年人和男性首先被问候，地位较低的人必须发起问候。由于等级差异是交往中的强制性要求，因此人们需要特殊的策略来降低或提升自己或他人的等级。

除了性别和年龄之外，毛利人（Maori）对待当地人的礼仪和对待客人的礼仪差异很大（Salmond, 1974）。

在元语词汇被研究的所有语言和文化中，也许最令人印象深刻的是玛雅语的泽尔塔尔语（Tzeltal）的丰富性，它有数百种不同种类的话语、言语或言谈的表达式（Stross, 1974）。可能没有表示言谈类型的词汇量那么丰富，但仍令人印象深刻的是泽尔塔尔语用来描述语境类别的表达式，包括性格、身体状况、心理状况、情绪状态、姿势、位置、社会身份、发言者的嗓音和流利度、参与者的数量、参与者的空间安排、听者的社会身份、言语事件的位置、时间和持续时间、伴随信息的声道、手势、信息频道、言语事件顺序、信息的真值、听者对信息的接收、主题、语体、消息形式和代码（语言）（Stross, 1974: 217）。

虽然毫无疑问，交际情境的这些和其他性质可能在许多（如果不是全部的话）文化中是重要的，但它们并不一定都会如此地明确地概念化和这样用词汇表达出来。复杂的泽尔塔尔语词语似乎很容易翻译成英语并从概念上理解，但仍然令人印象深刻的是，这些都是言语事件的明确因素。斯特罗斯（Stross）在他的文章中没有表明这些因素的话语相关性，但鉴于母语说话者的有意使用和双重控制，可以假定这些确实是相关的语境类别。然而，令人惊讶的是，列表中缺失的恰恰是其他文化中发现的一些更常见的类别，例如年龄、性别、权力、地位等，但这些类别可能是社会身份全局类别的一部分。通过对言语情境进行详细和明确的分类，说泽尔塔尔语者不可能做出如此明显的区分。

斯科隆和斯科隆（Scollon and Scollon, 1981）在对阿萨巴斯卡语（Athabaskan）口头叙事的研究中，强调微妙的交流风格在故事叙述中扮演着管理社会关系、教育孩子或娱乐老年人的角色。在对阿萨巴斯卡话话语和互动的许多其他观察中（也与美国或加拿大说英语的人相比），在说英语的人倾向于说话或说话（更）多的情境中，阿萨巴斯卡人可能更倾向于不说话，
172 例如，当参与者彼此不了解或不了解彼此的观点时。相反，当彼此熟悉时，阿萨巴斯卡人之间交谈就多一些，然而在与很熟悉的人交流时，说英语的人之间可能会更加沉默（第 15 页）。同样，说英语者和说阿萨巴斯卡语者对主导地位和独立性的关系有不同期待，例如，从某种意义上来说，阿萨巴斯卡人占主导地位意味着在言谈中关照非主导者、有责任感。在英语中，正是非主导者或依赖者在求助时应该说话，表现出他或她最好的一面，然而在阿萨巴斯卡语中，那些处于依赖状态的人会保持（更）沉默，更加间接，但会仔细观察主导者，避免首先说话，尤其是避免与不认识的人说话。

参与结构

关于交际活动的大量当代民族志研究或多或少明确探讨了各种语境制约，让我们来详细思考一下其中的一些研究。

希尔和欧文（Hill and Irvine, 1992）在他们主编的关于各种文化中口头话语的责任和证据的论文集的前言中，强调了对参与结构（participation structure）的分析在书中所做研究中的重要性，从而在多元文化的情

境的研究中，延续了戈夫曼关于**立足点**的早期研究（上一章已讨论）（Goffman, 1974, 1979）。

朱迪丝·欧文（Judith Irvine）（我们在上文中简要提到过她对沃洛夫人的问候语的研究）再次表明，在沃洛夫语中由专业言语艺术家（游走艺人）表演的萨萨尔（*xaxaar*）仪式侮辱诗歌可以有效地躲避责难，因为责任不能简单地归于迎娶新娘那家的女人们雇了游走艺人（Irvine, 1992）。的确，发泄这种侮辱的人就是游走艺人，而散布侮辱的那些人是从游走艺人那里听到的，而游走艺人自己却逃脱了责怪，因为他们只是受雇的歌手。

我们看到，尽管言语事件可能具有文化上的特殊性，但这一原则与许多文化中记者的做法没有多大区别，他们可能会引用第三方，以便“客观地”报道某位政治家或其他新闻行为者的负面消息，而无须承担责任（Van Dijk, 1988a, 1988b）。事实上，正如我们在前一章所看到的，包含引文的这篇新闻报道不仅仅是记者也是许多不同机构参与的产物。正如朱迪丝·欧文所回顾的另一个例子，可能被以诽谤罪起诉的，会是报纸或出版商或编辑，而不（只）是记者。同样，对于沃洛夫人也是如此，在其他社会，新闻话语及其后果的责任与参与者的**等级**有关：编辑最终对其记者的 173
文本负责，因为他们有权鼓动报道、禁止报道以及最终刊发。

埃米·舒曼（Amy Shuman）在对美国城市中学生打架事件的研究中也探讨了类似的问题（Shuman, 1992），她用来研究这些故事的主要概念是“权利”，强调“权利主张关涉语境的竞争”（第136页）。她接着指出：

> 人们在动用发言权的同时也在动用语境，语境可以是多重交叉的。这里讨论的权利纠纷涉及言谈语境与所讨论事件的语境之间存在问题的界限。（Shuman, 1992: 136）

正如我们刚刚提到的新闻引用的例子，舒曼发现，每位讲述所发生事件的讲话者很少为自己的报道负责，但通过使用间接引述，将责任推给某个先前讲话者（第 137 页）。因此，讲故事的人可能不断有策略地转变参与者角色，例如，作为先前事件的参与者或观察者，或作为当前讲话者和第一人称叙述者，其（讲述故事的）权利可能受到挑战，致使讲故事本身可以成为更大持续争端的一部分。因此，许多关于打架的故事是在传达意图，因而预览未来的打架，而不是详述过去的打架；因此，想打架的人必须确保选择最有可能报道该故事的人并与其对话，以此作为向预期的对手发出的挑战。

杜兰蒂（Duranti, 1992a）在批评西方自我和人格概念的框架内讨论了参与者的角色，这是言语行为理论中使用的“意向性（intentionality）”概念所隐含的。与其他被引述的人类学家一起，他将这种对言论内容和意义的责任与波利尼西亚文化中更具社会性、人际性和互惠性的责任进行了对比。因此，话语和其他行为的意义不（仅）是个人责任，而且是共同合作的成果（第 41 页）。因此，在萨摩亚语（Samoan）中，意义是分配给话语的传统社会意义，而不是讲话者的意向，这意味着接收者也积极参与公众的表现和意义的实现。杜兰蒂认为，心理理论应该是关乎“心理之间的”而不是“心理之内的”，这表明维果茨基（Vygotsky）的社会历史方法是这种理论的一个很好的候选者（第 45 页）（关于杜兰蒂意向理论的更新版本，见 Duranti, 2006）。

杜 · 博伊斯（Du Bois, 1992）在同一本书中的贡献也挑战了言语行为理论中意图概念的普遍相关性，并指出在某些类型的言语事件中，如占卜
174 仪式，产生的意思可能不是讲话者的个人意图，在恍惚中说话也是如此。更具体地说，在这种情况下，因为讲话者没有意图，他们不仅没有责任，甚至不对其言论的（社会的、传统的）后果负责。

背景：空间 / 地点和时间。尽管大多数基于语境的变化很可能是根据参与者的角色和关系来定义的，但似乎也有可能，某些背景特征在不同的语言和文化中也有所不同。事件时间方面表征的文化变异不仅众所周知，

而且空间和地点方面的研究也十分广泛。不同文化的定向方式也会影响交际背景的组织及其在谈话中的表达，例如指示语、地方副词等。因此，对于具有绝对参考（或定位）框架的讲话者的语言和文化来说，相对于讲话者的当前位置，描述的语境依赖性较小（Levinson, 2003）。例如，这些讲话者可能会说“山的南侧”，而不用语境相关的表达“山的这一侧”。

欧洲语言之间和具有相同相关参照框架的文化内部之间也有差异，因此，在西班牙语中，*traer*（带来）和 *llevar*（拿走）之间的区别严格取决于说话人的当前位置（*traer* 意味着将物体或人员带往说话人的方向，*llevar* 意味着将物体或人员带离说话人的方向）。尽管英语（bring 与 take）或荷兰语（*meebrengen* 与 *meenemen*）存在类似的区别，但这些语言允许说话者构建一个与他们自己的位置不同的参照点，即类似拓扑共情，找到接收者的参照点，诸如信件、电子邮件或电话的接收者。因此，荷兰人可能会承诺参与者把这本书“带（bring）”给她，“*Ik zal morgen het boek voor je meebrengen*”，而且她也可以反过来说把这本书“拿（take）”给她，“*Kun je dat boek voor me meenemen*?”

这几个例子表明，除了不同的文化参照框架，以及因此由心理模型组织的不同言语情境的空间组织，我们也可能在人们语言映射方向的方式上（朝向或来自说话者或接收者）存在文化差异。

这些例子似乎也证实，语言使用不受社会情境或物理环境本身的控制，而是受参与者在心理模型中表征和组织这些语言的影响——而且在这些心理模型中，不同文化背景的人可能会对环境的解读有所不同。相反，正如莱文森（Levinson, 2003）所指出的，这也意味着我们需要接受一个 175
（新）版本的沃尔夫-萨丕尔假说（Whorf–Sapir hypothesis），即不同语言与文化的讲话者也以不同的方式组织他们的空间和在世界上的定向。尽管这些差异的根本性，以及它们在人们的认识中对这个世界组织的其余部分的普遍性，仍有待观察，但这些理论和实证研究的发现至少表明，在这个维度上，语境模型可能在文化上是可变的。

语境民族志的新方向

这些早期关于交际民族志和语言人类学的语境研究，应该置于20世纪60年代以来人类学发展的广阔背景下。谢丽·奥特纳（Sherry Ortner, 1984）在她多次引用的评论文章中这样做，使我们对人类学语境研究的各种方法的理论背景有所了解。

奥特纳强调，自20世纪60年代以来新人类学的关键概念是实践（practice）、行动（action）或实施（praxis）。自1984年以来的发展恰恰证实了这一趋势。而在人类学、语言学、文学和相关学科中，早期的主要概念是语法、系统、符号、神话、民间故事、文本、结构和代码，特别是在欧洲结构主义中，自20世纪60年代以来使用并在20世纪80年代占主导地位的概念更加富有活力。自20世纪60年代中期以来的言语民族志、语用学和相关社会语言学，特别是自20世纪70年代和80年代以来的会话分析、互动社会语言学和语言人类学都是如此。

奥特纳回忆说，虽然克利福德·吉尔茨（Clifford Geertz）主要关注“具身（embodied）”符号的研究，但我们在他的文化概念（不在人们脑海中）中发现了反心理主义的意识形态，它几乎可以表征之后几十年里所谓的“互动主义”的所有信条。符号的政治和生成方面与后来的互动研究方面同样如此，这并非巧合。也就是说，可能除了性别研究之外，语境分析中的权力问题（以及其他社会学或政治经济学问题）在近几十年的民族志研究中很少得到重视，在下文中我们将看到对种族主义问题的关注也是缺乏的。由于这些问题往往是抽象的，并且通常是宏观层面的，所以它们与实地调查中对当地做法的观察以及“岸上人”（“folks on the shore”）的观点很不一致（Ortner，第143页）。奥特纳认为，1978年布尔迪厄（Bourdieu）关于实践理论一书的首次英译版，以及1979年吉登
176 斯关于“结构”和“机构”一书的出版（关于语言和机构的评论文章，另

见 Ahearn, 2001），是更注重“实践”的发展的开端。因此，我们看到真实的人的行为和讲话的再现，而不是结构主义的抽象的体系和结构。

类似的反对出现在与帕森斯和涂尔干的“系统、规则和规范”方法相对立的符号互动主义者中。但是，那些对实践感兴趣的人甚至比符号互动主义者还要进一步减少“系统”的决定力。相反，他们将策略性日常互动中的原始力量看作是一个综合而异质的社会框架的基础。这种框架违背了层级和单位的通常区分以及社会和文化之间的区分。然而，如上所述，对实践的关注——正如早期的行为主义——又似乎意味着通常不愿意考虑行为者的想法：

> 遗憾的是，人类学家普遍发现，具有太多心理管道的行为者在方法论上很难处理，实践理论也不例外。（Ortner, 1984: 151）

然而，奥特纳同时也能够观察到足够的关于自我、情绪和动机的研究，这是对社会行为者的广泛描述的一部分。正如社会科学的许多其他研究一样，“意识”也被认为是系统与行动之间的接口。相反，该系统不仅被社会化和仪式再现，这正是早期研究的重点，而且被日常生活惯例再现，而这正是那些对实践感兴趣的人所强调的。

奥特纳所描述的发展概况对人类学语境理论的发展产生了矛盾的影响。一方面，至少到 20 世纪 90 年代初，当机构言谈被系统地研究（详见第三章）时，只专注互动本身（在会话分析中也是如此）最初导致对其社会和文化嵌入以及情境语境的研究普遍被忽视。另一方面，作为一种情境互动形式和社会实践，话语的研究自然涉及背景（位置、时间）、行为者、行为关系以及——也许最初不情愿——行为者意图、目标和信仰，这些只是抽象地假定为早期脱离语境的结构主义话语方法中的“系统”的一部分。但请注意，在奥特纳的调查中，几乎没有关注话语和文本的社会实践，因此也几乎没有任何语境分析。

语言人类学目前的状态。让我们跳过20年，考查该领域更全面的概述，即杜兰蒂（Duranti, 2004）编撰的《语言人类学指南》（*Companion to*
177 *Linguistic Anthropology*）。虽然章节标题表明与社会语言学和话语研究重叠，但内容也是基于民族志研究，其特征包括：言语社区、语域、语言接触、语码转换、会话分析、手势、参与、文学、叙事、诗歌、社会化、身份、机构、不平等和语言意识形态等。

尽管存在这种概念上的多样性，语境的概念只是略有提及（索引中没有“语境”术语，尽管有“语境化”术语）。关于言语社区、语域、参与、身份、机构和社会不平等的章节讨论了语言使用的社会文化情境的重要方面。例如，贝尼耶（Besnier, 2004）总结了在波利尼西亚和密克罗尼西亚的话语中有关权力和实践的一些研究结果，如杜兰蒂自己关于萨摩亚（Samoa）村委会会议（*fono*）的研究（1994），那就是一类实行酋长制的“典型的等级社会”。因此，在这样的会议中，排名由不同级别的酋长就坐的位置来表示，并按此顺序发言。但由于讲话可能不会中断，所以更高级别的酋长难以打断攻击他的较低级别酋长的讲话。贝尼耶强调，尽管美拉尼西亚和波利尼西亚的社会等级体系可能不同（美拉尼西亚的等级程度较低），但权力的实际运用却没有那么死板，因此在这两个社会中地位较低者可能会削弱地位较高者的权力。的确，美拉尼西亚的**大人物**“必须通过说服技巧 [和] 对修辞形式的控制，不断展示他作为领导者的价值”（第112页）。然而，与许多社会一样，在波利尼西亚，社会地位通常是通过敬语来明示的。

请注意，与萨摩亚类似的语境条件适用于英国议会中的语境背景，前排议员和后排议员之间有明确的分界线，正如我们在《话语与语境》（第一章）中所看到的，并且在本书的最后一章将会看得更详细，首相首先发言，然后是反对党领导人，接下去是其他议员。而且在这里，一旦他们说话，后排议员们很可能会批评他们的领导人，他们确实在关于伊拉克问题的辩论中是——非常礼貌地——这样做的。很多适用于美拉尼西亚的**大人**

物的做法完全适用于托尼・布莱尔，我们看到，非西方社会与西方社会中的话语语境的文化特征并没有什么不同。

同样，基廷和埃格伯特（Keating and Egbert, 2004）研究了作为一种文化活动，语境的各个方面如何影响会话。他们引用基廷关于波恩佩（Pohnpei，密克罗尼西亚）的权力和等级的研究（Keating, 1998），表明晚上分享卡瓦酒（*kava*）时的等级差异也体现在座位安排以及地位高或地位低的动词的使用上。他们还简要回顾了会话中的性别角色，在许多社会 178
中，女性应该在混合性别会话中保持沉默或克制，但这根本不是一个普遍的模式——女性在有些社会中更自信，这也取决于其他语境条件，如年龄和阶级。

在《指南》中关于语境研究的一个方面的详细贡献是查尔斯（Charles）和玛乔丽・哈尼斯・古德温（Marjorie Harness Goodwin）探讨**参与**的章节，它被定义为一种行为和投入言谈的各种形式。他们批评戈夫曼以前关于**立足点**的研究（参见上一章），强调：说话人和听者不仅具有不同的角色，而且相互考虑对方；参与不是静态而是互动和动态地组织起来的角色系统；不仅说话人而且听者都具有丰富的认知和反思能力；不仅言语而且“具身”实践的其他形式都参与了这种互动（Goodwin and Goodwin, 2004）。因此，听者的身体位置可能表明了对所说内容的理解。与其他众多关于互动的当代研究相比，作者更强调有必要关注揭示参与者的“丰富认知生活”的表达形式——隐喻。我们试图根据（所有）参与者的语境模型和控制言谈的生成与理解的模型来明确这个隐喻的含义。作者随后展示了青少年如何组织起来参与到故事讲述中，故事中，煽动者、告密者、缺席者、轻蔑的听者等人物之间关系复杂，例如女孩 A 告诉女孩 B 他人对女孩 B 的非议等，还有更复杂的八卦模式（详见 M. H. Goodwin, 1990）。

正如我们在前几章中所看到的，同样相关的是身份问题，布霍尔特兹和霍尔（Bucholtz and Hall, 2004）用一个章节讨论了这个问题。他们强调，身份不仅以相似性为前提，而且还有助于制造或强调与外群体的差异，其中涉及机构和权力。的确，有权势的群体通常会努力“不标记”他们的身份，这是一种身份“擦除”形式，可以在种族关系中观察到，而白人不认为自己是“种族”群体，或者主流语言具有“无标记”状态。作者指出，虽然（种族或其他）身份在许多民族志研究中发挥作用，例如殖民主义和种族主义研究，但人类学强烈反对这种研究，因为它预设了生物或文化的**本质主义**，即认为这种身份——如性别、种族或性征——是固有的，不能改变的。许多当代研究也显示，在人类学中也存在很多群内变异和群间相似性。布霍尔特兹与霍尔得出的结论是，这并不意味着身份概念应该被废除，而应该应用于仅当它是民族志的事实时（例如**当群体成员自**
179 **己解释这种身份时**），不应该用作分析者的意识形态立场。他们强调身份应该作为情境的属性而不是群体的属性来研究，并且作为一种动态的而不是静态的属性。他们给出了民族志研究的例子进行说明，例如，地位可能会在互动中发生动态变化，并不总是遵循固定类别。他们专注于身份研究中特别有用的四个过程：实践（作为习惯性行为）、指代性、意识形态和表现——这些是当前语言人类学的关键术语。最后，他们提出了三种**主体间性的策略**，通过这种策略人们建立了一些参照群体的差异性和相似性的关系：充分性和区分性，真实性和非自然性，授权和非法。

苏珊·菲利普斯（Susan Philips, 2004）最后回顾了话语与**社会不平等**之间的关系，这种社会结构层面社会情境的基本维度在许多其他当代互动交谈研究中则很少强调：“语言的某些应用之所以更受重视，是因为其说话人更受重视”（第 474 页）。她考察了官僚机构、性别关系、政治经济和殖民主义中的这种不平等，例如，在教室和法庭上轮流回答和成对问答是由专业或官僚知识的意识形态在体制上建立起来的。意识形态也是男性与女性权力差异的基础，这可以从言语的语体与风格中看出。经济因素影响哪种语言将占主导地位，经济、政治和意识形态因素影响语言规范，从而确立了被殖民者的劣势地位。

尽管对《语言人类学指南》几个相关章节的简要回顾几乎无法提供该

领域的全貌，但让我们对目前正在进行的这些研究有了一些了解。我们已经看到，许多话题与其他语言学科重叠，但之后的研究是在更不同且更多样化的社区进行的——大部分数据来自西方的白人语境（尽管由于移民，这些数据的纯度也变得越来越低了）。

我们的回顾的另一个一般结论可能是，在不同社会的话语或语境之间明显存在种族或文化差异。但一方面，它们很少是非常固定的，而是可以改变或协商；另一方面，它们与我们所知道的话语实践没有什么不同。话语社区、机构、身份、社会不平等、参与等主题，显然告诉了我们很多更为详细的有关语境结构的信息。然而，很少有章节明确地将语境分析作为语言人类学的特定目标来关注。虽然没有提出关于语境-话语关系的一般理论，且社会情境和文化情境的普遍影响通常被认为是理所当然的，但这 180
种普遍影响很少在参与者对其交流环境的定义上被提及。不是通过使用主观定义（以及由此产生的认知模型）所隐含的情境-话语关系的灵活性，而是通过使用避免决定论和本质主义的普遍策略，从局部协商互动方面来重新表述这种关系。也正因如此，语言人类学研究很少引用认知人类学的相关研究就不奇怪了。

重新思考语境

弄清语境主要是一个事关分析的问题。（Goodwin and Duranti, 1992: 13）

《重新思考语境》（*Rethinking Context*）（Duranti and Goodwin, 1992）一书更为明确地专注于语境分析，是少数完全致力于语境研究的编著之一，本书也已成为大多数语境研究的标准参考书。由于此处无意评论该文集中的全部论文，因此我将重点讨论研究语境文化层面的论文。

与当代语言人类学的许多研究一样，本书的大部分章节都与其他研究方向如会话分析、社会语言学、性别研究和话语分析重叠，编者在前言中明确表示欢迎这些跨语言的研究（Goodwin and Duranti, 1992）。在研究了上述交际情境方面的民族志研究的更多细节之后，我们还需要关注语言人类学中更多关于语境的理论观点。鉴于本书对研究语境的重要性，我还将提出一些更重要的评论，并强调与我自己的语境理论的不同之处。

该领域的理论方法可能在这本书内容丰富的绪论中得到了最好的描述（Goodwin and Duranti, 1992）。让我们详细地研究这一章，因为它是为数不多的专注于语境理论的文章之一。

言谈（而非文本）的语境与美国视角。这里首先提出的批判性观察之一，是对语言的研究几乎完全集中于**口头**语言，这适用于我在本研究中回顾过的几乎所有研究，本书也是。正如几乎所有形式语法之外的当代语言和话语研究著作一样，古德温和杜兰蒂都强调语言**使用**研究的相关性，他们认为这种研究在社会人类学（例如亲属关系和社会组织）中经常被忽
181 略，但是他们把这样的研究限制在对言**谈**的研究上："人类参与的最普遍的社会活动之一就是言谈"（第 1 页），然后"首先考虑语境被解释的行为，这通常包括某种类型的言谈"（第 3 页）。

因此，言谈和互动是本章和本书的关键词，而不是文本、写作和阅读，而几个世纪以来在许多社会中言谈和互动几乎不是边缘活动。显然，口头语言的这种普遍偏见也会对语境理论产生影响。也就是说，原则上，应该在各种语言形式使用的更广泛的开放领域内，我们也看到会话分析的普遍影响。从我的评论角度来看，即在当前的语境理论视角下，这意味着美国流行的那种话语分析即会话分析，与人类学对口头话语的传统兴趣息息相关。语言人类学对学校、大学、媒体以及其他组织和企业中的书面文件和印刷文件的研究少之又少，对它们的语境研究也是如此。对于一般的语境理论来说这只是一个很小的基础，这一点无须太多论证。

这里需要提到的第二个偏见，至少在本研究中提过一次，就是本书所有撰稿人都是在美国工作。也就是说，所研究的社会可能存在多样性，但对于那些被认为是研究这些社会的最有声望的学者来说，情况并非如此。

作为批评性的学者，我们知道这种偏见并不是武断的，而是与美国的社会、文化和学术权力有关——欧洲学者的权力和威望在一个世纪以前也是如此。尽管我的回顾不会调查这种偏见造成的后果，但至少应该说明，美国学术**文本**的学术**语境**可能不会影响这里所报告的各种理论、方法、数据或田野调查。

定义语境。古德温和杜兰蒂起先承认语境不可定义（第2—3页）——认为假定这种语境特别或仅仅涉及面对面互动的参与者，日常会话则是互动交谈的基本类型。

因为不仅言谈可以语境化，行为也可能通过言谈语境化，古德温和杜兰蒂将“焦点事件（focal event）”这一术语作为被语境化的现象引入（第3页）。然后，语境通常被认为是为解释焦点事件提供资源的“框架”或“行动领域”，就像为“有机体”提供“环境”一样。他们强调，语境必须从“其行为正在被分析的参与者视角”（第4页）来定义，我也将这一原则作为我的语境理论的出发点所采取的原则，但并不清楚的是在他们看来，182
参与者视角的主观维度是如何与言谈“环境”的“客观”概念相结合的。

古德温和杜兰蒂用一个例子（城里的一个盲人借助棍子行走）来解释如何进行活动来形成相关语境，比如行走（而不是坐下来吃三明治）与城市的物理环境有关。这个具体例子的问题在于它不能与正在发生的事情保持一致。人们只有知道了他们将在何时何地做何事时，才会或将会行走（或吃东西等），他们会组织和调整自己的行为以适应主观的前期预测或对环境的持续解释。也就是说，正是从行为者的角度来看，语境的构建而不是物理环境本身塑造行为；反之亦然，按计划进行的行为被调整以适应与语境相关部分的环境。能够在城市中行走和熟悉环境，前提是我们对要行走的街道的了解，盲人正是首先使用这种先前知识才带来棍子的。当我们打算坐下来吃饭时，我们需要分析情境并构建可以吃饭的语境（银行等）。虽然这只是古德温和杜兰蒂使用的一个例子，但需要对它进行这样简短的考察，因为它体现了古德温和杜兰蒂对语境性质的基本假设。

语境与言谈之间的关系。这第一个例子及其蕴涵也很重要，因为它们预设了语境与话语之间关系的基本（因果）逻辑。人们在已经被部分地分析或解释的情境中行动（说话等），并且相对于这种理解，他们（或多或少有意识地）计划下一步做什么或说什么。并不是这些活动，而是我们对这些活动的**计划**，使情境像语境那样相关，因为除此之外，我们还能如何让我们的所做或所说适应语境呢？在同一页（第 5 页），古德温和杜兰蒂在强调人们动态地重塑“为（……）行动提供组织”的语境时说了很多。语境具有“动态的、社会构成的属性”。的确，言谈也改变语境，但是这些改变了的语境（作为构念）是**下一个**行动的语境，而不是导致它们的先前那些行动的语境——这一点在语境的互动研究中经常被遗忘。

古德温和杜兰蒂当然知道这些。虽然语境据说是由参与者形成，但是非常相关的补充是：“这并不意味着语境是在互动中从零开始创建的，社会中更大的文化模式和社会模式不可忽视。”这是一个重要的观点，因为它拒绝颇受欢迎的建构主义哲学，认为所有的言谈和语境都是（仅仅）在
183 局部形成的。同时，这个引述暗示语境不仅是局部的或互动的，而且还涉及社会结构，或者说是这些结构的知识：只有（知道）这些组织模式存在于当前语境和互动之外时，人们才能**引发**组织模式。因此，语境既是社会构成的又是互动持续的——而语境的不同定义可能导致沟通不畅。

语境维度。在对“语境维度”的分析中，古德温和杜兰蒂参考该书中的其他作者提供了以下列表：

- 背景：社会和空间框架
- 行为环境：参与者使用自己身体的方式
- 语言作为语境、语体：引发或创造语境或其他言谈的言谈方式
- 情境外的语境：背景知识

我们看到，这个简短的列表（在其章节中有更详细的解释）只与我们

之前考查过的语境维度或类别有部分重叠。的确，因为背景也包括社会框架，所以参与者及其角色和关系是这个更大“背景”的一部分，在许多方面它代表了许多其他人所谓的语境（因为我们已经看到德尔·海姆斯使用这个概念）。然而，某些东西并不适合：将言谈作为相同语境的一部分（古和杜这样定义它）与动态语境的时间逻辑相对立，即在一个交际事件中**前面的**（部分）言谈可能成为**后面的**（部分）言谈的上下文。同样，语体由语境的各个方面而不是其中的一部分来定义。此外，在这个简短的异质列表中缺少许多语境维度，例如时间和目标，对于一本专门研究语境的书，这真是一个遗憾，因为作为著名学者，这些作者有机会了解人类学、人文学和社会科学方面的大量研究成果，它们可以提供关于语境的构成维度和结构的更详细和更具有分析性的信息。

图形与背景。古德温和杜兰蒂用于描述情境和焦点事件之间关系的普遍隐喻之一，是**图形**与**背景**关系（第 9 页及后续页），也参考了同一本书中汉克斯（Hanks, 1992）的论文：根据定义，情景中的焦点事件比**背景**受到更多、更为详细的关注，这在许多关于关注的心理学研究中都得到了明确的印证（另见《话语与语境》第三章）。编者们强调，显著差异也表现在关注程度上：大多数研究，特别是形式语言学或者甚至民间文学的研究（对神话和民间故事的分析），关注的是焦点事件（行动、话语）而不 184
是语境。当然，这个结论正是古德温和杜兰蒂以及我的著作的主要理据，因此我们只能同意了。

相关研究方向。古德温和杜兰蒂接着做了他们认为（也）关注语境并构成本书各章背景（语境？）的研究方向的总体概述。尽管这些方法并不直接表达他们自己的方向，但他们的选择的确似乎与古德温和杜兰蒂关于话语和语境的观点相关，所以让我们简单评论一下这个选择。

毫不奇怪（也因为查尔斯·古德温参与了本章），它们包括例如会话分析以及所有“将语言视为一种社会构成的互动现象”（第 13 页）的观点。然而，正如我们在前几章所看到的那样，这个观点不能保证所有这些研究都关注语境（除了先前行动序列的“上下文”外）：会话分析的大多数早期研究与语法或故事结构分析都不涉及社会语境，后来的机构会话研究也是在机构中进行的，但很少涉及机构情境本身的相关方面。

另一方面，古德温和杜兰蒂排除仅正式或间接处理语境的工作，如语用学（言语行为理论）和社会语言学。这些排除是令人惊讶的，因为尽管言语行为理论是形式的和哲学的，但它至少系统地探讨了语境的性质（例如说话者对听话者的看法等）和适当性等概念，尽管这样做时没有真实的语言（会话）数据。同样，传统的社会语言学当然也要探讨语境（传统意义上的“社会情境”），并且是系统地探讨，但是用其他方法和不同的（相关性的）理论框架，并且通常不在话语分析视角之内。无论对这种社会语言学方法有何批评（我们在《话语与语境》第五章中对此进行了广泛讨论），在一本关于语境的书里，将其排除在语境研究的调查之外，但采用了从一开始就表示不愿意探讨语境的会话分析，这是偏向会话分析方法的奇怪偏见的另一种表现。此外，许多当代社会语言学方面的研究（尤其是关于性别的）已经从相关性以外的方面来处理言谈的社会嵌入。

先驱。学者身份在一定程度上是由我们公认的“先驱”来定义。和其他人（如海姆斯和韩礼德）一样，古德温和杜兰蒂借助马林诺夫斯基的研究开始对这些先驱进行调查，据说是他创造了“情境语境（context of
185 situation）”概念。马林诺夫斯基强调，语言应作为我们日常经历和行为的一部分加以研究，它是实践的成果：“一个单词的真正知识是通过在某种情境中的适当使用而获得的”（第 15 页）。当然，马林诺夫斯基应该被提及，是他引入了术语“情境语境”——后来在系统语法中被大量使用。然而，正如我们在《话语与语境》（第二章）中所表明的那样，马林诺夫斯基对于语境的本质并没有太多的想法，从这方面来说，他几乎不是语境理论的先行者。他举的几个例子与“指称语境（contexts of reference）”即人们在特定情境中所指的对象有关，而与交际情境的结构无关。古德温和杜兰蒂的引述反映了马林诺夫斯基的**反心理主义的行为主义**。从这方面来说，马林诺夫斯基是系统语法和经验主义语言学的先驱，更一般地说，是语言作为“实践行为”的大量语言研究的反心理主义视角的先驱，而不是语境理论的先驱。

提到的另一位先驱，毫不奇怪是后来的（！）维特根斯坦（Wittgenstein），他的《哲学研究》（*Philosophical Investigations*, 1953）是许多互动研究的典范。问题在于——正如许多宗教或哲学类材料一样——《研究》（*Untersuchungen*）中的教诲晦涩难懂，我们并没有从中了解话语。维特根斯坦对单词和词义谈论得很多，但没有把语言当作行动，更没有谈论互动，而且没有任何关于语境的内容。尽管他明确表示不希望被视为行为主义者或反心理主义（因为他认识到自己不知道思想是什么），但他被认为是反心理主义互动论者的先驱。相关的问题再次出现：除非语境理论被认为与会话互动理论相一致，该理论将维特根斯坦看作语言哲学的先行者，而语言哲学绝对不应该是语言和思维的分析哲学，那么他为什么被选为语境理论的先驱？

这也是为什么奥斯汀（Austin）因为强调行动而被引述的原因，但塞尔被发现受“心理主义（psychologism）”（第 17 页）的影响很大，他谈论的是意图而不是规约（大谈规则的人的一种奇怪批评，而在他的研究中也使用了规约概念）。如果规约而不是意图与古德温和杜兰蒂有关，那么人们可能会问，语言使用者在没有想到这些规约的情况下，如何**知道**他们所采取的这种规约，但我们不需要在这里重复这个辩论。

也就是说，一些提及语境和语境关系的结构（例如言语行为恰当性的
条件）的学者不被认为是语境理论的先驱，仅仅因为他们没有涉及会话分 186
析，或者因为他们没有将语言使用简化为互动。

反心理主义。系统地排斥互动主义范式中的所有思想成分对语境理论具有重大影响，因为它排除了控制所有话语和互动的基本类别：意识、反思、解释、规则、意图、目标、计划、信仰和知识，以及作为参与者主观构念的语境概念。古德温和杜兰蒂拒绝将接收者作为讲话者心中“内化的

他者”，因为这会否认这些接收者的积极作用（第18页）。这是“接收者”或“受话者”这个角色的一种奇怪概念，根据定义，他们除了解读当前讲话者所说或所做之外，不做别的。当然，这些行为者积极参与互动，但只要他们这样做，我们就称之为“讲话者”，他们不再扮演接收者的角色，即使他们只是最低限度地展现倾听和理解活动，参与反输等。**所有**参与者只有在其他参与者的模型中（定义、解释等）进行互动和讨论时，才能进行恰当的活动和讨论。据我们所知，这种模型只能存在于他们的脑海中。古和杜似乎忘记了互动不仅包括话轮，还包括交流角色的变化：接收者不是行为者，而是在扮演行为者的角色。

在古德温和杜兰蒂对“先驱”的描述中，我们发现了一个非常熟悉的概念偷换或谬谈，即“单独个体的思想”。然而，这是对他们所排斥理论的严重歪曲。任何关于互动的认知解释都不会把它的分析**简化**为这样的“单独”个体或他们的思想。当然，社会参与者以自己的思维参与个人交流，**但**他们通过感知、理解并因此代表其他参与者参与交流，并基于理解与其他人交流，这是互动的定义。**没有该条件，几位行为者的一系列行为根本就不是互动**。互动序列中的每下一个行为都预示着行为者（至少部分地）理解前一个行为者的所做或所说。此外，除了参与互动外，个人也可能是研究的对象——因为从定义来说他们的话语是独特的，因此他们可能也是独一无二的（Johnstone, 2000）。最后，我们还将参与者作为群体成员进行研究，因此不仅研究“个体的思想”，而且研究社会认知的类型，例如知识和意识形态，以及它们如何塑造对社会情境的解释，即情境模型，以及这些模型又如何参与生成文本和言谈。确切地说，在古德温和杜
187 兰蒂捍卫的互动主义方法中并**没有**研究互动的这些方面。也就是说，“单独个体的思想”这一概念谬误似乎并不逊色于“两个无思想个体的孤立互动”的二分体。

其他先驱。我们看到，古德温和杜兰蒂对先驱感兴趣，并不是因为他们对情境理论的独特贡献，而是因为他们是无意识互动方法的代表。

因此，他们引用沃洛希洛夫（Vološinov）来倡导研究“具体的言语交际”——反对索绪尔（Saussure）的抽象语言系统理论。这本身比较好，但是他们对他的引用，再次包含了现在相当熟悉的讲话者的偷换概念式的“个人心理”。另一方面，如果我们看一下索绪尔在他的《普通语言学教程》（*Cours de Linguistique Générale*）中所说的，而不是遵循广泛认同的刻板印象，我们会发现索绪尔的目的根本不是研究“抽象语言系统”，相反，他强调语言（言语）的社会性质（另见汉克斯（Hanks, 1996）关于索绪尔的文章）：

> 语言（……）是言语的社会产物，在个人之外，个人不能单独创造或改变它；它是社会成员必须履行的一套规约。（索绪尔《普通语言学教程》第31页）

我们再次看到，那些本没持有这些主张的先驱“被持有”，反之亦然，那些非互动主义先驱因他们并不捍卫的立场而被批评。

因此，正如可以预料的那样，巴赫金（Bakhtin）通常被认为是他的“对话式”语言方法的先驱。问题在于，巴赫金主要关注文学作品，根本不涉及互动，而是互文性——文本中表达不同“声音”的方式。这不是**语境**（或互动）的属性而是**文本**的属性，是语义问题（其他文本或作者如何被参考、引用等）而不是语用问题。当然这很有趣，但不是互动或语境理论的基础。同样，维果茨基也正是因为他的关于语言学习作为社交活动的研究而闻名，但作为出名的理由，古德温和杜兰蒂重申他并不关注“孤立的个体”（第21页）。遗憾的是，我们并不知道维果茨基研究**语境**的什么方面。

更一般地说，古德温和杜兰蒂多次重复道：

> 面对面的交流为言谈的生成提供了原始的场所（……），而语境的主要范例（……）将言谈的生成与系统的社会组织联系起来。（第22页）

这一点毫无疑问，但这是否意味着其他形式的语言使用不构成话语的语境，也不与社会组织联系在一起？在语言和话语的研究仅限于无语境的
188 书面文本研究的情况下，人们可以理解对言谈的这种强调，但是在1992年这本书出版时情况并非如此。更重要的是，人们期望详细分析语言学习的各种发展如何促进我们理解言谈的这些社会语境和互动语境的细节，而不是重复互动研究的相关性。而且，“对于一个社会的成员在其现象世界中遇到的事件达成共识”（第22页）的模糊标准，即文化，并不局限于面对面的语境。的确，面对面的互动本质上是动态的，“每一句话都以微妙但深刻的方式改变当下的运行语境”（第22页），但并未提及是**如何**改变语境的**哪些**方面。此外，这种明显的动态性质也可以在电话交谈或网络聊天中看到（在编写此书时后者还不是一种习惯）。而且，书面交流中的每个句子也同样如此，也改变了读者的知识和其他信仰，因此也改变了语境。换句话说，言谈中没有什么比其他话语形式更适合作为语境研究的例子。因此，语境的基本性质不在于是否在“面对面的互动”中发生，而在于参与者理解和表达交际情境的方式，包括其他参与者及其属性和知识。因此，语境理论的先驱是社会科学家，他们强调并分析了社会行为者彼此相互理解的方式及其互动的社会情境。

在这方面，贝特森（Bateson），特别是谢弗伦（Scheflen），是古德温和杜兰蒂提及的更好的代表，原因在于他们记录视觉信息的方法和他们对治疗过程的研究，以及如何关注房间中家具的布置和空间的使用。这些确实是语境理论相关类别的可能的候选对象，它们在其他互动研究中经常被忽略。贝特森关于“框架”在话语中的关键作用的研究被特别引用，即同样的行为可能会被解读为搞笑或严肃的情境。请注意，虽然这些作为解释手段的框架是心理对象，但不是行为的属性。

戈夫曼也研究过框架（或“基调（key）”），他被认作先驱是正确的，因为他对我们的语境知识做出了广泛的贡献，例如他对立足点和参与者结构的研究（见第三章）。

提及民族方法学（加芬克尔）是为了关注主体间性的作用以及成员如何协商“共同语境”。成员不是“动辄就评头论足的傻子”，而是本能地意识到自己正在产生的社会事件（第 28 页）。很好，那么这是否意味着我们需要对这种意识进行更多的研究，例如对那些写电子邮件、新闻报道 189
或科学文章的人们的意识的研究？并非如此，相反，毫不奇怪，重点是**会话分析**，这是一个与我们理解语境相关的主要研究领域。那么，这不是因为我们通常所理解的它对语境的分析，而是因为它从分析孤立的句子转移到分析嵌入“语境”中的话语（第 28 页）中的话语，也就是把语言作为一种**序列**现象来研究。问题在于，这是自 20 世纪 60 年代以来**所有**文本研究和言谈研究的标准，而不仅限于会话分析。因为它的话语受到前面语境的影响并影响下一个语境，该会话具有的“双重语境”（赫里蒂奇）是所有序列现象的属性，但与通常理解的社会语境研究无关，而是与“上下文”有关。古德温和杜兰蒂给出的一个论点如下：

> 会话参与者的任务是提供接下来的谈话，以证明他们如何理解那个谈话。因此，很可能会看到成员自己如何**解释**他们参与的互动，而不必依赖人类学家通过面谈或分析者对讲话者意图的解读而获得描述。（第 29 页；原文黑体）

当然，这个听上去是行为主义的论点经不起推敲。首先，参与者没有证明他们是如何理解（先前的）谈话的，他们的谈话**预设**这种理解。反而是分析者证明了与前面的谈话相关的参与者的谈话是有意义的（可以被理解、解释等）。其次，只有当分析者还表明参与者是**如何**真正了解前面的谈话时，这种分析才会完成。遗憾的是，除非参与者如此明确地表达（在正在进行的谈话中他们几乎不会这么做，但在后来的采访中也可能这么做，当然也不敢肯定），不然分析者无法理解，最多也只是从谈话中**推断**。同样，分析者无法**看到**参与者是如何解释以前的行为的：就像参与者一样，他们只能试图去弄懂它们。参与者理解先前谈话的方式是在其语境下来理解该谈话，并且在所有那些区分有意图的行为和其他行为形式（事故、强迫行为、恍惚或梦中说话等）的文化中，意图（有时甚至明确地）被当作该语境的一部分。实际上，意图的相互承认已被证明是人类的普遍属性，即人类互动的普遍属性（Tomasello, 1999）。从这一段我们可以再次得出结论：会话的反心理主义（互动主义）的观点产生奇怪的捷径，把诸如“说明（demonstrate）”或“看出（see）”这样的观察动词置于诸如预设、理解或推理等心理行为动词的位置，因此错误地描述了互动的基础，因而也错误地描述了话语的基础。

190 我非常详细地介绍了古德温和杜兰蒂写的这个绪论，因为它似乎更多地是对互动主义会话分析的辩护，而不是基于该书或其他研究方向及其先驱对语境概念的系统分析。反心理主义偏见对完整描述参与者阐释理解、表明自身或彼此意识的方式以及交际情境的其他方面几乎没有任何帮助或必要。同样，将语境研究局限于（面对面）会话，而不是考查所有可能的语言使用语境，提供的经验基础是非常有限的。

其他贡献。我们必须简要介绍该书的其他贡献，我们将仅评论那些明确而详细地讨论语境概念的章节。因此，我不会讨论仅涉及“上下文”即序列语境，或仅涉及故事或其他解释方式中（所表征）的语境的那些文章。谢格洛夫（Schegloff, 1992a）的贡献已经在前一章讨论过了。

此外，甘柏兹（Gumperz, 1992）关于语境化的研究已经在前面讨论过了（见第三章），但他的论文与我们的讨论相关，因为它强调了本文集中几乎没有强调的内容，即语言使用者用来**解读**如语调或副语言特征等语境化线索的（心理）**推断**的相关性。与其他学者不同，他将语境化定义为使用线索来帮助获得**预设**和“评估意图”（第 230 页）。的确，语言使用者解读所说的话和说话的方式，以便不仅领会意义，而且理解行动。要做到这一点，他们需要根据对谈话的解读和交际情境将意图赋予行为者 / 讲话者，而这又是基于他们关于世界的共享知识。换言之，我们看到，甘柏兹在讨论互动和会话时并不害怕认知，因此也能够更详细地阐明，谈话细节（语境化线索）是如何根据交际情境属性可能被解读的。他将该理论应用于众所周知的来自英国和印度的英国人之间因语调差异而产生的误解。

顺便提一下，甘柏兹的这个研究也受到了批评，因为它忽略了涉及“误解”问题的种族主义的根本问题（例见 Singh, Lele and Martohardjono, 1995）。这是该文集遗漏的语境的根本层面，特别是在探讨跨文化情境时（根据定义，跨文化情境就是“西方”人类学家观察和描述“非西方”社会的情况）。

我们将在下面更详细地看到，在 20 世纪初博亚斯（Boas）的批判干 191
预之后（见 Barkan, 1992），当我们讨论种族主义话语的语境时，当代人类学尽管对不同民族和文化有独特的学科经验，令人遗憾的是，它在种族主义研究方面还不够活跃（关于批判调查见 Mullings, 2005）。

汉克斯（Hanks, 1992）是在语境问题上撰写文章最多的人类学家之一，他在其所专长的一个领域即应用于玛雅语言的指示词的研究中做出了详尽的贡献，我们在下文中还会提到这一点。然而，此刻应该记住，这种复杂的指示语研究告诉我们更多关于言谈与文本的情境**语义**信息，而不是其语境**语用**信息。也就是说，一旦参与者对他们的交际环境进行了解释，就像他们在其语境模型中所做的那样，包括他们对其他参与者进行这种解释的看法，这种部分共享语境（时间、地点和空间、参与者等）可能成为参照、指示、身体动作以及指示语使用的基础。当他们说“我”“你”“这里”“那里”“今天”“明天”和一系列不同语言中的更详细的表达时，他们是在解释说话者在说什么，而不是这些表达或多或少是否**合适**，除了使用正确的表达来描述交际情境的特定方面之外。换言之，如果语义和语用模型重叠，语言使用者可以利用明显存在的共享语境特征来使用指示语的实用快捷表达。

杜兰蒂（Duranti, 1992b）探讨了萨摩亚等级制社会中使用的“敬词”，这个话题显然会引发语境分析，因为这些词通常与地位较高的人“关联”，这儿是指演说家和酋长。“与……相关”的模糊使用是故意的，因为这些词语不仅用于称呼高级别的人，而且还用于谈论他们的时候（所谓的“指称敬语”），例如在正式会议场合（*fono*）。这再次涉及棘手的问题，即所谈论的事情或人是否也应该以某种方式进入语境描述中。敬词不是人们用来称呼或谈论自己的词，而是指他们的属性的词，如表示他们行为的动词，或他们居住的房屋。可笑的是，在有几位酋长在场的讨论中，杜兰蒂——在做田野笔记时——被主人称为“男孩”，以便在一位刚刚讽刺性地称他为“亚历山大大帝”和有可能反对记笔记的酋长面前降低其地位——如杜兰蒂所写的那样，这个反对意见可能会毁了他的论文。

杜兰蒂指出，这些术语的使用并不是简单和直接地由所指对象或被称呼人的级别来确定，而是通过使用适当的词汇来稍微降低和提高等级，比
192 如为了把事情做好。例如在正式大会期间，当分别以同事或朋友的身份和她讲话，或者在宣布她讲话时，我们交替使用例如“玛丽”和“约翰逊博士”，这取决于如何定义情境。这也证实了我们的主要观点，即影响言谈的不是社会情境，而是参与者解读它们的方式，包括持续讲话的具体目标。

杜兰蒂强调，某些敬词的使用本身可能有助于界定语境，或者甚至**就是**语境（第 87 页）。不仅语境控制话语，反之话语也控制语境，这是许多语境研究中众所周知的论点，但我们已经证明，这种捷径式表达太模糊，是一种误解，并且重要的是，它没有给出解释。应该再次强调，只有**人**（参与者）才构成语境，而不是情境或言谈。通过解释（解读）现在与交际情境相关的属性，包括以前的言谈话轮（或文本中的句子），他们既作为讲话者又作为听众构成了语境。因此，创造语境的并不是萨摩亚的敬词，而是使用者对其语境化用法的解释，可能包括对讲话者的目标或意图的推断。

级别较高的被称呼者也正是以这种方式来推断，特定情境中使用敬词不仅仅是尊重的问题，也可能是一种奉承方法，或者劝说策略。实际

上，萨摩亚社会等级结构中固有的权力关系在日常生活中也是以这种方式管理的。

林德斯特伦（Lindstrom, 1992）使用酋长与他的儿子之间激烈争端的例子，撰写了关于南太平洋坦那岛（Tanna）（瓦努阿图，Vanuatu）话语的文章。作者强调，为了理解正在发生的事情，我们还需要理解“文化视野”，比如在现象学的“期望视野”（*Erwartungshorizont*）概念中常用来代替语境的隐喻。作者认为，问题是我们到底需要从广阔的文化背景中选择什么。他比许多其他民族志学者更关注权力，并且在福柯的视角内这样做。因此，语境被定义为“权力关系场域”，其中一些参与者会发言，而一些参与者会阐明真相。林德斯特伦强调了决定局部权力关系的更大的“话语秩序（order of discourse）”（第103—104页），而不是将语境定义为语境类别的中立图式（如海姆斯所提出的）。因此，他得出了以下语境定义：

> 让我们将言谈的语境定义为一系列话语程序和条件，这些程序和条件组织了发言者进行发言的资格和机会，并确定在哪些条件下发言被认为是真实的。（第104页）

这听起来确实非常福柯式，而且毫无疑问，正如我们在前一章中所看 193
到的，权力是许多语境的一个重要维度。但是这样的定义除了告诉我们它们是特定类型权力言谈的条件之外，并没有确切地告诉我们更多关于语境的信息。很明显，这种非常笼统和抽象的描述不仅非常模糊，而且也不适用于许多日常情境，也不适用于与权力毫无关系的坦那岛。我们从维特根斯坦得知，现在还有福柯的启发，哲学家们并不总是讲述我们感兴趣的程序的细节，而只是一些非常抽象的和一般的限制。

在一个更广泛的理论视角下，始终是一个真正独立的思想家，并且对多学科方法感兴趣的西库里尔（Cicourel, 1992），批评了将分析局限于狭义的、局部的或者序列的语境，以及像早期的会话分析那样局限于我们自己文化中简单会话的使用。他恳求涵盖“更广泛”的语境分析，其特点是机构背景对会话框架的描述，并将这种视角应用于对医院医师之间会话的研究。他详细描述了这个背景，例如，以便能够解释如何理解医生的言谈。的确，在不了解讲话者作为不同类型专家的机构角色及其专业知识的情况下，分析者对这种交流的理解将仅停留在对序列的基本观察层面。但要注意，西库里尔的许多观察涉及（语义）意义和理解——当然需要关于（该）医院和药品的局部及普遍知识——而不只涉及语境的实用维度。也就是说，医生会话的内容和风格也指出了他们作为医治患者的专家角色，以及他们提及这些患者（“眼睛女士（the eye lady）”）的方式，即他们解释自己和他人以及当前目标等的方式。

在其简短的理论文章中，肯登（Kendon, 1992）总结了他早期对会话（和其他）互动中空间安排的重要作用所进行的研究。谈到戈夫曼的谈话中的各种“轨迹（tracks）”概念时（Goffman, 1974），他表明，参与者（以及分析师）通常没有明确关注的轨迹，比如身体姿势、距离等，对谈话的各个方面产生重要的“框架”影响，例如通过显露讲话者的意图来产生影响。

最后，奥克斯（Ochs，1992）研究了言谈中的性别指示方式，这是当代语言人类学、女性主义的各个方向和话语研究的主要论题之一——在此之前已经有了对社会语言学中性别角色的相关研究。她警告说，这并不意
194 味着从语言形式到性别的社会意义的直接映射，而是需要务实立场和其他社会活动的调解和形成（第336—337页）。她通过比较美国和西萨摩亚的“母亲养育（mothering）”，表明基于意识形态的性别等级制通过言谈得以社会化、持续和转变。在简要总结了对指示（indexing）和社会意义的语言生成的其他研究之后，她对性别如何被指示进行了更仔细的研究。她首先回忆到，在词汇之外（例如代词），极少有语言使用的排他性别特征，最多对于音高和发音等有一些性别偏好。因此，她重点研究构成性别意义的语言特征，例如日语中“粗俗”和“优雅”表达的使用。因此，她

着眼于活动和情境，回顾了关于礼貌的性别差异和参与正式互动及家庭互动的研究，这意味着男性或女性在该情境中或多或少是专家，而且从他们的语言使用中可以观察到这一点。她补充说，一些早期的发现，例如女性往往比男性更有礼貌，并没有被她在马达加斯加和萨摩亚的研究证实。在此文中，她总结了西萨摩亚早期关于“语言社会化”的研究：儿童如何在语言“中”进行社会化和“被”语言社会化。她总结说，社会化存在重要的文化差异，因此，在美国，母亲倾向于顺应儿童（例如通过使用简化的语言和单向表扬），但在萨摩亚，儿童被期望顺应母亲。这种差异也意味着妇女和母亲的社会地位不同，她们在萨摩亚被认为更有威望。这项研究同时表明，基于意识形态的社会等级制不仅影响互动和言谈，而且正在被他们重现（并可能受到他们的挑战）。

威廉·汉克斯。威廉·汉克斯是一位系统地关注语境特征（包括指示性、语体以及相关问题）的人类学家，他的学术背景不仅限于美国，还包括在巴黎和马德里的研究，而他的兴趣也延伸到语言学、文学研究和其他学科。他实地考察的重点是尤卡坦（Yucatan）的玛雅人的交际实践。在这个简短的回顾中，我重点关注他关于语境的理论著作，并且在很大程度上忽略了他对指示语使用的广泛贡献，我认为这属于情境语义学理论而不是语境语用学理论。

他的著作《语言与交际实践》（*Language and Communicative Practices*）（Hanks, 1996）展示了他的广泛兴趣和国际研究，因为它涉及索绪尔、皮尔斯（Peirce）、布龙菲尔德（Bloomfield）、乔姆斯基（Chomsky）、沃洛希洛夫、罗默特维特（Rommetveit）、布拉格学派（the Prague School）、舒茨、梅洛-庞蒂（Merleau-Ponty）、奥斯汀、塞尔、格莱斯、英伽登（Ingarden） 195
等学者的多种多样的研究主题。因此，他从对现代语言学语言“系统”的介绍开始，一直到语言“使用”（言语、行为）、言语行为和语境的研究。这本书的目标是研究“意义如何通过言语和沉默、身体和思想产生”（第 5 页）。他的主要兴趣是研究这种意义如何依赖于**情境**，关于情境概念他还提到美国的巴怀斯（Barwise）和佩里（Perry）以及法国的迪克罗（Ducrot），互动研究中很少提到这几位理论家。在本章开头的引述中，我们已经看到汉克斯对语境研究的总体态度：语境实际上是无穷无尽的。关于沃洛希洛夫、罗默特维特、英伽登和舒茨等现象学家，他强调了可能含义的“视野”和常识知识的语境作用，然而这一作用可能会因眼前的目的而改变（第 166 页）。无论如何，语境都是一种文化现象，同时与讲话者的信仰和价值观有关。在讨论文化差异和语言相对性以及博亚斯、萨丕尔和沃尔夫的研究以及最近的进展（例如露西的研究进展）的框架下，他不仅考察了感知能力如何取决于我们的（给定的、正式的）语法，而且考察了具体的语言类别，特别是指示语如何（也在历史上）取决于语言使用者的（不同的）经历和实践。指示性-指称术语研究对于语境研究的相关性在于，事实上它们将话语情境进行了系统的分类（第 178 页）。例如，在玛雅语中，位置指示语区分了空间包容性和排他性关系、区域性和准时性位置。这些形式也与语言的不同功能有关，例如寒暄、表达或指称功能，就像我们知道的“There you are!（你在这儿！）”这类英语表达那样。但是，尽管使用指示语的各种条件很复杂，但实际上它们是非常系统的：它们涉及参与者之间的关系（如互访和感知），以及参与者和参照对象的关系。有趣的是，对称指示语比非对称指示语更多，即语言似乎有利于人们在参照行为中共享相同的概念或感知，因而汉克斯总结说：“语境基于参与者视角的交集”（第 183 页）。你们的共同点越多，可以使用的指示语就越多。难怪它们在日常谈话中如此常见，在这方面人们确实有很多共同点（知识、经历、共享空间等）。由此，汉克斯从那里跳转到可以多方面影响经历的其他语言方式：话语风格、语体和言语技能，提到在互动研究中也很少提及的，如布拉格文学结构主义者（第 184 页及后续页）。在语言使用者思考和谈论他们自己语言的元语言（甚至意识形态）活动
196 所使用的更一般的术语中，反身性得以研究，要是通过大量的表示言语行为、语体或言语活动的术语来研究就好了。

语言依赖于人们的经历和活动，对于讲话者也是如此，需要对它们加以区分，正如戈夫曼提出在立足点和参与结构概念上所做的那样。也就是说，不同生成角色中的语言使用者对自身也有这种意识。在这一点上，汉克斯也批评了许多会话和一般现象学方法中的面对面言谈和持续（现在的、经验的）参与的局限性（第 213 页及后续页），我们前面也表明了这一问题。因此，汉克斯从参与结构转向整个社区，转向意义，而意义是由这个知识分配不均的社区中的一般劳动分工来确定的。因此，我们进入社会认知领域，而不是个人认知领域，我们通过社会地位的占有者而不是有话语权的讲话者来传播话语（第 218 页）。这提出了对于参与者所属的（言语或其他）**社区**的语境而言的根本性问题，即属于不同的社区可能会导致沟通不畅。正如甘柏兹所表明的那样，人们不仅需要知道社区的语言，还需要知道细微的语境化线索，如语调。正如我们在前一章中看到的，汉克斯讨论了社区的几种定义：要么是一个共享语码或言语技能的群体，要么是一个独立于语言的社会结构，要么是一个实践社区。他喜欢最后一种定义，因为它是基于一个共同项目和共享活动，以更动态的方式来定义语言使用和变化的。

基于该理论框架，他不仅讨论一个玛雅会话的具体例子以及各种语言理论，而且最终还提供了语境理论的一个主要产物：交际实践理论或语体理论。因此，一般来说，言语首先被定义为实际“参与世界”的一种形式（第 236 页），这要求语言使用者不断面对情境的新特征。然后他提到布尔迪厄关于“场域（field）”和“惯习（habitus）”的概念，汉克斯用“实践的一般社会条件”和“常规感知模式”来定义它们。社会行为者拥有“以未经反思的习惯和常识感知的形式积累下来的大量社会知识”（第 238 页）。汉克斯强调惯习概念的价值，因为它突出了习惯行为的相关性，涉及实践的语言和非语言两个方面，也因为它是倾向性的，因此与参与者的观点有关。虽然这种惯习可能允许很大的行动自由，但实践却受到立场和场域的其他社会约束的制约。语体是这种惯习的关键部分，因为作为实

197 践模式，它们反映了以不同方式看待世界的持久倾向。

可惜的是，汉克斯的这些论述也反映了布尔迪厄的概念和术语的模糊性。如果惯习是基于习惯的，那么这是否意味着不能在单一或者少数经历中获得，就像许多能力一样？而且我们也不完全清楚何谓“倾向”；它们似乎是循环论证的，因为在实践的定义中包含了实践的概念。它们与日常行为的社会文化知识有何不同，正如我们从人类学和其他社会科学中所知道的那样，比如著名的**脚本**（script）概念（Schank and Abelson, 1977）？与社会心理学的态度概念有什么不同？是个人的还是社会的？如果是社会的，一个集体怎么会具有行为“倾向”？等等。这些概念产生的问题多于解决的问题，直到它们被明确界定并与语言、行动、互动和认知理论中的其他概念相关联为止。如果“惯习”将有关行为的社会知识与个人习惯相结合，那么它们很可能被概括的（时空抽象的）心理模型所解释，该心理模型也将解释“习惯语境”。因此将语体定义为惯习形式并不是很明晰，而汉克斯对语体的简要描述根本不需要惯习概念。

汉克斯（Hanks, 2005）在关于布尔迪厄的较大篇幅文章中强调，惯习不是规则或心理表征，而是**具身**倾向和图式。虽然具身化和身体空间是汉克斯指示理论中的重要概念，但人们可能想知道，如果“倾向”或“图式”不在大脑中，那会位于身体的何处以及如何位于那里。这种位置的问题在于它没有提供或多或少的明确选择，而是诉诸神秘的“具身化”形式，这些都不必要。当然，人们使用自己的身体进行交流和互动，也使用声带、舌头、嘴唇等，以及手臂、手和头，但是我们是否要根据“动嘴（enmouthed）”习惯来重新阐释语言学？而且我们也知道，如果我们的大脑出了问题，那么“具身化”的形式就会像我们的讲话一样受损。换句话说，当代认知科学以及奥卡姆剃刀（Occam’s razor）告诉我们，不要发明可以很容易用标准理论解释的神秘实体和力量。这并不意味着当代语言学、话语和会话分析不应该更多地关注互动和交流的所有非言语（身体等）轨迹，尤其是对不仅用语言还可以用手势、指向、身体姿势等来解释指示语及其表达的关注。

我们可以看到汉克斯在其 1996 年的书中如何介绍各种理论、概念和语境维度及其与作为系统的语言和作为使用及行为的语言的关系。与其他 198
理论家相比，他更多地将传统与现代研究相结合，例如现象学和情境语义学，兼顾北美与欧洲学者，并将结构主义与现象学、文本分析与互动分析相结合。他将这些方法融入广泛的交际实践理论中，其中他不仅突出了语言形式，诸如指示语，而且还突出了语境的许多维度，例如不同文化中的人们（如尤卡坦的玛雅人）组织互动空间和指称空间的方式，以及与他们身体有关的许多语境维度。除了空间和参与者角色简要讨论之外，他并没有研究语境的许多其他方面，例如背景的其他方面、参与者之间的权力关系、目标和计划以及社会认知的许多方面。他提到“意识形态”，但只是在元语言意识方面的简要提及，而不是作为群体的信仰体系提及。更一般而言，在这种语境研究方法中，较少讨论群体、社群、权力及其共同信仰体系的“更广泛的”语境，而在这方面，他对欧洲研究的参考相当经典，更多提及现象学和结构主义而非批判理论，对格拉姆希（Gramsci）、斯图尔特·霍尔（Stuart Hall）、哈伯马斯（Habermas）还有许多其他为更全面的语境分析做出贡献的当代作者都有提及。在这方面，尽管汉克斯有欧洲取向，但他分享了美国许多当代民族志的“非政治性”取向。

在他后来的文集《互文》（*Intertexts*）中，汉克斯（Hanks, 2000）继续探究语言和语境，再次基于他所谓的玛雅交际实践的真实世界的“经验实证主义”，以及这些对于尤卡坦的行为者本身意味着什么。因此，也需要探究他们的意图和动机，这在其他研究中经常被忽略（第 4 页）。他再次引用梅洛-庞蒂的话，强调身体作为社会和个人之间中介的作用：身体空间和指示范围都有动态的图式结构，身体里面的自我意识是心理表征的替代，尽管汉克斯强调这并不意味着指示语并非基于认知图式。因此，对于玛雅讲话者来说，身体朝向的空间坐标也具有道德评价：对于玛雅人来说，左边和背部是坏的，是向下的，右边和（可见的）正面是好的，是向上的。他本来还可以补充，欧洲语言也是如此（左边是“阴险的”，右边是“正直的”，任何“背后”都是未知的和可疑的）。在另一个语境层面上，我们发现在所熟知的许多文化中都存在基本的地位不对等，尽管各地的具体情况错综复杂：在玛雅人家庭中，年长者地位高于年轻人，男性地位高于女性。因此，只有地位高的人才能使用与指示空间有关的“训斥”他人的不对等言语：他可以当面或背后“居高临下地”数落某
199 人。这本书其余章节讨论元语言谈话、对这些指示语的意识、文本分析方面以及殖民地尤卡坦的玛雅人的仪式习俗、语言和话语。因此，汉克斯将他对指示语研究的语用-语义方法与历史、文学和话语分析问题结合起来。

汉克斯还是《爱思唯尔语言和语言学百科全书》（*Elsevier Encyclopedia of Language and Linguistics*, 2006）中“交际语境”词条的编写者，其中他首先强调了当前几个学科对语境关注的重要性，称其“既是话语的制约因素，又是话语的产物”。其中一些方法，比如言语行为理论、关联理论、心理语言学和会话分析被认为表明了对“方法论个人主义（methodological individualism）”的倡导。作为谈话的局部和伴随出现的产物，他将这些方法定义为优先考虑个人而不是集体，将社会结构简化为个人行为。其他方向则着眼于整体和持久语境，即语境的社会和历史范围，正如社会理论和历史那样，又如福柯的“话语形成”概念或布尔迪厄的语言“市场”概念那样。语言人类学整合了这些个体和集体的方法，将对局部事实的详细分析与整体语言意识形态的研究相结合。

语境的基本作用是它在话语意义生成中的作用。它基本上是不明确的：我们不知道它的组成部分是什么，以及它们的描述是否足够详细。语境有两个主要维度：在语言介入的活动、互动和共现中的**生成**（emergence）和在更广泛框架中的**嵌入**（embedding）。

汉克斯还参考了舒茨和戈夫曼关于情境的定义（参见第三章），将生成定义为共现的参与者之间互动的情境语境。但是除了需要参与者现

身之外，还需要更多，比如与指示语使用有关的相关性和符号的“指示场域”。接着汉克斯特别关注的问题是，如何将这种局部情境的话语嵌入到更多既不以话语为基础也不具有辐射性的整体话语之中。像布尔迪厄一样，他将“社会场域（social field）”这个术语用于指更为整体的语境，包含组织、社区或阶层等集体以及大学、医院和法庭等机构。社会领域对参与者角色的进入设置了限制。并且，正如局部语境中参与者之间的可变参与具有特定关系一样，我们也可以在整体语境上找到各种职位占有方式之间的这种关系。汉克斯讨论的另一个问题是关于社会与个人对话语和互动的控制。与许多互动主义者一样，他似乎拒绝接受个人意图——因为主题本身已经是一种社会产物——但在文章结尾处，他还 200
是承认了意向性。

可以想见，社会领域的概念也导致了对布尔迪厄的惯习概念的讨论，对此上文已讨论过。在这一点上，除了其他维度（如亚里士多德提出的秉性）之外，还强调了习惯和文化习俗，包括呈现或移动身体的特定方式，以及规范行为的“心理习惯”概念（帕诺夫斯基（Panofsky）对惯习的定义的一部分）。这是理论框架中出乎意料的认知转向，可能提供（惯习）行为个人意图的基础，因为即使是我们的日常惯例，也只能在我们或多或少有意识地决定（想要）这样做时才会参与。那么我们当然需要（已经有一部分了）一个不错的行动和互动的认知行为理论，它将意图（心理模型）与我们在社会化以及随后（其他）形式的（如与大众媒体的）话语互动中获得的社会共享知识结合起来。遗憾的是，除了惯习这一方面外，其他维度仍然是一种奇怪的概念混合体，这一方面是精神（性情），另一方面是“物质”（身体），如身体习惯，然后与评价结合。正如以前所表明的那样，对于诸如“惯习”这类流行的学术概念，我们认为它们的成功更多归功于其咒语般的模糊性，而不是对系统知识的贡献。无论如何，它似乎没有提供太多对语境概念的深入了解。除非它们是一个花哨的术语，指的是社会心理学中古老的（但不可信的）态度，这些态度也有评价因素，也可能被视为某种行为的倾向，并且，从字面意义上来说，也与身体位置有关。

最后，汉克斯罗列了语境发生的过程，包括意向性（作为表征和目的）、语境化和推论，以及与符号化（semiosis）相关的过程。遗憾的是，这些过程如何定义、塑造、形成或以其他方式解释语境及其与话语的关系并不清楚。他写道，除了有意向的维度，还有一些非意向的维度，比如作为一个公民，无论我是否愿意，我都会被赋予某种社会地位。

如果我们现在询问一位读过这本百科全书条目的学生是否知道什么是语境，我敢打赌，其或多或少与汉克斯在本章开始时描述自己的情况相同：困惑。有疑问没关系，不了解所有情况是正常的，但在过去的几十年中，我们可以将一些或多或少明确的语境属性拼成一个近似框架，以便在超越一篇文章的进一步阅读和研究中理解诸如惯习这类难以捉摸的概念。人们只能认同汉克斯，他认为人类学通常是这样做的，现在也应该这样
201 做，即整合整体语境的（宏观）社会分析与互动的局部微观分析之间的各种层次或方法。“生成”和“嵌入”的概念是有用的说教隐喻，但它们不是关于话语与局部语境及整体语境之间关系的**理论**。诚然，这些理论是复杂的，但与任何其他学科相比，人类学有更多的手段和机会（以及丰富的田野数据）来产生这样一种理论，它将个人认知与社会认知、局部互动情境与社会结构及文化结构相结合。

总而言之，非常简单地说，语境是我们通过互动和话语参与的日常情境的经历和定义（解释）。因此，不管是常规的还是革命性的，它们与我们的经历一样独特。但是，它们借助于我们从群体、社会或文化中学到的概念构建块来牢固地表征，因此成为可以部分分享的经历和相互理解的基础。这些语境控制着我们如何说或写以及如何理解话语，该基本思想可以很容易地在当前人类学的理论框架中以更复杂的方式加以阐述。更具体地说，这样的描述还应该表明世界上的不同社会如何形成理解情境的不同方式，从而形成语境，并表明这些不同的语境又如何以不同的方式控制话语。

种族主义话语和语境

最后，我总结一下自己的一个重大项目的一些成果。这个项目始于1981年，涉及西欧、美国和拉丁美洲各国种族主义话语的结构和功能（详情和进一步的参考资料，例见 Van Dijk, 1984, 1987, 1991, 1993a, 2003a, 2005b, 2007; Wodak and Van Dijk, 2000）。更具体地说，我将总结一些这些话语语境的研究成果，其中最突出的是说话者的（欧洲）种族以及他们谈论或描写的非欧洲种族。

与年龄、性别和阶级一起，民族（或“种族”）是多民族社会群体成员日常经历的主要层面。这些经历被表征在心理模型中，这些心理模型是由内群体其他成员共享的关于他们自己及他者的基于意识形态的潜在信仰组织起来的。在特殊的社会条件下，这种信仰倾向于在对内群体的积极评价和对外群体的消极评价（偏见）之间产生两极分化，这是一个众所周知的群际现象，在社会心理学中有广泛的记载（这类出版物很多，例见 Tajfel, 1981, 1982; Augoustinos, 2001）。

与外群体成员（真实或虚拟）有关的日常经历可能同样具有消极偏 202
见，并构成了我们在多民族社会中发现的典型日常故事、新闻报道和其他话语的基础。尽管这些极端化的表征和故事是人类群际关系的一个相当普遍的现象，但它们不但是普遍社会认知的属性，而且还根植于社会结构，例如权力关系中。在日常生活中，它们是主流群体成员歧视受支配群体成员的社会实践的社会认知基础。从历史上看，在欧洲“白人”统治非欧洲群体的社会中尤其如此，这种做法造成了基于民族或“种族”的统治和不平等的复杂社会制度，我们称之为“种族主义”（这类出版物很多，例见 Essed, 1991; Essed and Goldberg, 2002; Dovidio and Gaertner, 1986; Goldberg and Solomos, 2002）。

话语在种族主义再现中的作用

话语在再现这种种族主义制度中发挥着重要作用（Van Dijk, 1993a; Wodak and Reisigl, 1999; Reisigl and Wodak, 2000, 2001）。一方面，像他者一样，群体间文本和言谈是歧视受支配的他者的社会实践，例如通过种族主义侮辱、指责、缺乏礼貌和尊重以及许多其他方式，使对方在日常生活中被问题化、弱化、边缘化或排斥（Essed, 1991）。另一方面，主流群体的成员之间的**群内**话语可以表达、形成和确认潜在的种族主义观点和意识形态。而且由于种族主义意识形态反过来控制种族主义歧视，因此话语是种族主义制度再现的关键接口。

简而言之，虽然这是种族主义话语和统治理论的基本组成部分，但在我早期关于种族主义和话语的研究中，还缺失一个重要方面（没有得到充分分析）：**语境**。

主流群体的成员不会在任何话语和交际情境中都发表种族主义观点。这取决于交际情境的许多方面：他们是在与内群体还是外群体成员交谈，假定的对方的信仰、文本或言谈的目的等。此外，种族主义信仰在社会中的分布并不均匀，而是存在很大差异，可能会形成像政党这样的社会群体，专门发展和促进种族主义甚至反种族主义的意识形态。这意味着，除非人们了解正在和他们交谈的那些人的意识形态，否则主流群体的成员并不总是确定接收者是否共享他们的意识形态。而且，由于在许多当代社会
203 中，明确的歧视形式和口头辱骂是非法的、政治上不正确的，因此，公然的种族主义言论通常仅限于激进种族主义群体成员之间使用，在其他交际情境中则会少用或避免使用。

换言之，为了能够在当今许多西方社会中恰当地（“政治上正确地”等）谈论他者，语言使用者需要根据这些限制来分析交际情境。也就是说，他们不仅需要意识到自己对他者的知识和信仰，而且要特别意识到接收者的知识和信仰。这意味着，如果他们不知道或猜测不到接收者的意识形态，他们首先会避开这种“禁忌”话题，或者以一种模糊的方式消极地

谈论他者。

在话语中实施这些语境模型限制的陈词滥调的套话，是明显否认的免责声明："我不是种族主义者，但是……"。在互动上，这样的免责声明具有多种功能。一方面，他们在免责声明的第一部分中表达对自我或内群体成员的典型积极看法（或者试图避免消极印象，见 Arkin, 1981），但同时他们在第二部分和以下部分中表达对外群体成员的偏见。

当然，成员对外群体成员不必只持有偏见的信仰，但可能会持有更矛盾的信仰，包含对他者一些特性的中立和消极的信仰，例如他们的宗教或衣着方式——正如我们从辩论中所知道的，在一些欧洲国家穆斯林妇女使用头巾的问题。这意味着经历模型和因此产生的故事（或新闻报道）也可能表现出这样矛盾的信仰（Billig, 1988）。然而，在这种情况下，这些通常不是在免责声明中表达，而是在既有消极也有中立（或积极）主题的故事中表达。

我们看到，对种族主义文本和言谈的研究，不应局限于对"种族主义"内群体成员的明显种族主义观点的表达。事实上，如今大部分关于欧洲和美洲的移民、少数民族或类似外群体成员的公开言论，很少明显表现出种族主义。与性别歧视话语和性别不平等一样，种族主义统治也以许多隐含、间接、微妙或缓和的方式实施。例如，美国白人公民可能会使用诸如"内城区"或"福利母亲"等代名词，而不是直接表达对美国的非洲裔美国人的看法。然而，无论关于他者的"潜在"个人意见或社会共享态度或意识形态如何，对文本和言谈的系统分析至关重要的是，分析主流群体在语境模型中定义交际情境的方式。除了接收者的假定信仰之外，这些语境还可能包括情境是公开还是私人的、正式还是非正式的、说话者的目标和目的等等。

那么问题是：说话者怎么知道受众的种族信仰，以便能够形成适当的 204
语境模型？在《话语与语境》（第三章）中讨论的一个一般策略，并且适用于所有共同基础信息的是：如果接收者是已知的或被认为是同一个群体或社区的成员，则假设他们作为讲话者具有共同的信仰。对于社会文化知识，这是常规性的，文化社区的所有合格成员都具备这些知识。然而，对于种族信仰，情况并非如此，因为同一社区内群体的意识形态各异。因此，关于接收者信仰的这种知识首先局限于我们认识的所有人（家人、朋友、同事等），其次是同一意识形态群体的成员，例如一个政党。在其他情境中，这样的假设必须从其他参与以前的经历或者正在进行的谈话中推导出来，有助于形成动态语境的适合模型片段。

当讲话者在会话中发起关于例如西欧的“外国人”或“移民”主题时，在其他参与者明确表达或间接表示对“外国人”的消极看法之前，他开始时可能不会表明态度，因此说话者的语境模型可以适应接收者的意识形态，而且讲话者认为加入参与者对“外国人”的消极评论是正当合理的。

我们看到，这种情境定义可能需要微妙的策略来了解其他参与者的种族观点或意识形态。接下来，这将取决于交际情境的其他方面，以及是否正在表达带有偏见的观点。

显然，一个受监督的公众事件，如议会辩论，与在火车上和陌生人的私人谈话的定义会有很大的不同。也就是说，除了表达种族信仰的总体目标，或者想要说服接收者，讲话者不断需要采用维护面子和积极自我呈现的策略。这可能意味着，在可能造成人们的面子受到威胁的所有情境中——无论是与陌生人还是朋友——他们都可能在具有官方非种族主义规范的社会中以缓和方式表达他们的种族观点。

我们看到，语境模型以复杂和微妙的方式控制着种族主义话语的产生和理解，例如，作为积极自我呈现和消极他者呈现的总体综合策略的一部分。实际上，“相同”的表达在一个交际情境中可能是种族主义的，而在另一个交际情境中可能是反种族主义的。

精英的作用

然而，语境条件除了私人的或公共的、正式的或非正式的，或讲话者

的形象之外，还有其他语境条件，即讲话者的地位或权力。因此，在许多关 205
于种族主义和话语的项目中，以及基于对数以千计的新闻报道、会话、议会辩论、教科书等的分析，我们发现**精英阶层**在种族主义再现中发挥着特殊作用。精英们特别在意他们的公众面子，他们通常倾向于否认自己的种族主义，并系统地指责他人——通常是民众社区中“未受教育的”人（Van Dijk, 1992）。

同样，欧洲议会的反移民政策通常是用民粹主义语言进行辩护的：如“人民”是这样要求的（Van Dijk, 1993a; Wodak and Van Dijk, 2000）。然而，由于种族主义意识形态不是先天的，需要通过公共话语来学习，而精英则是那些控制这种话语的人，例如政治、媒体、教育和学术界，他们集体负责这些公共话语，这些话语的“信息”被用来形成或证实种族偏见。

对欧洲和美洲的种族主义话语的研究证实了这一总体结果：无论是否受到“公众”的支持，精英们通过预先形成种族偏见所依据的信息或想法给出“坏榜样”。鉴于上述语境限制，除非是被称为官方“种族主义者”的极端种族主义政党、组织或媒体的成员的表述，否则此类表述通常是缓和、间接或隐含的。

但是，为了保护国家免受这种“极端主义分子”的侵害，他们的一些想法需要以不太极端的方式表达和实施，以免“人民”大规模地投票赞同或追随这些组织。这正是欧洲过去几十年发生的事情：主流政党，不仅是保守主义政党，越来越多地采用早些时候极右翼的典型信仰和政策。这种普遍的运动也意味着主流规范和价值观正在慢慢改变，因此“反对移民（穆斯林等）”越来越不那么禁忌，这也影响了语境模型，以至于公共话语和私人话语也变得不那么微妙和间接，而是更加公开和公然。

情境限制会影响文本和言谈的所有层次和维度。鉴于“移民”（“少数民族”等）这一主题，所谓的隐含、间接或缓和话语可以通过多种方式实施。总的趋势可能是，与同一意识形态群体的熟人进行的个人、私人谈话通常会引发最明显的种族主义侮辱形式，而在其他语境中则通常为间接和缓和的形式。这种“微妙的”意识形态可以通过多种方式或多或少有意识地实施，例如：

- 避免一些主题或改变为更“中立”的主题
- 免责声明：明显的否认、让步、共情等
206 - “装无知”：“我不知道，但……”
- 偶尔说一些关于他者的“积极的”话
- 减少消极用语，减弱语气，使用委婉语
- 模糊处理：“某种”“有些”“有点”等
- 情态词：“也许”“大概”等
- “低声”或亲密交谈：耳语，靠近等
- 犹豫，开头不佳等
- 避免概括：“当然，它们并不全是那样，但是……”
- 讲述消极的个人经历作为“客观”证据
- 权威证据（例如媒体报道）作为对其他人的消极看法的依据
- 论证观点的合理性

以下是 20 世纪 80 年代早期，学生对阿姆斯特丹热门街区的居民进行非正式访谈的一些典型例子。访谈通常在居民自己家中进行，最初的主题与社区的一般生活相关：

（1）（Van Dijk, 1984: 65）

1. A：你有过不愉快的经历吗？
2. B：我不反对外国人。但他们的态度很可怕。
3. 你在这里不再自由。你必须得小心。

（2）（Van Dijk, 1984: 65）

1. 很好，这里有很多不同的人。
2. **但是**，那是有限度的。
3. 许多荷兰人没有工作。

（3）（Van Dijk, 1984: 85）

1. A：你能讲述一下你的经历吗？

2. B：是的，呃，我该告诉你什么。

3. 他们**大概**不知道怎么用水龙头。

（4）（Van Dijk, 1984: 86）

1. 你知道的，宰杀那些羊，这是那些**令人伤心的事情**之一。

（5）（Van Dijk, 1984: 135）

1.（……）各种民族之中 [叹气]

2. 啊，呃，我不介意，但是，呃

3. 我，我的确很羞愧，很羞愧，呃

4. **恐怕**就在这个街区

5. 它愈发有点占上风，你知道的。

尽管只是大概的文字记录和翻译，但从这些访谈的**加粗**部分可以看出，（1.2）（2.1—2.2）和（5.2—5.3）中熟悉的免责声明，（2.1）中的初步肯定评价，（2.3）中的“客观”理由，（3.2）和（5.2—5.3）中的犹豫停顿，（4.1）和（5.4）中的减弱语气，以及（3.3）中的情态词，这些用语都旨在淡化消极的种族观点，避免留下坏（“种族主义”）印象。

以下摘录来自 1985 年在圣地亚哥（San Diego）不同街区进行的类似 207
访谈，文字记录同样很简略：

（6）（Van Dijk, 1987: 92）

1. 我会挑起一场大战，如果我女儿决定

2. 嫁给黑人（……），这与

3. **优越性或任何其他东西**无关，只是这个巨大的差异

4. 我实在无法跨越。

（7）（Van Dijk, 1987: 93）

1. 丈夫是唯一讲英语的人。

2. 他们有一个小男孩讲英语，

3. 因为他在上学。

4. 但是，母亲……墨西哥先生们似乎总是

5. 让他们的妻子**不与他人接触**。

6. 我想他们有充分的理由。

（8）（Van Dijk, 1987: 95）

1. **听起来有偏见，但**我认为如果学生只用英语……

加利福尼亚州的这些例子也显示了我们熟悉的减弱语气和自我呈现现象，如（6.2—6.3）中的免责声明（明显否定），（7.5）中的模仿西班牙式的减弱语气，（7.6）中的解释和（8.1）中的免责声明（明显让步）。

这些印象管理形式不限于非正式情境，相反，特别是在有记录的公共话语如议会辩论中，这种互动式管理至关重要。以下是来自欧洲和美洲的一些例子，前两个例子来自英国和西班牙：

（9）（Jones, 2000: 285）

1. 我必须先说明，这个政府和这个国家有
2. 一个无可非议的声誉，即欢迎真正寻求庇护者来到我们的海岸
3. 逃离迫害和折磨。但越来越多的
4. 有经济压力者和假冒寻求庇护者在这里（……）

（英国议会，西蒙·伯恩斯（Simon Burns）先生，保守党，1997 年 3 月 5 日，英国《议会议事录》C856）

（10）（Van Dijk, 2005b: 29）

1.（...）este gobierno no quiere caracterizarse precisamente（...）por
2. lo que viene a significar un discurso desde la intolerancia

（内政部长马约尔·奥雷哈（Mayor Oreja），西班牙议会，1996 年 7 月，第 868 页）

[（……）本届政府并不想让自己（……）表现得可能会令人感觉到话语中缺乏包容性容忍的话语（……）]

虽然这些例子需要更详细的分析（我在原作中给出了），但我关注的重点只是这些示例中的语境指示。首先，例子显然为正式风格，正如在
208（大多数）议会辩论中可能预料的，也正如我们在《话语与语境》（第一

章）中托尼·布莱尔演讲的例子里所看到的，以及在第五章中我们还将详细看到的。在英国议会的例子中，词汇选择（“无可非议的声誉”）和转喻（“欢迎来到我们的海岸”）是典型的例子。更具体地说，这里我感兴趣的是维护面子的积极自我呈现策略，例如否认种族主义、免责声明等。因此，在（9）中，我们发现在欧洲和美洲，大多数关于移民或少数民族的辩论的特点是：民族主义的自我赞美通常出现在辩论开始的时候。在提出对移民权利的限制之前，强调该国的民主和好客的声誉——这种情况特别适用于当前的（保守党）政府。这里的形式不是否定种族主义，在例（10）中马约尔·奥雷哈部长采取了非常隐晦的方式（也适用于他自己的党派），而是积极的自我评价。其次，在同一个例子中，所提出的消极措施是从经济压力方面（通常的数字游戏论）来论证的，听上去“很客观”，因此没有或者有很少的种族主义成分：它不是我们的错，而是经济需要。

这里有一个更明确的例子：

（11）（Van Dijk, 1993a: 82）

1. 我们既不是种族主义者，也不是仇外主义者。
2. 我们的目标仅仅是，很自然地，有等级制，
3. 因为我们正在与法国打交道，
4. 法国是法国人的国家。

（法国议会，让-马里·勒庞先生（Jean-Marie Le Pen），1986年7月7日，第3064页）

这个例子来自法国种族主义国民阵线（Front National）领导人勒庞的讲话，显示了否认种族主义的传统形式，是免责声明第一部分语对，这也确认了第二部分中的种族主义（“自然地”“等级制”）和民族主义（“法国”“法国人”）意识形态。请注意，勒庞感到，他需要否认他的政党是种族主义或仇外的，即使他对自己的种族主义立场感到心安理得（他重新定义为民族主义）。请注意，这里的“我们”在政治上代表与语境相关的

内群体成员：国民阵线。

以下例子来自美国关于《肯尼迪法案》（Kennedy Bill）的辩论，该法案最初被当时的总统老乔治·布什（George Bush Sr.）否决了。

（12）（Van Dijk, 1993a: 83）

1. 那么，我们今天下午是否也同意
2. 你可以有不同的哲理
3. 来解释如何通过法律让人人都实现公民权利和享有平等机会
4. 而不以某种方式反对民权

209 5. 或者成为种族主义者或诸如此类。

（冈德森先生（Gunderson），美国众议院，1990 年 8 月 2 日，H6781）

在这个例子中，我们看到美国的公民权利辩论比欧洲更为复杂，因为多年来，保护少数族裔的法律在不同方面存在争议，特别是保护非洲裔美国人不被歧视的法律，尤其是在就业方面。共和党显然反对任何削弱企业自由的法律，所以这项民权法案也是如此，作为一个“配额”法案，老布什总统最初否决了该法案并不奇怪。简而言之，这就是这场辩论和这段话语的政治背景，对其（政治上的）理解至关重要。在这种情况下，这里不只是没有对种族主义的传统的否认，也没有积极的自我呈现（正如本场辩论的其他地方，特别是辩论开始时——请注意这场辩论恰逢海湾战争爆发），有的只是对多样性的恳求，这也是左派尤其是赞成颁布更多民权法的那些人的主要价值观。也就是说，冈德森先生以更一般性的措辞明确提出，必须尊重某些辩论准则，但当然他含蓄地声称，他的（或他们的）哲理不应被解释为种族主义或反民权，因此采取预防性举措来保护自己免受指责，就像通常的免责声明一样。还请注意（12.1）中的指示代词“我们”，在这种情况下，它并不是指共和党的内群体，而是指其他内群体，即众议院议员。最初提到这样的内群体协议，提醒并因此预设了所谓的关于民权辩论的群体规范（即不要指责他人是种族主义）——这也是欧洲议会中相当普遍的规范。

最后让我们来到拉丁美洲，聆听阿根廷议会的一位发言人的讲话，他赞成限制玻利维亚和秘鲁等贫穷国家的移民。就像其他地方的情况一样，特别是在欧洲，在日常谈话和媒体中，贫穷移民往往与犯罪相关。与其他地方一样，借助反移民立法，保守派政治家利用这种情感反过来希望得到更多的选票，因为他们“反对移民”并“倾听民众心声”：

（13）（Van Dijk, 2005b: 119）

1. Es imprescindible debatir fuertemente una ley inmigratoria en
2. la Argentina y avanzar en esta materia. De ninguna manera hago
3. un planteo xenófobo ni creo que los autores de los delitos que se
4. cometen sean solamente inmigrantes clandestinos o ilegales.

（皮凯托先生，阿根廷议会，2001 年 3 月 14 日）

［我们必须大力主张在阿根廷推行《移民法》，并在这一问题上取得进展。我绝不是提出仇外的建议，我也不相信那些犯罪的人都是偷渡者或非法移民。］

皮凯托先生还以传统的免责声明介绍了他的政策，但这次不是作为第 210
一部分语对，而是在宣布《移民法》之后，也就是说，不是作为对批评性阅读的预先保护，而是作为随后纠正可能的消极推论的尝试——一个众所周知的面子维护举措。此外，他强调将某人称为种族主义者的惯常理由不适用于他，因为他不认为所有罪都是移民犯下的，以此来支持他的否认。也就是说，免责声明并不是简单的否认，这样也不太可信，而是一种有论据的否认，当然这又是一种积极的自我呈现形式：我不是一个偏执者。

这里简要讨论的几个例子在很多方面都指出了相关语境，特别是讲话者及其各方的声誉。提议限制少数民族或移民的权利一般可被视为种族主义或仇外心理的表现。因此，讲话者必须否认这种偏见，或为“合理”或

“必要”立场提出论据，从而得到“我们”大家的赞同，这是众所周知的共识策略。

在日常言谈中，我们也发现了这样的免责声明，以及其他表示怀疑、减弱和总体上避免不太可信和不太受尊敬的极端主义立场的信号。换言之，在大多数交际情境中，特别是在公共场合以及与未知或外群体的人们交谈时，需要自我监控（具体事件）心理模型的偏见内容或一般社会表征（一般偏见）的表达。这种自我监控是通过说话者的语境模型来进行的，而观察到的话语特性如免责声明和减弱措施，是这种语境模型属性的话语信号，例如可以达到产生良好印象（或避免坏印象）**并且**说出自己想法的综合目标的话语：消极地谈论他者。应该对这些例子以及不同国家不同情况下的类似例子进行更详细的观察，但在欧洲、美国或拉丁美洲，尽管存在重要的历史、社会和种族差异，但总体情况是非常相似的。

它们的共同之处在于欧洲白人对欧洲非白人的统治，以及奴隶制和殖民主义的历史背景，其中包括美洲的土著少数民族或多数民族和非洲裔美国人，以及欧洲、美国，现在还有如阿根廷和智利等一些拉丁美洲国家的新移民（主要来自亚洲、中东、非洲和拉丁美洲）。

211 这是说话者及其语境模型的基本身份，也是大多数接收者的宏观语境模型的基本身份。在具体的观点和政策上存在差异——一般来说，右派可能比左派更为严苛，但众所周知，左派政府最终颁布的限制性法律或措施也为数不少。大众媒体和其他形式的公共话语也是如此——存在不同程度的差异，但没有一个占主导地位的政党、报纸或机构明确反对种族主义。

多元文化社会的这种普遍的社会政治情境，由许多精英共享并且部分地由普通公众共享，影响着我们上述观察到的文本表现形式的局部语境模型的形成。也就是说，这几个例子也说明了语言使用者如何理解局部互动语境，但是这是基于关于他者和内外群体关系的更一般的社会政治知识和意识形态。因此，印象管理的语境策略旨在不仅维护讲话者的面子（“我不是种族主义者”），还有内群体的声誉（“我们不是种族主义者”）。因此，更一般地说，正如我们从群体的社会心理学中所知道的，只要语言使用者也作为群体成员说话，这些身份就被表征在监控话语现象的语境模型中，例如免责声明和其他形式的积极自我呈现。总之，对于最具体的种族主义文本和言谈的语境模型而言，确认为白人（欧洲人）的讲话者，根据共享的种族主义态度和意识形态实例化了对他者的特定消极看法，但最终使他们的话语（表达关于他者的消极心理模型）适应他们对受众及其当前目标以及持续情境的其他方面的理解。

结语

本章的基本假设是，语境模型和其所控制的话语一样，也因文化而异。在简要讨论“文化”这一有问题的概念的背景下，我接着探讨了人类学家在民族志研究中如何解释交际情境的结构。

因此，根据对德尔·海姆斯和他的言语网格的相对详细的理论说明，以及对这些情况进行初步分析后可知，数十年来言语民族学者不仅描述了不同社会中的文本和言谈的具体结构，还描述了他们的语境条件。

首先，毫不奇怪，我们没有在所有的语言和文化中都找到与“语境”对等的概念。毫不奇怪，在每种文化中，我们都能找到“谁”之常见变体，以何种身份和角色，可能或应该以何种方式，与拥有哪些知识和其他 212
信仰及意图等的“谁”进行交流。

然而，尽管存在变化，且它们可能引起跨文化话语和互动中的冲突，但也许更令人惊讶的是，至少在我们的分析中，语境模型的基本结构和类别没有那么不同。因此，参与者关系和身份如权力、地位、亲属关系、性别或年龄，在交际情境的定义和适用于其的规则中，即使不是普遍的，也是非常常见的。毫无疑问，一般说来，作为（共享的）知识和其他信仰以及意图和目标的基本认知条件可能是人类互动的共性。另一方面，可能更符合人类并因此具有普遍性的情境维度，即他们如何看待和塑造空间环境，可能又会有很大不同，正如已经发现的相对主义和绝对主义的取向形式一样。

最后，我们研究了当代人类学，特别是语言人类学，如何分析语境概念，并假设正是在这样的学科中，人们可能会发现语言、社会、文化和认知维度的整合，这些维度在交际活动中发挥作用。的确，当代许多关于语境和语境化的研究，都是由海姆斯、甘柏兹、莱文森、杜兰蒂、汉克斯等顶尖人类学家从事、组织或发表的。与此同时，对这些研究的批评性阅读表明，目前这些发展将人类学的延伸与权力、性别、意识形态和其他一般“社会”主题的研究相结合，另一方面，却经常对忽视或否认认知在（书面！）文本和语境中的相关性的互动主义立场进行理论限制。在后一种意义上，人类学的这些发展也证实了，目前，对作为互动的言谈的“社会”或“文化”分析与早期人类学中普遍存在的对意义、理解和文化的认知方法之间，还存在令人遗憾的分歧。也正是从这个角度来看，我们对文本和语境的综合社会认知方法体现了作为互动的话语的社会、文化和政治维度及其定义所有人类理解的基本原则的认知基础，即从这种互动的意义、知识、信仰、意图和目标出发。因此，在人类学中，对语言使用、话语和语境的文化差异的充分理解需要这样一种综合的方法——与人类学本身的许多丰富的传统完全兼容。

第五章 213

语境与政治：英国议会关于伊拉克问题的辩论

引言

在这一章中，我将阐述本书以及《话语与语境》中提出的理论框架，并继续深入分析那场关于伊拉克战争的议会辩论，即托尼·布莱尔在2003年3月18日所做的演讲的最初分析中的更多细节。然后，我还将研究这场漫长辩论其余部分的语境维度。在分析中，我将特别关注该议会辩论的语境的一些政治层面，例如身份、知识和政治隐含（有关英国议会和西班牙议会相关的伊拉克问题辩论的进一步分析，另见 Van Dijk, 2003b, 2003c, 2003d, 2003e, 2006a）。

语境与政治身份

我们在本书中已经看到，参与者的各种身份对语境以及话语都是至关重要的。议会辩论也是如此，我们发现，托尼·布莱尔作为首相、政府和工党领导人以及作为英国人的身份在他的演讲中发挥了至关重要的作用，作为听众的议员也同样如此。因此，让我更详细地研究这些身份。首先，我再次列出之前分析过的例子：

（1）1. 首先，我要说，下议院辩论这个问题并做出裁决是正确的。

2. 这就是民主，这是我们的权利，而其他国家却还要为之奋斗。
3. 我再次声明，我不会不尊重反对意见。
4. 这的确是一个艰难的选择，但也是一个严酷的选择：
5. 是现在让英军撤回，还是坚持我们既定的路线。
6. 我热切相信我们必须坚持既定的路线。
7. 最常提出的问题不是“这个为什么重要？”，
8. 而是“这个为什么如此重要？”
9. 此刻政府面临最严峻的考验，多数票地位岌岌可危，
10. 内阁因政策问题而首次辞职，
11. 主要政党内部分裂，在其他问题上意见一致的人——
12. [议员阁下：“主要政党吗？”]
214 13. 啊，是的，当然。自由民主党——一如既往地团结
14. 在机会主义和错误方面。
15. [打断]

我们早先已经看到，托尼·布莱尔在下议院演讲时可能也会展示一些**社会**身份，例如性别、阶级和年龄等，但我在这里一律忽视。在这场辩论中展示的第一个相关的**政治**身份是托尼·布莱尔作为英国首相的身份，明确记录在英国《议会议事录》中，但只是隐含地通过议员预设的共享知识来呈现。也就是说，根据文字记录，议长并没有这样明确宣布首相身份。因此，在语境上与这部分片段的语用解释相关的是，布莱尔作为首相的身份使他有权（在议长之后）首先发言并提出动议。而且，作为英国政府首脑，他有权提议参战，正如在向下议院提的动议中所阐述的那样（此处不再复述）。像往常一样，指示语“我”表示了这些不同的身份，特别是他作为首相和政府首脑的正式身份的意义与此相关，而他作为工党领导人等其他身份则不太相关，但在稍后的辩论中可能变得更相关。

通过研究托尼·布莱尔的这些政治身份的组成类别（如上所述），我们发现他作为首相和政府领导人的一部分**活动**包括通知议会，请求批准他的政策，以及实现使一项动议被接受的局部目标。其他类别（如规范和价

值观以及与其他群体的关系）在稍后的辩论中生成。

忽略这个片段（以及辩论其余部分）的许多其他形式、语义和语用特征，只专注政治身份的表述或预设，我们发现下一个提及的群体或机构是“议院”，即“下议院”或议会的简称，指机构，但实际上（通过转喻推理）也指其议员——布莱尔正在对这些议员发表讲话。由于布莱尔不仅是首相，而且是议员，因此对其共同成员发表讲话，也表示了另一种政治身份。然而，与此同时，下议院的大部分人可能会对布莱尔的动议投反对票，因此在议会内部甚至在布莱尔自己的政党内部也存在政治两极分化的问题。我们将在下面看到，布莱尔以他的多数党工党领导人的身份意识到，他不能简单地指望得到本党的一致支持（Stothard，2003）。

接下来，当谈到民主是“我们的权利”时，布莱尔使用政治所有格代词“我们”，一方面反身地表示了首相身份，同时又是一个更广泛的政治 215
身份，即民主国家或制度的成员。正如我们在政治身份的关系类别中所假设的那样，下一小句（“而其他国家却还要为之奋斗”）通过（我们与他们）对立证实了这种身份：只有在反对成为一个独裁政权的成员时，作为民主党派的成员才是基本的政治身份——在这种情况下，对伊拉克而言，这是隐含表达而并未阐述。

作为议会的共同成员并不意味着布莱尔和议会的其他议员会联合起来。相反，在这种情况下，我们可能预料首先通常是保守党和自由民主党反对政府，但是，布莱尔和其他与会者知道，就伊拉克冲突而言，保守党不反对战争，而反对来自自己党内的左派和自由民主党。

下一句话表达（或解释）了这一新身份，即布莱尔是自己党内多数人支持的领导人，是伊拉克战争“支持者”中的一员。因此，就像人们在堕胎辩论中构建反堕胎和提倡堕胎合法的身份一样（Reicher and Hopkins, 1996），我们现在发现（在工党内和其他党中）出现了支持伊拉克战争和反对伊拉克战争的两极分化。这些两极分化的政治身份可能与和平主义或非和平主义的意识形态立场有关，但这些身份不一定是相同的

（Klandermans, 1997）。可能有人不是和平主义者，但仍然不想要**这场**战争。礼貌的双重否定（“不会不尊重”）是突出辩论背后的民主价值观的战略性修辞举措，当然也有助于布莱尔树立作为“公正的”对手的积极自我形象。通过这种方式，布莱尔的语言使用反身地标明了他的民主立场。

这里构建的政治身份——那些赞成伊拉克战争的人——比其他政治身份（首相、议员、工党党员等）更具连接性，因此更具微观语境性，下议院的分歧就在于此。我们看到，这里发生的事情同时也利用了各种身份。布莱尔通过众所周知的共情举措来强调尊重他人（“我明白它对你来说有多困难”），但随后的“但是”的使用表明这是免责声明，因此也是一种积极自我呈现的形式。

布莱尔继续以体现他作为当前的发言人、首相、议员、政府首脑以及伊拉克战争赞成者的多重身份的语境模型讲话：“我热切相信我们必须坚持……”这不是首相的风格。相反，他以这种表达方式强调个人情感和承诺，特别是作为英国支持干预伊拉克的那些人的领导人。

216 如果说话者同时激活各种身份，那么这些身份可能每时每刻都在动态变化着，或多或少变得突出或显著。英国首相可能会发表正式声明，但不会像政治激进分子和活动家那样老套地与激情信仰相联系。还要注意典型的政治代词“我们”的使用（“我们既定的路线”“我们必须坚持”），它可以指代我们上面讨论过的不同身份所代表的任何一个群体：作为首相的布莱尔本人（在这种情况下，“我们”指位高权重者），他及其政府，或支持干预伊拉克的那些人（见 Wilson, 1990）。在后来的一句话中，他通过提及“我们、政府”以及议会中的多数党（工党）明确了这一身份。

对“英国”军队的提及明确地在辩论中引入了一种新的身份，即国家身份，当然这在之前的辩论中是隐含的：所有议员都知道并预设他们是**英国**议会的成员，并且正在谈论**英国**是否参与对伊作战。因此，布莱尔更显著地显示他的英国人身份。当他以明确否定的方式提出一项选择时（“让英军撤回”），当然不仅会贬低那些会做这种卑鄙事情的人，还会唤起民族主义情绪，即民族认同感。作为另一种选择的主角，并因此作为英国军队的捍卫者，布莱尔本人通过隐含地将自己定性为自豪的民族主义者，进一步助力他个人的自我呈现。

布莱尔在提到“主要政党”（对战争存在分歧）时继续激活辩论中的其他身份。于是，议员们的议员身份被淡化了，而他们作为党派成员的身份得以凸显。

然而，正如我们从打断中看到的那样，一些议员，可能是自由民主党人，不喜欢布莱尔使用“主要党派”的标签，这实际上是假设他们不是那么重要的党派。再者，这显然是一个身份问题，并威胁到这些议员作为自由民主党成员的政治面子。

正如我们先前看到的，布莱尔以轻蔑口吻的“啊，是的”对打断作出快速反应，假设自由民主党是事后才被提及的。这在政治上暗示他们确实不那么重要，往往在人们谈论国家和国际政治时被遗忘。布莱尔讽刺地承认，自由党并没有分裂，贬损他们在错误和机会主义上是高度一致的。同时这种尖刻的修辞语步强调，议会中的任何身份都可以临时解析，基本权力的游戏是在“主要”政党之间进行的。因此，在这种情况下，布莱尔不仅作为首相或政府首脑发言，而且特别是作为工党领导人，展示了工党身 217
份的政治群体关系类别——与英国其他政党的关系。这种情况下，对政治上他者的消极呈现当然是“错误”和“机会主义”等措辞的意识形态基础。

让我们来看看这场辩论的下一个片段：

（2）1. 国家和议会相互映射。这是一场辩论，

2. 随着时间的推移，它已经变得不那么苦涩，但同样重要。那么为什么

3. 它那么重要？因为现在这个问题的结果将

4. 不止决定伊拉克政权的命运以及

5. 被萨达姆残酷虐待已久的伊拉克人民的未来，

6. 虽然这些问题很重要。它还将决定

7. 英国和世界以何种方式面对

> 21 世纪的核心安全威胁、联合国的发展、欧洲和美国之间的关系、欧盟内部的关系以及美国与世界其他国家交往的方式。所以这再重要不过了。它将决定下一代的国际政治格局。

迄今为止，在这场“民主”辩论中仍缺失一个集体：人民、选民、公民等，被布莱尔以指示性限定表达命名为“国家”，表明所有接收者都知道他在谈论谁。因此，通过承认议会中的政治分歧并声称这反映了这个国家，布莱尔也承认有许多普通民众反对他的军国主义政策。当然，人们需要（在他们的语境模型中）在议员政治身份的群体关系类别中表征出来，至少如果议员自称是人民代表的话。特别是在议会的民粹主义话语中，言辞上提到对人民的关切会增强发言人的民主资格——这些发言人也可能是那些对普通民众的意见和利益兴趣不大的保守党。也就是说，他们的相关身份是选民，而不是普通民众。

换言之，不仅有议会辩论，还有民间社会的辩论。通过提及人民并承认其政策的争议性，布莱尔不仅旨在提高他作为（有争议的）民主人士的声誉，而且旨在提高他作为一位优秀的国家领导人的声誉。因此，他的进一步论证同时应该被看作是针对人民的论证，也许不仅在国内，而且在国际上也存在同样的意识形态分歧。

然后，通过引入被归类为坏的伊拉克政权的政治身份和归类为好的伊拉克人民的政治身份，布莱尔更明确地谈论伊拉克问题。如果战争会反对
218 或摧毁前者从而帮助后者，那么这样的行为当然会对帮助者及其政府和国家产生积极的影响。我们看到政治身份是如何通过联盟和不联盟来实现、塑造和确认：谁是我们的朋友，谁是我们的敌人？如果布莱尔想要与萨达姆·侯赛因作战，根据政治评价隐含，萨达姆·侯赛因是坏的（“残暴的”等），而布莱尔是好的。

最后，布莱尔将政治身份扩展到全英国、欧洲、美国和世界，从而为国际听众“做”世界政治。根据不同的个人和政治身份，他自己对战争的立场最终被说成是受世界政治的制约，即建构安全世界的目标。布莱尔和英国成为布什的伙伴，形成了一个称为联盟的新的身份（与西班牙、葡萄牙或波兰等一些或多或少不那么重要的其他国家），因为其反对杀人狂萨达姆·侯赛因的积极立场和行动，这个联盟自我定义为好的。请注意，在这种情况下，身份的表述还不是一个规范和价值观问题，而首先是一个实际目标（一个安全的世界），以及达到这一目标所必需的国家群体关系。这个目标以及群体间联盟的需求通过夸张修辞手段“再重要不过了”得以增强，而且从当前世界延伸到几代，即至未来。

从这两个段落的简短而相对非正式的分析中，我们看到议会关于重要的国家和国际问题进行的辩论可能涉及许多身份，既有发言者也有接收者在议会直接生成的身份，以及谈及的那些人的身份（如伊拉克人民、美国人民等）。诸如对自由民主党人的嘲笑，或指出下议院的分歧以及谈及的群体等语境互动，提供了定义辩论中显示的身份的关系结构。根据每个主题、论点或举措，托尼·布莱尔激活或强调了他作为首相、议员、工党领导人、国际领导人、那些想参战的英国人的领导人的身份。

不去谈论一种在许多当代社会身份研究中很常见的、新的、临时或“混合”身份，我认为将它描述为动态的、受语境和文本控制的各种“既定”身份的激活与操纵，仅有时为新的临时政治身份，更具有理论上的意义。正如我在本研究中通常认为的那样，与目前流行的关于“局部话语构建”或“表现”的身份的观点相反，身份这个概念预设社会行为者已经“拥有”了这种身份，即社会表征，如果没有这些社会知识，他们甚至不会知道如何在局部表现或构建这样的身份。相反，我认为，就像发言者将他们的语言和话语或其他社会结构的知识用作资源一样，他们也将这种身份**用作**资源。他们在局部激活、应用、并在必要时适应在他们的语境模型中所表征的当前社会情境。换言之，局部构建或表现的**并非**这种社会身份——经过多年 219

学习并且由相同社区或群体的其他人共享的一种社会表征——而是临时的语境化使用，以及这种身份的“实例化”或“应用”。不过请注意，在每个给定的语境中，参与者语境模型中的几个身份的配置可能是独一无二的——一些身份局部凸显或处于核心，而另一些身份则为背景或处于边缘。语言和话语也是如此：话语具有语境独特性，而自然语言是多年获得的社会共享资源。因此，声称托尼·布莱尔现在将自己的身份建构为英国人和说他现在正在建构英语，同样毫无意义。显然，他使用、应用或表现了两者，他这样做很独特，而正是语境理论描述和解释了这种独特性。

英国下议院关于伊拉克问题辩论中的其他干预

托尼·布莱尔的演讲开启了长达数小时的辩论，持续到当天晚些时候（晚上 9: 30），许多不同党派的议员进行了多次干预（52 次发言），直到以外相杰克·斯特劳（Jack Straw）的发言结束。总体上，即使在政党内部，工党的意见分歧也反映在其他党派及其成员的发言中。除了支持某个政策（例如布莱尔和反对自由民主党的其他人对机会主义的指责）的通常政治争论之外，我们还发现这里存在根本的道德两极分化，即一些人认为萨达姆·侯赛因应该被武力驱逐，另一些人则拒绝（这场）战争。然而，尽管在下议院存在这些根本分歧，但似乎已经达成共识，即一旦英军进入伊拉克，就应该忠实地支持：没有一个议员希望被视为“背叛”英国军队。

显然，本章不可能对本场辩论的英国《议会议事录》的数百页文字记录进行全面和系统的语境分析，因此，我仅用辩论的其余部分来说明语境模型实际控制部分辩论的一些方式。之后，我们将考查保守党的一位“普通”反对党议员（后排议员）的发言，他没有跟随他的党派领导人（支持托尼·布莱尔），而是投票反对伊拉克战争。

让我首先评论一下托尼·布莱尔演讲其余部分的语境限制。他采用的大部分论据都在积累萨达姆·侯赛因可怕的人权罪行和侵略的确凿证据。
220 那里几乎没有语境信号——的确，在非常不同的交际情境的许多其他话语中本可以并且已经列举了相同的事实。以一种相当实证的方式，我们可能会说，即使在必须出现这种陈述时，陈述客观事实也是相当“脱离语境”的，因此至少话题应该是相关的，如同关于国际政治和冲突的议会辩论一样。同样，关于萨达姆·侯赛因历史事实的这种列举可能有一个明确的政治目的，即让反对暴君的战争合法化，因此也包括列举语境条件和限制：将萨达姆·侯赛因描绘成暴君以及（整体）语境条件显然有助于说服议员支持布莱尔的观点，因此这是一个重要的举措。

布莱尔在演讲中使用的更明确的语境信号是，例如：

- 我将不会经历这些事件（第762栏）……
- ……因为下议院熟悉他们（第762栏）
- 我只是对下议院说……（第763栏）
- 如果可以的话，我应该特别感谢智利总统。

其中这些表达表明：

- 讲话者即将说的（所计划的）话语的意图（“我将不会……”）
- 指示性提及的下议院是演讲所针对的议员的一种转喻表达
- 与接收者的共享知识（“下议院熟悉他们”）
- 自反提到正在进行的演讲（“我只是……说……”）
- 感谢言语行为表达的实施（“我……感谢……”）
- 预设该言语行为的语境条件：讲话者对被感谢者的行为表示感谢。

更常规的是诸如下面的对话片段，例如：

（3）1. **休·贝利**（Hugh Bayley）：（……）尊敬的朋友是否同意，法国
2. 对任何进一步的安理会决议使用否决权的决定
3. 事实上，已经解除了联合国的武装，而不是解除了伊拉克的武装？
4. **首相**：当然，我同意尊敬的朋友的意见。（……）（第764栏）

在英国议会中，“同意（to agree）”不是要求或表示同意，而是可以用来打断发言人以便提问或者仅仅发表评论。和“同意”的日常意义最接近的是，要求对某观点发表评论——更具体地说，是否认同某观点。这在
221 语境上预设发言者和接收者各持己见。在这场辩论中（同一党派的议员之间互称“朋友”）赞同式提问的特定功能是实际上支持发言人布莱尔，并为受话人的立场补充论据。显然，这个隐含是提问的根本**政治**功能，即为自己党派的领导人提供支持。我们看到，这个问题的特定隐含预设了一种超越“常规的”、会话的、赞同提问条件的语境分析。

将这种情况与关于赞同的另一个提问进行比较，这次是首相问一位议员是否赞同其观点，而这位议员的问题是，针对伊拉克的外交努力——迄今已经失败——是否应该停止：

（4）1. **首相**：（……）我认为，尊敬的先生也会
2. 同意，除非采取武力威胁，否则
3. 萨达姆不太可能会接受检查。
4. **西蒙·休斯**（Simon Hughes）示意，表示赞同 /
5. **首相**：尊敬的先生点头了，但是
6. 外交手段的问题是，
7. 法国的立场公布之后，外交手段便告结束（……）（第 766 栏）

首先，我们看到一名反对派成员没有被称为“朋友”，但只在英国《议会议事录》中记载为套语“尊敬的先生”。这在语境上预设首相和其他所有议员都知道，西蒙·休斯是自由民主党的议员，他们既与保守党一样是反对派，但是——又与保守党人不同——他们反对战争。其次，反对派成员提出的关于未能继续进行外交努力的问题——而不是参战——一定会被首相解读为批评，因而当作一种反对形式。这反过来又是他回应的一个条件，即作为对批评的辩护，而且正是在辩论的动态语境模型的下一个阶段中，假设和间接提问（“我认为，尊敬的先生也会同意……”）变得

恰当，这次是作为“真正”同意的问题——之所以是“真正”，因为两位参与者显然在主要问题（是否参战）上意见**不**一致。休斯先生确实那样理解同意的间接提问，这可以从《议会议事录》的非口头答复的文字记录（“/ 表示赞同 /”）中推断出来，然后在辩论中明确表示，因此又记录为首相“点头”，这意味着同意关于同意的问题。

一般来说，所有这些都遵循议会辩论和会话的通常规则，然而，正如我们在整个过程中所表明的那样，议会辩论所涉及的语境定义以及相应的**政治**含义更为复杂。就像议员向自由民主党提出的外交问题被布莱尔理解 222
为政治反对派辩论策略的一个举措并予以回应一样，布莱尔的辩护当然也是政治性的。在各级语境定义中都是如此。首先，这当然是对议员的批评性问题的反驳举措。其次，这是自由民主党的一个成员对议员以及一个（党派）反对派成员对布莱尔政府的反驳举措。再次，这是对下议院中所有反对布莱尔的伊拉克政策的议员所采取的反驳措施。最后，对于国际新闻界以及国际舆论来说，它可能会被更广义地解释并记录为是对世界各国所有赞成进一步外交手段而不是发动伊拉克战争的那些人的反驳。

正是在为他自己回答这个关键问题叠加的语境定义之内，介入了免责声明（“尊敬的先生点头了，但是外交手段的问题是……”），适时以“但是”标明，这表明对他政策的反对在**政治上**是不一致的。布莱尔暗示，人们不能一方面认同萨达姆·侯赛因不想改变他的政治主张除非他受到武力威胁，而另一方面又在他不遵从时不实际使用这种武力。

辩论到此刻实际上并没有**提到**这一点或更多，而是由语境结构在政治上暗示，使得每一点都适合干预。也就是说，毫无疑问，听西蒙·休斯发言的任何人都认为他的问题是批评性的，并且是对布莱尔的一种政治和道德上的反对。同样，议会议员听布莱尔发言时，将他的答复当作是对下议院的议员、国内自由民主党人和全世界所有反战人士的反驳。只有对参与者解释的语境进行更加明确的分析，才能使他们的行动在互动上和政治上有意义。

同样的分析也适用于布莱尔稍后对亚历克斯·萨蒙德（Alex Salmond）的一个批评性问题的答复（萨蒙德是苏格兰国民党议员——分析者在辩论或英国《议会议事录》中没有找到的这条，但通过互联网找到了，当然已被所有参与者知道，因此也是他们的语境模型的一部分）：

（5）1. **亚历克斯·萨蒙德先生（班夫和巴肯选区议员）**：首相说
2. 法国人改变了立场，但法国人、俄罗斯人
3. 中国人一直明确表示反对第二个决议
4. 这会自动导致战争。
5. [打断。]
6. 那么他们在第1441号决议通过时就发布了这个观点。难道不是
7. 首相改变了立场吗？一个月前，
223 8. 他说，他在没有第二个决议的情况下就发动战争的唯一条件是
9. 如果调查人员得出结论，
10. 没有更多进展，而他们没有得出此结论；如果
11. 在安理会获得多数票，确实没获得；如果
12. 有一个国家行使了不合理的否决权，但有三个
13. 常任理事国反对首相的政策。他是什么时候改变他的
14. 立场的，为什么？
15. **首相**：首先，尊敬的先生绝对错了
16. 关于第1441号决议的立场（第766—767栏）

再者，布莱尔强烈（“绝对错了”）反驳了关于他改变主意的预设的指责，这不但是一种消极评价，是与前一位发言者意见不一致，正如我们在脱离语境的会话分析中所说的那样，而且更广泛地是政治性的，其针对的是下议院的反对派和那些更普遍地反对战争的人。对预设布莱尔改变了参战立场的看似无辜的问题以及布莱尔强有力的回答的这种解释（毫无疑问，解释是下议院所有接收者的语境模型的一部分）只能是明确的阐释，并且实际上是从所提出的语境定义所作出的政治推断。还要注意，英国

《议会议事录》中提到，在“打断”之后萨蒙德使用了“那么（Well）”；“打断”可能是抗议萨蒙德对历史事实的解释，这使萨蒙德做出局部反应，证明他以“那么”开头的回答的断言是合理的，表示他的断言是基于（共享）证据。

发言者确实代表他们自己（我分析的许多语境定义与他们有关），这一点有时变得很明显，例如在以下片段中：

（6）1. **特迪·泰勒（Teddy Taylor）爵士**：首相正在发表强有力的
2. 引人注目的演讲。他是否会告诉下议院（……）
3. [另一位议员对布什关于指责伊拉克
4. 支持恐怖分子的讲话的干预]
5. **首相**：首先，让我向尊敬的
6. 罗彻福德和东绍森德议员（特迪·泰勒爵士）道歉。他正在强调的这一点
7. 对我有利，而我却没有发现。其次，对于我尊敬的朋友，
8. 是的，我确实支持总统（布什总统）的说法。

特迪爵士在第1—2行的恭维可能会被解释为免责声明的第一部分语对，但在这种情况下，后面并没有接“但是”。由于特迪爵士是著名的保守党议员（并且作为周一俱乐部的成员之一，是右翼保守派观念的最坚定捍卫者之 ，这也是所有议员肯定知道、在听特迪爵士发言时可能会激活的知识），他不是布莱尔的朋友。然而，尽管保守党是反对党，但在这场辩论中不反对布莱尔的伊拉克政策，他们的干预并非有意批评布莱尔，也 224
没有被解释为对布莱尔的批评，因此也不是一种反对形式。因此，第1—2行的恭维并非意图和解释为免责声明的第一（积极）部分，后面跟着批评（消极）部分，这与其他情况不同。实际上，这也许是布莱尔最初可能并没有把这个“真正的”恭维当作恭维即“对他有利的一点”的原因。我们看到，在下议院的这场政治辩论中，我们不仅探讨了可以解释恭维的会

话互动的通常条件和规则——接收者的积极评价被听作恭维。如果是这样，首相会马上表达他的感激之情，正如下议院通常的“恭维—感谢”相邻语对一样，然而，在对政治语境的分析中，通常在话轮的开始时听到的反对派议员的恭维被视为明显让步，即作为免责声明的第一部分，后面接“但是”，作为批评因而也是作为政治上的反对。不过，由于在这种情况下，保守党甚至非常保守的议员都同意布莱尔的观点，免责声明的常规解释就不成立了，因此布莱尔同时意识到他其实是被恭维了。除了这种会话互动的语境分析之外（在下议院制度规则的背景之下），我还想表明发言者实际上已经意识到（或者应该意识到——正如布莱尔的道歉预设的那样）辩论中每个话轮的政治隐含，即发言者是赞成还是反对首相及其当前政策。

当然，除了具有相当“全局的”条件和后果的这种十分“局部的”互动问题之外，辩论中还有更加明确的关键性和先验性时刻，而当保守派领导人伊恩·邓肯·史密斯（Iain Duncan Smith）意识到这个国家很快就要参战时，他第一次介入的时刻堪称“庄严”。下面这些详细记录辩论内容与风格的片段是辩论的核心时刻的片段，当时托尼·布莱尔提出了要在辩论中争论和决定的关键政治问题，因此那就是我们正在分析的语境定义的“语用宏观结构”：

（7）1. **首相**：（……）我们认为我们的自由是理所当然的。但是
2. 想象一下你生活在不能说话或讨论
3. 或辩论甚至质疑你的社会的情形。看到朋友
4. 和家人被带走，从不敢抱怨。忍受
5. 在无情的恐怖面前失去勇气的屈辱。那就是
6. 伊拉克人民的生活。让萨达姆继续统治，严酷的事实
7. 就是他们将继续被迫这样生活。
8. 我们必须面对我们所倡导的行动的后果。对于
9. 我们这些支持我所倡导的行动的人而言，这意味着

10. 战争的一切危险。但对于那些反对这个行动的人来说，它 225
11. 意味着——让我们都明白——对于伊拉克人民来说，他们唯一真正的
12. 希望在于消除萨达姆，否则黑暗将笼罩一切。
13. 他们将被置于他的统治之下，没有任何可能
14. 获得解放——我们、任何其他人都帮不上。
15. **格伦达·杰克逊（Glenda Jackson）（汉普斯特德和海格特选区议员）：**首相要
16. 让步吗？
17. **首相：**稍候。这是我们面临的选择。如果
18. 下议院在面临来自这个政权威胁的此刻，现在要求
19. 撤回英国军队，要求我们不和他
20. 算总账——这意味着——后来会怎样呢？
21. 萨达姆会是什么感受？他会感到强大无比。
22. 其他对人民施行暴政的国家、那些威胁
23. 我们的存在的恐怖分子会从中学到什么？他们会认为
24. 对抗他们的意愿正在衰弱。谁会庆祝，谁
25. 会哭泣，如果我们现在从海湾撤军的话？
26. **格伦达·杰克逊：**首相会让步吗？
27. **首相：**我很抱歉。（……）
28. 下议院希望在冲突之前进行该讨论。那是一个
29. 合法要求。事已至此，就只有这些选择。在这个进退两难的境地中，
30. 没有哪个选择是完美的，没有哪个选择是理想的，但这个决定关系到
31. 方方面面的命运：我们是否鼓足力量去认识、
32. 去迎接21世纪的全球挑战；
33. 在多年的独裁统治下呻吟的伊拉克人民；我们的军队，
34. 我们引以为自豪的勇敢的男人和女人，
35. 他们士气高涨，目标明确；
36. 塑造我们未来世界的机构和联盟。现在撤退，我相信，
37. 会把我们最珍视的一切都置于危险之中：将联合国
38. 变成清谈俱乐部；扼杀中东初步取得的进步；
39. 让伊拉克人民任由摆布，
40. 而我们本可以竭尽全力使局势朝更好的方向发展；

41. 告诉我们的盟友，在行动的那一刻，
42. 在他们需要我们下决心的那一刻，英国动摇了——我不会
43. 参加这样的行动。
44. 现在不是动摇的时候。不但对于这届
45. 政府——或者实际上，对于这位首相——而且对这个下议院来说，
46. 是发挥主导作用的时候：表明我们将支持我们认为
47. 正确的事情；表明我们将面对暴政和
48. 独裁，以及使我们的生活处于危险之中的恐怖分子；表明，
49. 在决定的时刻，我们有勇气做正确的事情。
50. [下午 1 时 23 分]
51. **伊恩·邓肯·史密斯先生（青福德和伍德福德格林选区议员）：**
52. 下议院和整个国家正确认识到我们很快就有可能
53. 参战。这是我们国家生活中的庄严时刻，
54. 今天，当我们的军队在为此次行动做准备时，我们必须首先想到
55. 他们及其家人，并为他们祈祷。反对党承认
56. 首相和政府承担的重大责任。
57. 我提醒下议院，首相的决定是
226 58. 在国际社会犹豫了 12 年之后
59. 做出的。
60. 我从一开始就明确表示，正式反对党
61. 今晚将与政府在同一议事厅投票。说到这里，我认识到，
62. 下议院双方关于对伊拉克采取进一步军事行动
63. 都有真诚的感受和真正的意见分歧。
64. 我毫无保留地尊重那些意见，无论是哪方的意见，我
65. 都承认它们反映了来自全国各地的强烈意见分歧。
66. 然而，鉴于他们对整个政府，
67. 特别是给首相造成的分歧和困难，
68. 我坦率地对下议院说，
69. 正式反对党今晚可能以某种方式寻求
70. 走进“反对厅”。毕竟，我们一直认为
71. 大臣们未能说服公众相信他们的观点，
72. 并且我们试图要求政府在下议院

73. 为其错误负责。特别是我们也指出了
74. 战争会带来的人道主义灾难。
75. 不过，我相信政府在为英国人民做正确事情时，
76. 应该得到下议院的支持，
77. 特别是主要反对党的支持。

在这个主要演讲中，首相为他的动议进行辩解并寻求下议院批准武装干预伊拉克，演讲结尾的辩论部分采用了惯常的修辞，将这种行动合法化。因此，从语境上讲，指示语“我们”和“我们的自由”应该被模糊地理解为“我们”英国人，而在更普遍的意义上是指“自由”（西方、民主等）世界的所有人。第 2—7 行描述的那些人的命运的强烈反差，更加突出了“我们”拥有的自由。因此，布莱尔用夸张的修辞来解释这种反差，被视为给被压迫者“带来自由和民主”的道德基础。

然而，重点不仅仅是描述伊拉克人民可怕的命运——正如报纸上发表的观点文章或谈话所描述的那样。除了这段话的语义和修辞之外，布莱尔和议员都不断意识到他们的话语的**政治**语境。的确，布莱尔在讲话时十分清楚**不**参战的后果，即萨达姆·侯赛因继续统治下去（第 6 行）。换言之，他清楚表明，如果下议院反对他的动议，即反对他的对萨达姆·侯赛因开战的提议，将会发生可怕的政治后果。从第 8 行到第 14 行，他比辩论的其余部分阐述得更明确、更直接。也就是说，他明确了辩论中的意识形态群体和参与者（“对于我们这些支持我所倡导的行动的人而言……”，第 8—9 行），因此，布莱尔在辩论中使用语境定义的主角角色使我们与他们截然对立起来。通过阐明如果不清除萨达姆·侯赛因，如果我们不参 227
战，伊拉克人民将会如何，布莱尔间接地指责他的反对者应对伊拉克人民继续受压迫承担罪责——这是一种道德讹诈，至少不同意他的观点的那些人会做出这样的语境解释。不过布莱尔并没有这么明确地表达，但是这种语境结构满足了指控的条件，即选定的接收者（“但对于那些反对这个行

动的人来说……”，第 10 行）的决定与伊拉克人的暗淡未来有关。因此，布莱尔提到的我们必须“面对我们所倡导的行动的后果”这一道德原则，也适用于当前的辩论和最终投票中的政治和话语行动。这样一来，布莱尔不仅提出了他自己的语境定义要素，还提出了适用于它们以及在这种语境下发生的行动和话语所适用的一般规范或原则。

当然，其他语境定义也是可能的，他自己党派的著名议员格伦达·杰克逊曾两次试图——只是徒劳——在这个关键时刻打断布莱尔，可能是为了反对布莱尔以道德讹诈的方式来操纵下议院。但是从第 17 行到第 25 行，布莱尔继续更加明确地描述了英国军队撤退后会发生什么：“如果下议院现在要求此刻……”这种双重指示转喻提及议员和实际时刻，因此明确地将当前的决策语境与现实世界中的可能后果联系起来，这正是布莱尔所构建和陈述的。

而且，对萨达姆·侯赛因独裁和伊拉克人命运的修辞强调让那些反对战争的人更明白后果和道德责任。通过这种明显的操纵策略（Van Dijk, 2006a），我们也更清楚地了解了这场辩论的主要参与者托尼·布莱尔解释和更新语境模型的方式。他知道去伊拉克参战是一件严肃的事情，面临下议院、自己政党内部以及国家和全世界的强烈反对。因此，他需要非常有说服力的言辞和强有力的论据来攻击反对派，即指责他们，如果撤出英国军队，他们必须对伊拉克人继续受压迫负责。

这意味着布莱尔演讲的每个词和每个动作都是为了积极呈现他自己的立场，而消极呈现反对战争的那些人，或者更确切地说是消极呈现他们行动的后果，因为他不能明确地攻击他自己党派的成员。

我们可以从第 30 行看到，布莱尔如何在对伊拉克人命运的赤裸描述
228 和此时此刻下议院进退两难的政治困境之间转换。毫不奇怪，这一段中有许多对这个辩论的指示语（“该讨论”，第 28 行；“下议院希望”，第 28 行；“这些选择”，第 29 行；“这个进退两难的境地”，第 29 行，等等）。

也就是说，布莱尔明确表述了他对当前交际情境和政治情境的定义，

由于他将其定义为进退两难的境地，我们便看到他是如何使参与者及其立场两极分化，从而明确表明是否参战的政治选择意味着道义上的好与坏。以夸张的词语（“在多年的独裁统治下呻吟”）指明其对伊拉克人民造成的后果再次支持了这种明确的语境表述。实际上，我们看到当前话语和正在进行的辩论，是如何通过两极分化的语境定义（参与者角色、进退两难境地的定义等）与布莱尔所表征的政治后果在政治上和理论上相关联的。伊拉克人将继续受苦的隐含指责是针对反对他的那些人提出的，在此我们看到，语境定义如何影响谈话及其解读，以及如何用谈话来建构将后果陈述解读为指控的语境定义。同一段的后面几行（第 30—49 行）不仅对伊拉克人，也对联合国和整个世界将面临的可怕后果具有启示性。

在这一点上，语境定义不仅包括下议院中“我们”与“你们”的对立，一般还包括“我们的”国家或社会的基本准则和价值观：“会把我们最珍视的一切都置于危险之中”一句中的指示语“我们”，可能再次指“英国的我们”以及“民主世界中的我们”。因此，辩论的微观语境不断延伸到关于战争与和平以及世界的未来的这个全球决策的宏观语境。还要注意的是，在布莱尔建构的各种身份中，在第 42—43 行的话语中出现了一位民族主义者：“在他们需要我们下决心的那一刻，英国动摇了：我不会参加这样的行动。”这样的表述为这些段落中“我们”的更民族主义以及因此具有政治意义的解释，提供了一些更明确的信号。而且在这种情况下，布莱尔坚决宣告他“不会参加这样的行动”，这不但应该被理解为不放弃国家职责、甚至国际责任的勇士所做出的宣告，而且更应该在本地解释为一种隐含的威胁，即如果下议院不遵从他，他可能会辞去首相职务。在这方面，关于国际事务的辩论往往也具有本地意义，议员们都知道这一点。

再者，布莱尔的话语可以被解读为是为对萨达姆·侯赛因采取行动的崇高道德辩护——其他人在其他交际情境中也可能这么做——然而，他本
人和议员们对当前语境的定义则暗示，这是一场首相、他自己党派内部的 229
反对者、下议院和国内的其他反对者以及他作为世界领导人（和美国盟

友）在国际上的信誉之间的实实在在的政治权力游戏。

第44—49行进一步将语境逐步扩展到最大，他的角色从作为负责任的政治家（“这位首相”）和“这届政府”指示性地扩展到“这个下议院”，甚至扩展到整个国家——“做正确的事情”。我们看到，布莱尔在这些段落中试图将该下议院议案辩论的局部语境，扩展为“我们”英国人和民主党人之间关于如何战胜世界独裁和恐怖主义的更加全球化和崇高的全国性和国际性的辩论。为此，他需要重新界定局部语境的界限，并将其影响和后果扩展到世界舞台。因此，说服性的言辞不只是为了得到议员的支持（投票支持他的动议），更是试图影响他们对这个非常崇高和全球化舞台的语境的定义：他们决定世界的命运。

因此，他演讲中的每个词都应该被理解为与其中的这些语境条件相关，如反对独裁和恐怖主义的民主斗士的积极自我呈现、与敌人勾结的反对派的消极呈现、下议院的政治关系、将当前辩论定义为重大进退两难境地、隐含的威胁以及或多或少明显的道德讹诈等等。

在布莱尔的这场末日演讲结束后，轮到保守党反对派领导人邓肯·史密斯讲话时，他只能对当前情境的宏大和“严肃”的定义表示赞同。他还用民族主义词语来表明议会决定参战（“我们国家”“我们的军队”，第53—54行等）。也就是说，在接下来几行，除了将自己界定为反对党领导人（第60行）之外，他首先将自己界定为英国人，从而在他试图传达给其他议员特别是布莱尔的语境模型中，为自己的政治身份构建了广泛的意识形态基础。

同样，虽然反对党通常不同意政府的立场，但这次例外。在这种情况下，像在所有战争中一样，至关重要的是，这是国家和国际的而不是党派的利益。因此，在这种情况下，他没有强调他的身份和党派即保守党人的身份，因为在这场辩论中没有党派政治利益可言。这意味着反对党议员的语境定义也必须进行相应的调整，这在他们后来的讲话中也有所显示。然
230 而，在该段的其余部分，邓肯·史密斯表明，语境的这种重新定义不够直

白，需要进一步论证。

毫不奇怪，他对托尼·布莱尔主张加入美国对伊作战的支持，也在英国下议院遭到从完全不同的角度提出的一些批评：

（8）1. **穆罕默德·萨瓦（Mohammad Sarwar）先生（格拉斯哥戈万选区议员）：** 请问尊敬的右翼
2. 先生是否将借此机会向穆斯林世界道歉，
3. 因为你支持萨达姆·侯赛因对他的人民
4. 使用化学武器并杀害了100万穆斯林？（第778栏）

为了恰当地生成和理解这种批评性的——或者也许是讽刺性的——干预，正常的语境条件是，邓肯·史密斯在当时的社会或文化标准下做了错误的事情。因此，发言者假设邓肯·史密斯支持过他现在想要与之作战的独裁者——这种批评通常针对那些之前不想要而现在想要对萨达姆·侯赛因开战的人。毫不奇怪，邓肯·史密斯拒绝了这个假设（“我从来没有支持过萨达姆·侯赛因使用任何武器，尤其是化学武器。”），因此没有道歉的必要。毫无疑问，萨瓦先生也不期望这样的道歉，这不只是因为他知道邓肯·史密斯个人并没有支持萨达姆·侯赛因屠杀自己的人民。也就是说，道歉“真正”必须的语境条件没有被满足，因此我们需要设想另一种交际情境的定义，即通过一系列推理来理解政治隐含，根据这些推论，萨瓦先生（工党成员）并不要求道歉，而是间接批评保守党在萨达姆·侯赛因犯下这些罪行期间曾支持过他，而他们现在想要支持对他开战，因此是批评这个相当不一致的政策。萨瓦先生的问题应该根据他的（工党）党派身份、他对穆斯林的同情（因此强调死亡100万穆斯林而不是100万伊拉克人）以及他对保守党的反对的语境模型来理解，尽管他们目前支持布莱尔的伊拉克政策。

我们看到，如果我们能够明确相关的语境模型，萨瓦先生干预的生成和最可能的理解都能一目了然。这些一方面将更普遍的社会知识和政治知识实例化（例如关于英国的政党、以前的保守党政府的政策、萨瓦的工党成员身份等的知识），另一方面将这些知识与当前交际情境的知识相结
231 合，例如，保守党领导人邓肯·史密斯对托尼·布莱尔的明确支持。正是讲话者这种假设的独特语境模型，确保了他的干预，以直接提问的形式和具有要求道歉的言语行为功能，被理解为对保守党的批评。

当下议院议长要求一位议员撤回她打断反对战争的自由民主党领导人肯尼迪（Kennedy）先生时发表的言论（未在《议会议事录》中记载）时，辩论中发生了另一个有趣的交流：

（9）1. **肯尼迪先生**：我感谢尊敬的先生提出的问题，但是
2. 答案是不。我不会这样做，因为我们一贯的路线是，我们
3. 不认为发动一场战争
4. 不需要再次经过联合国安理会决议的程序。
5. 这是我们的立场吗？
6. ［打断。］
7. **议长先生**：秩序。尊敬的切舍姆（Chesham）和阿默舍姆（Amersham）选区议员
8. （吉兰女士）不应该这样说。她会撤回。
9. **谢里尔·吉兰（Cheryl Gillan）女士（切舍姆和阿默舍姆选区议员）**：我撤回
10. 那句话。
11. **尊敬的议员们**：让我们听听。
12. **议长先生**：秩序。下议院必须知道的是，我听到了
13. 那句话。
14. **肯尼迪先生**：我稍后去见你，议长先生？
15. [尊敬的议员们："哦。"]
16. 我向下议院保证，格拉斯哥议长知道此话是
17. 威胁还是友善。（第 782 栏）

再者，一个相当复杂的语境分析是理解这种交流所必需的。尽管打断

在英国下议院是相当常见的，但它们显然应遵循下议院的规则。显然，吉兰女士说了一些违反这些规则的话，下议院议长明确要求她撤回所说的话，她不加争论或抗议地遵从了要求，所以我们可以推断她知道她的言论确实不恰当。

注意这个序列是如何发展的：议长首先通过常规的干预——一声“秩序”——来停止辩论，在许多场合都可以说这个词（通常是当一位或多位议员不遵守发言顺序时），包括有人违反下议院规则时。然后，议长使用情态词“不应该”表明这是违规行为，预设某个规则或惯例很可能是下议院本身的规则。在这样的陈述之后，可以明确地提出撤回言论的要求，这个要求不是以请求或建议的形式提出的，是以将来时而不是祈使句的形式进行直接命令的。使这种要求恰当的进一步语境条件当然是议长有 232
权要求撤回不恰当的言论。

在这种情况下，有趣的是：没有听到那句话的议员询问她说了什么（该语境预设他们不知晓），议长拒绝该请求，并且再次以“秩序”开场。拒绝的风格显示了议长的权威，再次预示他不必向下议院透露他所听到的——这可能意味着议员们所知道的另一个规则或惯例，并且无需进一步的解释或理由。最后，当初被打断的议员肯尼迪先生评论道（第 14 行），他“稍后去见”议长（暗指：“辩论后”），议员们以表示惊讶的“哦”集体对这个干预做出了评论。为了理解该表达以及接下来的内容，参与者（和分析者）需要知道，“稍后”即完成现在的事情之后，见某人的请求或要求可能会被视为一种威胁，在此指强迫议长泄露吉兰女士干预时所说的话。很显然，这种要求或者甚至请求可能适用于男人们在酒吧里的讨论，但肯定不是在议会中——同样鉴于议长的权威以及（和平）交流与辩论的一系列其他规则和规范。肯尼迪先生明白他可能被误解，那并不是一种没有诚意的假威胁，因此在第 16 至 17 行，他通过言语行为来表明意图，当着议长的面谈论议长，因此也间接地对他说话了，并提醒他自己（也）是来自格拉斯哥的身份，因而能够区分威胁与作为口语、方言的内群体语用规则一部分的玩笑话或假威胁。

我们看到，一旦我们明确了大量的语境类别、规则和推论，例如下议院议长的地位和权威、打断规则、议长对议员的权力、提出要求的条件、参与议员（缺乏）的知识、威胁的正常条件、议长和一位议员（共享）的区域认同，等等，参与者就可以完全理解这场非常严肃的，关于战争的辩论中这种不那么严肃的旁侧序列（side-sequence）。

如果没有这些语境信息，我们将无法理解或解释：为什么议长能够直言不讳地告诉议员（不）做什么，为什么议员遵从了这个要求，为什么肯尼迪先生可以制造一种假威胁，而下议院对此的反应是（类似嘲弄的）惊
233 讶，以及肯尼迪先生如何基于共享区域身份，并因而基于关于正确解释这种准威胁的语境条件的共享知识，重新定义这种明显的威胁。也就是说，除了交流互动的通常规则之外，我们在这里找到下议院的具体规则，以及相同言语社区的社会规范和议长的共享知识。

以下是萨维奇先生（工党议员）的另一次干预，对参与者潜在语境模型的性质提供了一些更明确的见解，他显然对参战存有严重的疑虑：

（10）1. **马尔科姆·萨维奇（Malcolm Savidge）先生（北阿伯丁选区议员）：** 只有一个问题
2. 我们今天必须考虑：我们是否应该此刻参战
3. 并且，对我而言，开先发制人的战争的可怕先例，
4. 没有联合国支持，只是依据可疑的法律。
5. 没有比这更重要的事情。这个问题应该超越党派
6. 政治。我们知道前排议员、党督和其他人会如何
7. 论证支持战争是重要的党派忠诚度测试——无论
8. 支持保守党还是工党——但是
9. 这个问题太严重了。它应该超越我们的事业，
10. 无论我们是后排议员还是前排议员，因为在这个
11. 语境中，我们应该把自己看作是今天在这里，明天就要走的
12. 政治家。我的确不记得首相的确切词语，但是

13. 总之他说的那些话的大意是他正在
14. 谈论世界未来的安全问题，因此我们应该
15. 关心我们子孙后代的未来。
16.（第 816—817 栏）

除了指示语（“我们”“今天”“我”等）之外，与进一步分析相关的是这段话，其中这位讲话者提供了一名局内人如何看待对议员施加压力使其遵守党派规定——传统上这是由党督监管的。也就是说，除了下议院的规则以及更一般的社会规范、文化规范和交流互动的规则之外，在议员的所有行动和话语的背后，还有党派政治、团结和忠诚等或多或少默契的惯例。在这场辩论中，很多时候人们的情绪明确表明参战不但是政治决策，而且更普遍的是道德决策。因此，萨维奇先生（和其他许多人）声称，在这件事上不需要跟随党派（工党），例如如果它与自己的良心或对国际合法性的解释不符（例如未经联合国明确许可而参战）。对于许多议员来说，萨维奇先生所表达的是他们当前交际活动模型的一部分：他们在党派领导人（前排议员）的党派规范的影响下说话，并且由党派的党督明确表达。在这种情况下，该规范的内容甚至变得明确（“他们会论证……”），
这可能意味着直接（近似）引用了党派领导人所说的话，或是个人（重 234
新）制定一个隐含的规范。请注意萨维奇先生论证的（明显让步的）免责声明结构：“我们知道……但是”。因此，他的论点是，参战与否的决策比党派规则和忠诚更重要。然而，他本来可以像大多数发言者那样反对布莱尔的政策，并提出反对的理由（例如联合国没有认可战争合法性）。但是他并没有这样做，并且在让步免责声明的第一组语对部分明确表示对党派规则的蔑视，向他的接收者，尤其是间接地向前排议员和党督表明，他知晓这些规则——此举使违反规则更多地被反思，因此更可以被接受，例如出于个人良知，而非不服从或缺乏忠诚而违反规定。此举显然是积极自我呈现的更大战略的一部分（是一名“优秀的”党派成员，尽管他明显违背

了忠诚规则）。本段的其余部分则为他明显的不忠诚提供了进一步的道德论据——例如从战争的后果来看。

对于我们的分析来说，有趣的是，萨维奇先生不但明确阐述了他的语境模型，甚至还用“语境”来明确描述当前的交际情境，然后明确提到了议员的身份之一，即他们是政治家。现在，乍看起来这很奇怪，因为身份通常是预设的，并且不需要断定，除非对它们有疑问。然而，萨维奇先生并不是关注他们作为政治家的身份，而是关注他们为参战投票的议员的**临时**身份，这可能远远超出其当前地位。也就是说，通过表达他也是以这种临时身份来看待自己的，他提供了一个意图影响接收者的语境模型的论据。这是该辩论的例证之一，说服不仅影响（关于伊拉克战争的）语义心理模型，还影响正在进行的辩论、参与者及其目前的身份和行为的语境模型。

再看看另一位工党议员的干预，也将党派忠诚问题看作议员当前行为的隐含规范：

（11）1. **巴里·加德纳（Barry Gardiner）先生（北布伦特选区议员）**：我右边尊敬的朋友，
2. 利文斯顿（Livingston）选区议员（库克先生）昨晚向下议院发表了他的个人陈述之后，
3. 我觉得有必要赶回我的选区
4. 与一些我认为他们的观点值得我信任和重视的人交谈，
5. 那些人是我的亲密朋友和多年的
6. 工党成员。他们没有一个人想要战争，
7. 我也不想要。我的选区主席对我说，“巴里，你必须记住
8. 这是我们党派的领导人，我信任他。他是我们的首相，
9. 尽管我不同意这场战争，但我现在想给他我们的支持。”
235 10. 我不是出于忠诚而支持首相。我
11. 支持他是出于坚信他和
12. 政府所做的一切是正确的。（第822栏）

根据我们对语境的定义范围，我们可以看到，当前的发言人的讲话不仅受到党派忠诚规则的影响，甚至受到他的选民意见不一致的压力——这显然与任何一位想要重新当选的议员都相关。

毫不奇怪，议员的网站清楚地表明了他们的立场和在关键问题上的投票情况。那么毫无疑问，正如加德纳先生明确表示的那样，他目前的干预也是基于一种语境定义，在这个语境下，他知道他的选民不想要战争，而他的当地领导也呼吁党派忠诚，尽管他们反对战争。就像在他之前的萨维奇先生一样，加德纳先生明确表示，在这样严峻的情况下，盲目的党派忠诚在道德上是不可接受的，他把自己置于更高的道德层面上，明确表示他的投票必须基于他认为什么是正确的，也就是说，基于道德。对于辩论中的许多其他发言者来说，情况也是如此，但议员们只是偶尔会表明这样的语境条件。

在这种情况下，除了我们一直在考虑的与语境模型相关的许多类别如参与者身份和关系、职位和地位等以外，我们还看到制度规范和组织规范与规则的相关性，这些是发言人显然知道的，特别是当他们蔑视它们时——这意味着他们需要更高层次的（道德）规则或规范，以使不忠诚和其他违反“正常”规则的行为合法化。顺便提一下，与所有社会共享知识的情况一样，这些规则不是**特定**交际事件本身的语境模型的一部分（正如有时在其他语境概念中所假设的那样）。相反，它们是**普遍的**、社会共享认知的一部分，这些认识是同一认识论（在这种情况下是政治）社区的所有语境模型的基础。

辩论中的下列序列表明，加德纳先生不但听从首相，而且他本人还相信英国现在应该参战，并且也不需要联合国对此通过决议——这样的立场招致一些大声抗议（“让开！”“回答！”），而他不想回应其他议员三番五次的打断。

另一次干预明确了其他语境特征，即工党议员布莱恩·塞奇莫尔（Brian Sedgemore）的讲话强烈反对伊拉克战争，这是一个值得详尽引用的干预：

（12）1. **布莱恩·塞奇莫尔先生（南哈克尼和肖尔迪奇选区议员）**：我们刚才
2. 听到一段勇敢的演讲，虽然我不确定是否能赢得
3. 比勒里基（Billericay）好战的出租车司机的青睐。
236 4. 在这些时候，通常是希望我们的军队顺利
5. 执行我们要求他们以我们的名义完成的费力不讨好的任务。作为
6. 肖尔迪奇第444中队的平民议长——我
7. 今天自豪地系上它的领带——我希望我们所有的空军、
8. 妇女、士兵和水手能从战争中平安返回。我
9. 也希望伊拉克的男女老幼能够平安。
10. 向丘吉尔道歉，我希望这将不会表明结束，甚至是
11. 结束的开始，对我们的首相而言。但是，我的直觉
12. 本能告诉我他将面临几乎不可逾越的问题，
13. 这是由于他已经采取的立场。他
14. 对这个问题的误判是巨大的。
15. 谁会想到工党首相的行动
16. 会引起我们历史上最大的
17. 反对自己政府的示威？谁会想到他的
18. 行动将会引发现代政治史上
19. 规模最大的议会后排议员的反抗？他是如何设法
20. 破坏欧洲统一的思想的？企图使法国成为
21. 英国外交惨败的替罪羊的尝试
22. 有损我们的外交大臣——我很遗憾地说——和我们的
23. 首相的尊严。聆听今天的一些辩论，人们会认为
24. 正是这种反法国的情绪使人们开始
25. 阅读《太阳报》的社论。经过很长一段时间后，
26. 我们大陆的文明公民才会原谅他们。
27. 我们的首相是如何允许和平路线图
28. 成为战争路线图，从而在联合国引起严重分歧的？
29. 他真的认为美国政府
30. 可能胁迫并贿赂联合国的所有国家以默许

31. 武装冲突？令人遗憾的是作为政治家和律师，
32. 首相竟然抛弃了宽容和自由的国际主义理想，
33. 赞成强权即
34. 公理这个可怕的概念。
35. 我们应该钦佩首相，因为他是一个不惑的人，
36. 一个去除了疑心的人——英国人
37. 拥有的两个最伟大的品质。他只知道他是对的，
38. 因此准备无视
39. 世界上几乎所有伟大宗教领袖的忠告，包括教皇和我们
40. 自己的大主教。我觉得这种方法相当可怕。
41. 更糟糕的是，首相对
42. 大多数英国人精明的道德判断置若罔闻。
43. 不，我们不是通过民意调查和焦点
44. 团体来管理，但在现代民主国家，我们需要依靠更强大的东西，
45. 而不是口号“我的首相，无论对错”。
46. 在这场灾难中，首相，一位自称
47. 撒切尔女男爵的崇拜者忽略了她逝世的主要教训。他
48. 应该像我们一样知道，当傲慢变为狂妄自大时，
49. 报应就离得不远了。（836—837 栏）

我详尽引用了这次干预，因为它很好地体现了党派内部对托尼·布莱 237
尔的反对意见，以及议员对当前交际情境的定义。让我列出从中总结出的一些要素，而不是详细地评论发言人的假设语境模型的复杂性：

- 指示性表述（“我们刚才听到……”，第 1—2 行）表明以前的话语可能成为当前语境模型的一部分，例如，作为评估（“勇敢的”，第 2 行）和进一步评论的基础，预设语境时间类别（“刚才”）和相关参与者（议员们）（“我们”）。
- 当前话语指示语（“这些时候”，第 4 行）提到的当前交际活动的规则（“通常是”，第 4 行）的制定。
- 其他议员可能不知道（共享）的身份的表达（“我作为第 444 中队的平民

议长”，第 5—6 行）。

- 通常的交际活动参与者、环境等指示语（“我”“今天”“我们的首相”，多处），还特别预设了国家身份（“我们所有的空军、妇女……”第 7—8 行）。
- 间接称呼，遵循下议院规则：以第三人称而不是第二人称和首相说话（多处）。
- 部分在场的议员（特别是工党）提到对战争的当前立场以及根据政治宏观语境对这种立场的评估（“现代政治史上规模最大的议会后排议员的反抗”，第 18—19 行）。
- 指示性提及当前交际活动（“今天的一些辩论”）。
- 对（许多）议员总体指示性提及（“人们开始阅读”，第 24—25 行）。
- 通过与小报（《太阳报》）的比较对辩论前几部分进行论证和解释，建议从风格、语气或一般政治内容方面对语境属性进行比较评估。
- 针对首相的两个身份（“作为政治家和律师”），其中只有一个在语境上是明显的，而第二个不明显，因此需要使之明确。
- 对基于一般规范（“因为他是……”，第 35 行）的特定规范的解释（“我们应该钦佩首相”）。
- 国家身份的表达（“英国人拥有的两个最伟大的品质”，第 36—37 行）。
- 对接收者的批评性评价（“他只知道他是对的……准备无视……的忠告……”）的表达预设违反一般社会规范和政治规范（例如“一个人应该听取好人的忠告”）（第 37 行）。

238 • 指责忽视民意缺乏民主（第 41—42 行）。

- 拒绝可能的反驳，即当提到大多数人想要的东西时，可能会听到平民主义（“我们不是通过民意调查……来管理”），但是以免责声明的形式，第一语对部分表达规范，后面部分强调究竟意见为何（“但在现代民主国家……”，第 44 行）。
- 提及并批评性评价党派忠诚的政治原则（“我的首相，无论对错”，第 45 行）。
- 提及共享知识（“他应该像我们一样知道”，第 47—48 行）。

我们在这份清单中看到，在这个简短的片段中有多少语境元素被标明或者甚至是明确提到，例如各种参与者身份和关系，对参与者的评估，当前和之前的行动（演讲），以及应用于当前语境模型构建的一般社会的和制度的规范与规则。

有一个方面需要进一步评论。显然，英国下议院的规则是议员不应该直接称呼其他议员，所以，塞奇莫尔先生不能直接而必须以间接的第三人称代词称呼和评价首相。例如参看以下对话：

（13）1. **马斯登（Marsden）先生：**我对每位尊敬的议员说：仔细想想。我希望

2. 你在未来的岁月里能够直视你孩子的眼睛，

3. 告诉他们你尽了一切努力来阻止这场战争，而且

4. 问心无愧。回答尊敬的先生，我说

5. 这取决于你。这取决于我们每一个人。

6. **副议长先生（迈克尔·洛德（Michael Lord）爵士）：**秩序。尊敬的先生

7. 必须使用正确的议会语言。

8. **马斯登先生：**副议长先生，抱歉。这由

9. 每位尊敬的议员自己决定。（第 870 栏）

我们看到，在这里马斯登先生突然使用对议员的直接称呼（“仔细想想……你……”），并受到副议长的批评，然后他用通常的第三人称形式重新表达，由此我们可以推断出副议长所应用的明显规则是什么。

约翰·兰德尔（John Randall）的讲话

为了进一步阐述我们对该重要辩论片段的分析，让我们来考察另一个例子，代表阿克斯布里奇选区（Uxbridge）的保守党议员约翰·兰德尔先生的（5 分钟）发言。从（高度简化的）《议会议事录》中，我们仅得知 239
讲话的开始时间（下午 4 点 52 分）、结束时间（下午 4 点 57 分）以及开始发言时显示的发言者的姓名和选区（粗体字）等语境。正如前文已经部分地分析过的那样，任何其他可能与理解该讲话相关的内容，都必须从发

言者的讲话以及在该辩论中之前所说的话语之中推断出来，尽管参与的议员们当然更了解兰德尔先生，并据此解释他和他的干预的模型。

让我们看看兰德尔先生讲话的第一个片段（《议会议事录》中的一段，后面是一个空行）：

（14）1. **约翰·兰德尔先生（阿克斯布里奇选区议员）**：我很高兴能够在这种满座的
2. 议事厅发言。我遇到的一般情况是在几乎空荡荡的议院讲话，
3. 这可能是一件好事。恐怕在发放精彩演讲
4. 的天赋时，我一定是
5. 到别处去了，但是我将尽力解释为什么我打算投票赞成
6. 今晚的修正案。我将以沉重的心情这样做，
7. 首相和我右边尊敬的朋友、反对党领导人差点
8. 说服我和他们投一样的票。不幸的是，我右边尊敬的
9. 罗斯、斯凯和西因弗内斯选区的议员（肯尼迪先生）差点
10. 说服我不要和他投一样的票。

这部分片段的很大一部分指示和反思兰德尔自己当前的讲话——显然以前从未提及，该讲话的信息也不能从一般知识中推断出来。换句话说，这些信息现在被建构为讲话者自身语境模型的一部分，包括自己作为讲话者交际角色的参与者、持续行动本身（说话）、讲话者当前的情绪或状态类型（高兴）和背景（下议院）。也就是说，讲话者同时指示性地提及、评估和执行他现在正在参与的行为。“这种”一词的使用在这里同样是指示性的，因为它预设了基于对当前情境（背景）即（现在）满座的议事厅的观察的共享知识。

请注意，到目前为止，没有预设任何先前的干预，也没有先前干预的序列相关性（尽管当然可能与交流互动的非言语方面有关：干预的时间和顺序、会议的议程等——《议会议事录》提到的不多）。我们能够描述和

解释兰德尔先生讲话的唯一方法是，明确他可能再现自己及其讲话时所处的情境的一些特征：在英国下议院举行的议会辩论。议员们在听兰德尔先生讲话时，共享他的语境模型的很大一部分，即日期、时间、地点、参与者、兰德尔先生是议员和保守党成员因而是反对党成员、他们现在作为交 240
际参与者也是议员的角色等等。因此，兰德尔先生的心境，即他喜欢在满座的议事厅讲话，可能与表达有关，而兰德尔先生的这部分语境模型不被共享因此也没有被预设。虽然评论某人心境在下议院很常见，但议员表达很高兴在满座的议事厅讲话的情况并不常见。这首先意味着，根据知识管理的语境规则，讲话者有权表达这种心境，因为它既不被共享或预设，也不是无关或不重要的，或者是无趣的，因此可能浓缩成情感的表达。其次，我们可以假设这种表达并不是孤立的，而是实现了一种话语和互动的功能，事实上它确实如此：兰德尔先生继续谈论他在议会的发言，但他以更笼统的说法自嘲地提到他以前是在几乎空荡荡的议事厅讲话（“我遇到的一般情况”）。同样，他在这里所说的话是由他以前的话语引起的，而不是由前面的讲话者的话语引起的。更准确地说，既然这些信息既不能从以前的讲话，也不能从共享的社会文化知识中推断出来，我们就必须假设这个表述表达了（关于）以前经历（的一般模型）。因此，将当前的经历（心理模型）与以前的经历（以一般的心理模型形式）进行比较和对比，从而与该讲话中的实际表达相关起来。请注意，兰德尔先生并没有提到他以前在几乎空荡荡的议事厅讲话的“客观”事实，而是提到他对这种行为的主观经历，也就是以前的心理模型，正如标记语“我遇到的一般情况”所表明的那样，它预设一种评价或情绪。

到目前为止，我们看到为了能够解释这些反身、自指或指示语，我们需要一个语境模型的概念——到目前为止，所说的都不是以前的行为所引起的，也不能从辩论主题（伊拉克）以及共享知识（除了共享词义、共享在下议院发言与作为参与者的议员在场的语境之外）推断出来。同样，兰德尔先生，或者他的接收者议员，也不太可能将他现在所说的话仅仅解释为表达他当前和过去的心境或情绪（如他现在在满座的议事厅讲话的愉悦，以及他在几乎空荡荡的议事厅讲话的沮丧）。更确切地说，运用他们关于下议院、议员、演讲等的（共同）**政治**知识，他们有权（很可能**确实**）推断出，如果兰德尔先生通常在几乎空荡荡的议事厅讲话，他一定是一个非常无足轻重的议员，一位典型的后排议员。这种似是而非的推断不
241 仅是相关的，而且至关重要，因为它涉及分配给兰德尔先生当前讲话的政治分量。当前讲话的这种**政治**隐含无法从他们通常所描述的话语的当前或过去的意义和行为中推断出来。但是，如果兰德尔先生和他的接收者都得出这样的推论，那么它就变得与他们表征的当前语境相关，而且对于理解兰德尔先生**为什么**谈论他当前和过去的情绪是至关重要的。

在该片段接下来的部分中，兰德尔先生进一步评论了他以前的经历，但这次用了另一种评价（"一件好事"），暗示他认为自己是一个糟糕的演讲者。在接下来的句子（"恐怕……"）中明确了这个隐含。这种一般性的自我描述可以被简单地理解为表达一种观点，这种观点在讲话者当前语境模型中恰当地表达了关于自己在讲话者的交际角色中的作用。然而，同样这不仅仅是一种观点，这种话语还具有交流互动功能：消极描述自己，特别是在讲话开始时对自己讲话的自我嘲讽，可能会被认为是谦虚的表现，因此，在修辞上称为博取好感（*captatio benevolentiae*）。此外，这种修辞手段不仅具有积极影响接收者对自己作为讲话者的看法的功能，即他们的语境模型，而且还具有政治隐含，即它是议会政治辩论所特有的政治说服力的一种手段。

我们看到，基于语境的这种描述，该片段里发生了很多事情，并且明确地解释了为什么兰德尔先生会说这些话。这第一个片段不但是一种明显的消极自我呈现，而且同时他还表达了几种政治隐含，毫无疑问，其中一些为他的听众共享，所以它们实际上可以相互作用。

最后要注意的是，所有这些蕴涵和隐含不仅预设了参与者的语境模型，而且还预设了一般的、社会文化共享的知识，例如关于下议院、公开

演讲、谦虚的知识等等。更具体的（此处：虚假）文化信仰是，认为人们的素质是“发放（……）的天赋”，这预设了（社会文化共享的）关于仙女向摇篮里的婴儿发放品格特征的故事。此外，当谈到缺乏语言天赋时，讲话者和接收者都需要注意一般议会辩论的规范和价值观，无论成为“有天赋”的讲话者是否具有社会相关性或政治相关性。

第 5 行的“但是”表明，消极自我呈现的谦虚行为可能会被当作通常的免责声明，引入讲话者真正想说的话。的确，他现在处于在议会中履行（政治）职能的时刻，即他是否会投票赞成修正案。因此，在这种情况下，
演讲被（自己以及议员接收者）在政治上解读为所谓投票的“声明”，即 242
说明。这一举措以更多谦虚和犹豫的词语（“尽力……”）来表达，继续着最初的谦虚行为。该说明是以对投票这个重要政治行为的解释而呈现，已经在心理上被表征出来，即作为一种意图，也就是说，作为参与者将要做的事情的心理模型的一部分，并且因为它是当前辩论的一部分，这种自我表征再次成为语境模型的一部分。

请注意，使用“将”一词表示不远的未来，意味着讲话者一定已经知道他将说什么和做什么。这只有当他有这样一个未来行为的（暂定的、整体的）模型时才有可能，并且我们必须再次假设这种“讲话计划”是正在进行的语境模型的一部分——包括讲话中要表达的相关信息，这样一来接收者也可以调整他们自己的语境模型：了解投票赞成修正案的未来政治行为，讲话者将解释他的决定，使其更容易被他们理解，从局部上来说就是讲话者所说的和暗示的——所有预设的标题、总结和摘要都是如此。

也就是说，在交流互动上，语境模型相关部分的表达不仅充当（并被解释为）一种说明，而且充当一种公告。此外，它不仅是任何未来行为的理由，也是政治决定的理由，因此是对他发表**政治**讲话进行干预的理由，这符合与会者对议会辩论的当前情境和总体行为的一般认识。指示语“今晚”直接表明了语境模型的时间类别以及对时间表达“将”的范围的解释，下一句（“我将……这样做”）延续了这个时间范围。

宣布的话语行为（投票赞成修正案，因此反对首相的议案，并得到保守党反对派的支持）与另一种情感表达（“沉重的心情”）存在隐喻性关联。该举动延续了以前积极的自我呈现策略，这之所以必要是因为与党派的立场不一致，正如句子其余部分提到的明显怀疑的举动（“……差点说服我”）——暗示提出异议的决定是困难的。

我认为，所有这些都是基于讲话者语境模型的细节：这就是他如何定义当前的交际情境和互动情境。因此，他不仅定义了他现在正在做什么，将要做什么，还定义了与这些行为 / 话语关联的相关观点和情绪。然而，请注意，这不仅表征了困境或困难的情形，如同任何日常决策一样，不仅
243 是积极自我呈现的一般说服策略的一个实例，更具体地说，也是一个**政治**举措。也就是说，偏离党派路线，没有和首相投一样的票，甚至没有和他的“朋友”党派及反对党领导人投一样的票，将讲话者置于困难境地，因为他正在实施一个可能会招致指责的行动。

因此，这段话同时是对他当前行为和言谈的一种**政治**解释形式。这显然并没有被明确表达出来，但毫无疑问，议员们，特别是政治领导人都是这样考虑和理解的。仅表现出他演讲技能的缺乏或对自己决定的情绪，在这种政治语境中几乎没有任何意义，因此讲话者和接收者所解释的语境模型需要通过这个片段来明确他们所理解的，即对一个**政治**决定的**政治**解释。我认为，议会辩论的政治语境正是这样主观地影响了议员的言谈，尤其是当前讲话者的言谈。

同样的分析方法适用于这次干预的其余部分。作为解释他的决定和投票的总体话语行为的一部分，兰德尔先生提出了一些理由，也就是说，先前表现情绪的行为的合理性。因此，尽管他首先将自己呈现为一个敏感和谦虚的人，但在演讲的后半部分，他将自己呈现为可以对自己所说所做的事情提供“充分理由”的人，因而呈现为一个理性的人。同样，这不仅是积极的自我呈现和解释的一般举措，更具体地说，也是当前情境下的一个**政治**举措。也就是说，控制他的干预的**政治**语境模型，引导选择在**政治上**与当

前辩论情境相关的论据：与过去类似情境——和决策——的比较，如南斯拉夫、科索沃等。不支持伊拉克战争的理由也与情感维度有关（“担忧”）。

讲话者的动态语境模型随着其他语境信息而持续更新，并且我们在文本本身中发现了这种语境模型的痕迹，例如，当他在演讲中的其他地方说“在一些精彩的演讲中已经说得够多”时，这个免责声明（通常以“但是”开头）表明演讲时讲话者有一个对之前说过的话的记忆表征和评价。根据这种语境表征，我们可以推断出现在的情境，即赞成参战的那些人的消极评价（“放弃我的信念”“公然地”“滥用”“宣传者”）。这不只是随便一种判断，而是当前情境下的一种**政治**判断，因此是他不支持布莱尔和他自己的保守党领导人的政治决定的有效保证。在这个判断之后的免责声明（“我不想强调党派的政治观点，但是……”）证实他知道他的话很可能被接收者解读为一个政治论点，也就是说，他知道 244
他的话对其他议员的语境模型可能造成的后果。但是，正如典型的免责声明一样，“但是”的后面是真正的信息，即决定是否参战**不**应该是政治问题，而是道德问题（“真理”“信仰”“信任”），通常与民族主义积极自我呈现（提及“保持信仰”预设英国**有**这种信仰和真理）联系在一起。因此，该讲话的政治观点不是否认他的行为的政治解释，而是通过倡导更高层次的道德解释来批评党派的政治解释，这本身当然是积极自我呈现策略的另一举措，是整体说服策略的一部分——正如我们看到其他人反对布莱尔的动议那样。

他在讲话中的其他地方提到党督又是对辩论本身当前情境的评论，因此反身性地表明了讲话者和其他议员的语境模型。由于**不**尊重党派路线，兰德尔先生需要再次确保，他的决定不是被仅仅解释为武断的异议——为此他可能会受到指责——而是更高层次的道德决定的结果。因此，他建议议员做出自己的决定——强调辩论中的道德双方都有责任。同样，这可能被解释为讲话者的语境模型的部分表达，它反身性地指向正在进行的决策行为、不同角色的参与者（“我”“党督”“议员”“那些正在投票的人……”“政府”）、当前情境（“在这种情况下”）以及评价（“最好”“很难……”）。

本讲话的其余部分提供了维护讲话者决定的更多（个人）论据，一方面强调他的道德品质，但同时又具有成为“做正派政治”典范的政治隐含。

对这个讲话进行更详细的语境分析将需要更多篇幅。然而，可能很清楚的是，对议会政治辩论的这种贡献的充分分析需要超越传统话语及互动分析的术语和理论。

正如目前关于机构言谈的研究所表明的那样，兰德尔先生的发言也应该根据议会话语的机构约束来定义：谁可以发言（议员），以何种角色（作为其选民的代表、党派成员等），多长时间（5 分钟），在下议院议长讲话之后，在动议时向其他议员和首相发表讲话，并以“宣布”他的投票为目标。

这一点及其他方面可以从更一般的制度规则和规范中获得，并作为知
245 识脚本被参与者获得和应用。也就是说，我们不能简单地将制度的宏观结构映射到这个特定的发言上，也是因为这是确定性的，并不能解释当前发言者的异议。相反，我们需要一个理论与经验的接口来解释，表征和共享为成员（以及尤其是议员）的政治知识的一般制度规范和规则，是如何在当前情境的心理模型中被主观地实例化的，即作为语境模型。

对该讲话的一个片段的分析表明，这种模型如何能够明确地表达该讲话的几个维度，而这些维度不能简单地以（一般的）会话行为和策略（例如，积极的自我呈现等）来解释，而需要在分析中加以介绍，以便理解这些相同的举措和策略为什么以及怎样属于**政治**的，因此与议会辩论的政治情境相关。我们已经看到，在这种作为互动的持续谈话的描述中，我们不能排除基于计划、目标、讲话者对当前讲话的关注以及对接收者的相关（政治）解释的认知维度。

因此，语境模型承担了双重责任：一方面他们更详细地解释了作为行

为和互动的言谈的基本机制，另一方面解释了宏观（制度）如何与微观话语互动产生联系。

最后，我们的分析及其理论基础也显示了兰德尔先生的讲话是如何进行互动的。对于经典的讲话描述，讲话人很少会对前面的讲话者所说的内容做出明确的“反应”。然而，在基于社会认知的语境分析中，我们能够表明互动发生在非常不同的层面，而不仅仅按局部顺序发生。也就是说，首先，兰德尔先生的讲话不同意托尼·布莱尔及其计划，因此参与（正常的）反对。其次，他也不同意他的党派（保守党）及其领导人支持托尼·布莱尔及其计划。通过这样做，议员参与了一种可能被解释为对党派不忠诚的政治异议形式。因此，在这两种情况下，互动都是在该辩论中更全局性的互动层面上进行的。最后，通过表达他与布莱尔和保守党，以及与任何其他支持战争的人之间的**道德**分歧，该议员还参与了甚至更多的全局性社会反对。如果没有详细的语境分析，该议会辩论中互动的局部或这些重要的全局性方面就不能得以阐释。

结语

对关于伊拉克问题辩论的一些片段的部分语境分析，证实了本书中提出的各种理论主张，并同时表明这种理论框架可以适用于话语分析。246
首先，我们已经看到，大多数假设的语境类别表征了下议院议员的语境模型，并因此影响了他们的话语。除了明显的背景类别（当前日期、议会、英国）以外，我们还特别强调了讲话者和接收者的许多参与者身份及关系。

其次，除了话语和会话分析的通常维度之外，我们发现这些讲话的许多政治“观点”根本没有被表达出来，而是需要从参与者（以及分析者）的语境模型中推断出这种政治隐含来。议员违背党派路线的投票在道德上和政治上是非常危险的，也是因为这可能被解释为持不同政见、不团结、战时叛国。在这种情况下，话语需要在策略上非常有说服力，以避免这种解读，但不违反礼貌规则、下议院规则、党派规则等等。这些大都是在隐含的语用层面上完成的：每个人都理解，但在议会上却不能公开说。

再次，我们已经看到语境模型的属性是如何被各种（议会、党派、道德等）规则控制的，这些规则是参与者共同基础的一部分。然而，这些规则（如语法规则和互动规则）尽管总体上支配着议会的讲话，但在当前情境下的**应用**具有语境的特定性和偶然性。在这种情况下，根据每位议员正在使用的隐含但局部共享的语境模型结构，需要对违反规则进行解释。

最后，即使是对这场辩论的非常零碎的语境分析也说明了，除了通常的语境类别如政治身份之外，特别是参与者之间的**权力**关系又是如何描绘参与者语境模型的。托尼·布莱尔作为首相和党派领导人的机构权力，原则上可以满足说服议会投票支持他的动议的条件。但在这种情况下，托尼·布莱尔在执政期间第一次没有受到保守党反对派的挑战，而是受到来自他自己的党派和他自己的选民的挑战。也就是说，他平常的权力严重受损，尽管他的话语可能不时显示出他一贯的傲慢，比如他在回答自由民主党人的打断提问“主要政党吗？”时所表现的那样，他的演讲在许多方面表明他不可能得到他想要的支持。

同样，在对保守党后排议员的语境分析中，我们也看到了议会和英国政治中预设的权力关系的多种表现。在这种情况下的反对的可能性不在于
247 对（党督所象征的）党派纪律的明显异议，而在于和平主义更高道德准则或反对**这场**战争的超越党派的价值观。

我们得出的结论是，首先需要对议会话语的文本或言谈的许多熟知的方面如语法、风格、修辞、言语行为、互动等进行分析。但是，根据语境进行的话语分析更有（政治）意义，因而更具**相关性**和**批评性**。这些语境维度中的一些在话语中得以体现，并且帮助参与者做出正确的推论。但往往只有语篇结构、世界知识和政治语境这个复杂组合，才能使他们理解界

定那些演讲和整场辩论的政治**观点**与**功能**的许多隐含。辩论中随后的发言不仅回应了首相或议员实际所说的话，而且回应了政治隐含。只有当所有议员能够理解帮助他们推断这些隐含的相关语境模型时，这才会有可能。

语境理论——根据基于共享的社会知识、规范和价值观的参与者的主观心理模型来定义——使交际情境的这种局部结构变得明确。因此，这个迄今为止只能以模糊的、凭印象的术语来探讨的维度，是它们对当前的话语理论的重要补充。同时，它们更加明确地显示了，这种语境模型如何控制话语的所有其他层面和维度的生成与理解。因此，它们为话语加工心理学提供了重要的缺失环节，并且为解释社会、文化和政治的全局结构及其局部情境表现与互动中的话语之间的关系，提供了理论依据。

248

第六章

结论

在本章中，我将简要地罗列这两部长篇论著研究的主要结论，并最终提出推动综合多学科语境理论发展的一些开放性问题和任务。

1. **语境理论的必要性。**经过几十年或多或少自主专注于文本和言谈本身，以及偶尔口头关注语境相关性的研究之后，是时候发展一种综合的语境理论及其与话语的关系了，这种理论应该与其他学科的语境研究相关。

2. **术语“语境”。**术语“语境”在话语的学术及其他语体中被广泛使用，通常为相当模糊的“环境”或“情境”以及相关概念意义。在语言科学中，“语境”也被用作某些表达（词、句子等）的“言语语境”，即“上下文”。在本研究中，“语境”被定义为更广泛的话语理论中的一个理论术语，它必须解释，话语是如何被生成和理解为交际情境的属性的一个功能的，即参与者自己理解和表征话语的方式。

3. **从脱离语境到语境敏感的学术研究。**在过去的四十年里，许多人文社会科学的自主研究从专注于文本、言谈、交流、文学、认知等方面本身，发展为对社会现象的更加语境敏感的、动态的以及情境化的描述。因此，“语境主义（contextualism）”是当代学术研究的一般属性，还延伸到哲学和科学领域。

4. **语境作为情境定义。**本书的主要论点是，语境并非引起或决定话语（属性）的“客观”社会情境（的维度），如性别、年龄或阶级等，而是参与者对这类情境的当前相关维度的**主观定义**。由于所有社会行为者都有自己的个人历史，因此他们各不相同，他们对情境的定义也总是差别其微。鉴于语境的情境本质，有好几章考察了情境的性质和结构，这方面的 249
研究在多个学科特别是在社会科学中很普遍。

5. **语境作为日常经历**。与所有其他交际情境一样，作为语境基础的交际情境是日常经历，但是，是话语活动的而不是非言语活动或事件的日常经历。因此，必须根据社会行为者的日常经历对语境进行部分理论化。

6. **语境是主观的**。语境作为（交际）事件的经历是主观的，并嵌入情节记忆里的一组自传表征中。对社会科学的情境理论的历史的叙述，也强调语境的主观性质。

7. **语境作为心理模型**。情境的主观定义是需要用认知术语明确表达的认知对象，即作为位于情节记忆中的特殊心理模型，被称为**语境模型**。这些语境模型控制话语生成与理解的可变属性，它们是使语言使用者能够调整（每个片段的）话语的生成与理解以适应交际情境的关键接口。语境模型——解释话语的语用学——也控制事件或行为的主观心理模型的表达或形成，也就是说，话语是**关于**什么的，即话语的语义。由于语境是一种日常经历，语境模型是日常经历的主观模型的特例，控制着社会行为者的日常活动。由于语境模型从定义上来说是独特的，所以它们所控制的话语或解释也是独特的——无论它们在参与者之间还有什么共同之处。

8. **语境是动态的**。语境模型不是静态的，而是动态的：如果仅通过参与者的知识状态的变化，它们在互动过程中，或者在书面话语的生成或理解过程中会发生部分变化。从这个意义上讲，以前的话语部分自动成为语境的一部分。

9. **语境由模型来组织**。与所有复杂信息一样，语境也是由认知模型来组织的，认知模型由人们用来分析和理解交际情境的有限数量的相关类别组成。由于语境模型控制着所有话语的生成和理解，所以它们必须相对简单，以便能够实时（自发谈话几分之一秒）并与话语中涉及的许多其他任务并行
地加以管理（形成、更新或改变）。大部分研究重点关注语境模型的可能和 250

必要的类别。这些对于所有经历而言似乎是很一般的，并且具有诸如背景（时间、地点）、参与者（及其各种角色和关系）、持续的活动以及参与者的相关认知等一般类别：知识、信仰和目标。这些图式和类别部分具有普遍性（如知识），部分具有文化差异性（如参与者的相关角色和关系）。

10. **语境和互动**。对社会学的历史和现状的批评性分析表明，尽管为了描述和解释行为，传统上考虑了情境和语境，但至少在 20 世纪 90 年代以前，许多当代方法大都是脱离语境的。我们已经看到，会话分析尤其不太愿意引入这样一个观念。

11. **微观语境和宏观语境**。语境可以表征面对面的交际情境（微观语境），例如议会演讲或辩论，也可以表征各种中观或宏观层面的社会情境和结构，例如议会机构，或甚至民主制度。这些层面可能会或多或少地与正在进行的文本或言谈持续相关。因此，这样呈现的语境理论也解释了社会科学中众所周知的“结构”与“机构”之间关系的问题。

12. **知识这个共同基础作为语境的一个组成部分**。语境模型的一个重要组成部分是参与者管理各种知识的方式。他们需要知道接收者知道什么，以便能够确定预设、隐含、提醒或肯定什么信息。这种主体间或文化上共享的知识是参与者的共同基础的核心。应用特别策略先估算对于每个交际情境，然后估算对于语境模型的每一步，接收者（一定、可能、应该）知道什么，以及如何使下一个话语片段（单词、小句、句子、命题、话轮等）适应这样的知识。

13. **语境是计划好的**。语境不是临时形成的，而是从互动或交流开始之时就部分地预先计划的，尤其是在不太自发的文本和言谈形式中，例如机构话语：在进入交际情境之前，参与者通常已经知道背景（时间、地点）、其他参与者（的情况）、言语活动目的、话语主题等等。一旦互动开始，语境模型就变得明确——通过从交际情境的解释中推断出的信息——并持续更新。

14. **语境作为社会情境和交际情境的模型**。由于语境模拟交际情境的

相关维度，因此它们的分析通常预设社会情境理论，尤其是交际情境理 251
论，并且参与者理解这些情境的方式会影响他们的行为以及其他参与者对行为的解释。社会情境的社会心理学、社会学和人类学分析，是获得和使用语境模型图式的经验基础。作为微观模型与宏观模型，语境还充当社会结构和机构之间的必要接口。

15. **社会表征作为语境的基础。**从定义上来说，语境模型是独特的，是基于社会与文化共享的关于社会情境和交际情境的一般知识。这些共享的社会表征（知识、信仰、意识形态、规范或价值观——取决于交际社区）也保证了语境模型都足够相似，以支持交流和互动。

16. **语境模型的形成和变化的根源。**语境模型基于以下信息类型而形成、更新或更改：

a. 先前的语境计划产生临时语境
b. 对当前社会情境和交际情境的观察与分析
c. 根据情境中先前的话语的推断
d. 根据参与者正在进行的活动的推断
e. 回顾以前的语境模型
f. 关于语境的一般知识的实例化
g. 个人与社会的一般目的和目标的应用

17. **语境模型存在文化差异。**语境模型及其类别具有部分文化差异，日常情境的经历也是如此。然而，由于人类语言具有普遍性，所以人类认知和互动也普遍存在，其中一些与语境模型的获得和使用有关。例如，如果没有调节预设、隐含、言语行为等的知识成分，就不可能有人类的互动和话语。

18. **主要语境类别。**除了普遍的语境类别如知识，一些语境图式类别在所有或大多数文化中非常普遍且占主导地位：性别、年龄和地位 / 权力。换句话说，只要参与者之间存在（感知到的）性别、年龄或地位 / 权力的差异，它几乎总是被明确地指示或在解释中默认为理所当然。此外，各种内、外群体成员身份——如种族、出身（国籍）、宗教或政治意识形态——经常控制文本和言谈。

252 19. **语境与话语之间的关系是复杂的。**作为互动或交际活动的话语是语境模型模拟的交际情境的反身部分：参与者不仅主观地表征了交际环境，还表征了他们参与的活动，包括口头活动。话语与交际情境（的其他要素）之间的关系是多边的。语境类别控制话语类别，反之亦然。例如，参与者的社会属性和关系可以控制称呼代词或礼貌标记语，而这些代词或标记语的使用又可以确认或改变参与者之间社会关系的构建（例如距离、熟悉度等）。语境控制不是确定性的，而是由语境模型定义（为相关）的个人目标等与社会文化规范和规则的组合。根据描述的层面、目标和理论类型，可以用不同的术语来描述文本-语境关系，例如控制、调节、影响、映射、表达、（再）生成、功能等等。

20. **语境控制话语变体：语体、风格和语域。**语境控制文本和言谈的可变属性（强制性属性当然是无语境的），因此是语体、风格和语域的基础。虽然语体经常被描述为他们的话语结构，但通常情况下，他们应该由语境特征来确定，比如背景、参与者类型、社会活动的类别、目标以及参与者的相关信仰，正如我们在议会辩论中所看到的那样。语境确定风格变化，原则上尤其是在表达层面（声音 / 图像、词汇和句法），鉴于或多或少相同的含义，但是也可以在其他层面上确定，如果某个较低层面保持不变：例如，具有全局意义（主题）的局部意义的变化保持不变。个人风格或社交风格是相对于其他参与者或群体的唯一性、个性、特质和差别的标志。语域是多种语体的语法属性的组合。

21. **话语层面特定的语境控制。**语境控制必须从表达方式（声音、视觉、词汇和句法）、格式（图式）和修辞到意义（局部和全局）、言语行为和互动等各个层面进行研究。

22. **语境控制的实证证据。**虽然有很多关于性别对基于情境的话语影响的研究，但性别对话语的影响并不太普遍，并且往往可以或应该以其他方式来解释，例如社会地位、日常经历和做法。大多数实证研究表明，单一的语境维度几乎不会对话语变化产生可概括的主要影响，应该研究这些 253 维度的组合，从而证实有必要采用依据复杂的语境模型控制而不是孤立的社会变量和相互关系的研究方法。

23. **一个具体的例子：托尼·布莱尔关于伊拉克问题的演讲**。在整个研究中，我们使用了托尼·布莱尔于 2003 年在伊拉克战争开始之前，在英国下议院发表的关于伊拉克问题的一篇演讲。我们试图表明，为了能够生成这篇演讲并使它适应交际情境以及理解它，参与者需要能够控制生成和理解并解释其恰当性的语境模型。研究表明，当前的话语和会话理论可以描述该演讲（及其组成部分）的许多相关方面，但无法说明其关键功能，即其在议会会议中的**政治**观点。最后，对布莱尔以及其他议员的其他干预的更为详细的分析，表明了语境分析如何超越话语和会话分析的其他方面。因此，文本和言谈的**政治隐含**只能根据包含相关政治类别和信息的语境模型来明确化。

24. **语境的功能**。为什么要解释语境？根据主观心理模型定义的语境理论具有许多理论和分析功能，并且不是当前文本和言谈理论的无关或边缘延伸。正如上述所概括的，语境解释了话语和语言使用的以下方面：

a. 一般而言，一方面，语境是社会与社会情境之间的社会认知接口，另一方面，话语是语言使用与交流的个人主观方面与社会集体方面之间的接口。
b. 作为心理模型，语境一方面在个人经历和社会知识之间进行调解，另一方面在话语之间进行调解。
c. 语境（作为模型）解释了语言使用者如何能够灵活地调整他们的文本或话语（及其解释）以适应交际情境和社会情境。
d. 它们解释了各个层面的话语为何和如何在各个层面随着情境的变化而变化。
e. 它们为语体、风格和语域的概念提供了理论基础。
f. 它们解释了单因果社会变量的社会语言学研究的许多矛盾，并表明应如何

254 根据参与者的主观模型来表述社会环境的影响，这些模型具有交际情境的相关社会属性。

g. 它们整合了（理解和参与的）社会情境和交际活动的认知、社会和文化研究。

开放式问题和未来研究

本研究中提出的语境理论只是一个初步描述。它的一些一般特征与认知科学和社会科学中的其他方向及发现一致。然而，它的许多方面还没有得到足够详细的研究，或者根本没有研究。

首先，尽管本书介绍并回顾了几个学科的研究，但我们对于语境模型的精确组织只有大致的了解。我们已经讨论了各种（子）类别，其中一些看起来很常规，甚至是普遍的，并且在大多数实证研究中似乎也证明了这一点。另一方面，还有其他类别，诸如不影响话语或对话语具有不同影响的环境条件（如温度、道具、参与者的服装）。我们需要更多的实证和比较研究来确定哪些类别（或多或少）在哪些文化中占主导地位，以及这些类别如何以模型图式或者很可能以我们还不知道的心理组织的其他形式来组织。此外，我们需要更详细地研究表现话语的文本或语境状态和“媒体”属性。

知识和其他社会认知作为语境模型的基础起着根本作用。我们需要对不同类型知识的结构，以及知识如何在交际情境（的定义）中被使用和更新，进行更多的认知研究。同样，我们对意识形态影响参与者建构语境模型的方式也缺乏了解。

神经心理学研究对于研究话语生成和理解过程中语境模型的形成、使用和变化是必要的，其中包括可能由脑损伤或精神疾病引起的语境语用失调。

需要系统地研究语境形式和类别的获得情况，以及这些语境形式与类别控制话语和理解的方式。语境模型涉及相互的心理建模——例如了解其他参与者的知识或意图——我们需要知道儿童何时以及何种条件下获得这种认知能力和互动能力。

心理模型（只是意义或行为）严格说来是不可观察的。除了对它们控 255
制话语的表现进行系统分析以外，我们可能还想更直接地研究这类模型，例如通过扫描它们在大脑中的神经表征和活动、有声思维协议、启动、识别和回忆任务、访谈，等等。

除了研究年龄、阶级、职业、地位/权力和意识形态之外，迄今为止，实证研究尤其重点关注性别角色。然而，通过结合与讲话者相关的不同社会层面，也就是根据语境模型，这类研究应该成倍增加。还有很多语体、交际活动、活动类型和交际情境尚未被研究。尽管对会话、讲故事、论证、文学等方面进行了大量的研究，但是几乎没有专著详细讨论日常和有影响力的语体，如社论、教科书、官僚文本和言谈、董事会会议、内阁会议、警察审讯等——也因为接近精英话语和交际活动受到严格限制。

只有当不同学科及研究方向的学者互相合作并共同参与理论的发展、分析和实证研究时，这些问题才能得到满意的研究。在整本书中，我反复批评了这类研究方向，无论是由于实际的、理论的还是意识形态的理由，它们都只重点关注话语、互动和认知的非常有限的方面。我特别指出，如果在机构和组织的社会互动研究与社会认知研究之间没有一座牢固的桥梁，任何话语理论都将是不完整、不充分、不重要或肤浅的。语境是参与者的定义，因此是心理模型，但它们是可能具有文化差异的经历和社会情境的模型，并且它们对文本和言谈具有“真正的”影响。就像话语本身不能仅仅被描述为一个（言语、互动或认知）“轨道”一样，对于控制这种话语的语境也是如此。当然，更一般地说，如果没有明确的话语语境理论，任何对话语的解释都是不完整的。

参考文献

Abell, J. and Stokoe, E. H. (2001). Broadcasting the royal role: Constructing culturally situated identities in the Princess Diana Panorama interview. *British Journal of Social Psychology*, 40(3), 417—435.

Abrams, D. (1999). Social identity, social cognition, and the self: The flexibility and stability of self-categorization. In: D. Abrams, and M. A. Hogg (eds.), *Social identity and social cognition* (pp. 197—229). Malden, MA: Blackwell.

Abrams, D. and Hogg, M. A. (eds.). (1999). *Social identity and social cognition*. Malden, MA: Blackwell.

Agnew, J. A. (1987). *Place and politics. The geographical mediation of state and society*. Boston and London: Allen & Unwin.

(ed.). (1989). *The power of place. Bringing together geographical and sociological imaginations*. Boston and London: Unwin Hyman.

Ahearn, L. (2001). Language and agency. *Annual Review of Anthropology*, 30, 109—137.

Albert, E. M. (1972). Culture patterning of speech behavior in Burundi. In: J. J. Gumperz and D. Hymes (eds.), *Directions in sociolinguistics: The ethnography of communication* (pp. 72—105). New York: Holt, Rinehart and Winston.

Alexander, J. C. (ed.). (1987). *The micro-macro link*. Berkeley, CA: University of California Press.

Altman, I. and Low, S. (eds.). (1992). *Place attachment*. New York: Plenum Press.

Antaki, C. (ed.). (1988). *Analysing everyday explanation: A casebook of methods*. Thousand Oaks, CA: Sage Publications, Inc.

Argyle, M. (1978). *The psychology of interpersonal behaviour*. Harmondsworth, UK: Penguin.

Argyle, M. , Furnham, A. and Graham, J. A. (1981). *Social situations*. Cambridge: Cambridge University Press.

Arkin, R. M. (1981). Self-presentation styles. In: J. T. Tedeschi (ed.), *Impression management. Theory and social psychological research* (pp. 311—333). New York: Academic Press.

Arminen, I. (2000). On the context sensitivity of institutional interaction. *Discourse & Society*, 11(3), 435—458.

(2005). *Institutional interaction. Studies of talk at work*. Aldershot, Hants, UK and Burlington, VT: Ashgate.

Ashforth, B. E. (2001). *Role transitions in organizational life. An identity-based perspective*. Mahwah, NJ: Lawrence Erlbaum Associates.

Atkinson, J. M. and Drew, P. (1979). Order in Court: *The organisation of verbal interaction in judicial settings*. London: Macmillan.

Atkinson, J. M. and Heritage, J. (eds.). (1984). *Structures of social action: Studies in conversation analysis*. Cambridge, New York and Paris: Cambridge University Press and Editions de la Maison des sciences de l'homme.

Auer, J. C. P., Couper-Kühlen, E. and Müller, F. (1999). *Language in time: The rhythm and tempo of spoken interaction*. New York: Oxford University Press.

Augoustinos, M. (ed.). (2001). *Understanding prejudice, racism, and social conflict*. London and Thousand Oaks, CA: Sage.

Augoustinos, M. and Walker, I. (1995). *Social cognition. An integrated introduction*. London: Sage.

Austin, J. L. (1962). *How to do things with words. Cambridge*, MA: Harvard University Press.

Avedon, E. M. (1981). The structural elements of games. In: A. Furnham and M. Argyle (eds.), *The psychology of social situations* (pp. 11—17). Oxford: Pergamon Press.

Bailey, B. (1997). Communication of respect in interethnic service encounters. *Language in Society*, 26(3), 327—356.

Bakhurst, D. (ed.). (1995). *The social self*. London and Thousand Oaks, CA: Sage.

Bargh, J. A. (1984). Automatic and conscious processing of social information. In: R. S. Wyer and T. K. Srull (eds.), *Handbook of social cognition*, Vol. 3 (pp. 1—43). Hillsdale, NJ: Erlbaum.

(1994). The four horsemen of automaticity: Awareness, intention, efficiency, and control in social cognition. In: R. S. Wyer and T. K. Srull (eds.), *Handbook of social cognition*, (2nd edn.). Hillsdale, NJ: Erlbaum.

Barkan, E. (1992). *Retreat of scientific racism: Changing concepts of race in Britain and the United States between the World Wars*. Cambridge and New York: Cambridge University Press.

Barker, R. G. (ed.). (1963). *The stream of behavior*. New York: Appleton-Century-Crofts.

(1968). *Ecological psychology: Concepts and methods of studying the environment of human behavior*. Stanford, CA: Stanford University Press.

Barker, R. G. et al. (1978). *Habitats, environments and human behavior*. San Francisco, CA: Jossey-Bass.

Bartsch, R. (1995). *Situations, tense, and aspect. Dynamic discourse ontology and the semantic flexibility of temporal system in German and English*. Berlin: Mouton de Gruyter.

Bauman, R. and Sherzer, J. (1974). *Explorations in the ethnography of speaking*. Cambridge: Cambridge University Press.

Baumeister, R. F. (ed.). (1999). *The Self in social psychology*. Philadelphia, PA: Psychology Press.

Belk, R. (1975). Situational variables and consumer behavior. *Journal of Consumer Research*, 2, 157—164.

Bell, P. A., Greene, T. C., Fisher, J. D. and Baum, A. (2001). *Environmental psychology* (5th edn). Fort Worth, TX: Harcourt Brace Jovanovich.

Benn, S. I. and Gauss, G. F. (eds.). (1983). *Public and private in social life*. New York: St. Martin's Press.

Bennett, D. J. and Bennett, J. D. (1981). In: A. Furnham and M. Argyle (eds.), *The psychology of social situations* (pp. 18—25). Oxford: Pergamon.

Berger, P. L. and Luckmann, T. (1966). *The social construction of reality. Harmondsworth*, UK: Penguin.

Bertolet, R. (1990). *What is said: A theory of indirect speech reports*. Dordrecht and Boston: Kluwer Academic Publishers.

Besnier, N. (2004). Diversity, hierarchy and modernity in Pacific Island communities. In: A. Duranti (ed.), *A companion to linguistic anthropology* (pp. 95—120). Oxford: Blackwell.

Bhatia, V. K. (1993). *Analysing genre. Language use in professional settings*. London and New York: Longman.

Biber, D. and Finegan, E. (eds.). (1994). *Sociolinguistic perspectives on register*. New York and Oxford: Oxford University Press.

Billig, M. (1988). *Ideological dilemmas: A social psychology of everyday thinking*. London and Newbury Park: Sage Publications.

(1999a). Conversation analysis and the claims of naivity. *Discourse & Society* 10(4), 572—576.

(1999b). Whose terms? Whose ordinariness? Rhetoric and ideology in conversation analysis. *Discourse & Society* 10(4), 543—558.

Blom, J. P. and Gumperz, J. J. (1972). Social meaning in linguistic structures: Codeswitching in Norway. In: J. J. Gumperz and D. Hymes (eds.), *Directions in sociolinguistics: The ethnography of communication* (pp. 407—434). New York: Holt, Rinehart and Winston.

Blumer, H. (1969). *Symbolic interactionism: Perspective and method*. Englewood Cliffs, NJ: Prentice-Hall.

Blum-Kulka, S. (1997). *Dinner talk: Cultural patterns of sociability and socialization in family discourse*. Mahwah, NJ: Lawrence Erlbaum Associates.

Boden, D. (1994). *The business of talk: Organizations in action*. London and Cambridge, MA: Polity Press.

Boden, D. and Bielby, D. D. (1986). The way it was: Topical organization in elderly conversation. *Language & Communication*, 6(1—2), 73—89.

Boden, D. and Zimmerman, D. H. (eds.). (1991). *Talk and social structure: Studies in ethnomethodology and conversation analysis*. Berkeley, CA: University of California Press.

Brewer, M. B. (1991). The social self: On being the same and different at the same time. *Personality and Social Psychology Bulletin*, 17, 475—482.

Bronte, L. (1972). *A sense of place*. Princeton, NJ: National Humanities Series.

Brown, P. and Fraser, C. (1979). Speech as a marker of situation. In: K. R. Scherer and H. Giles (eds.), *Social markers in speech* (pp. 33—62). Cambridge: Cambridge University Press.

Brown, P. and Levinson, S. C. (1987). *Politeness. Some universals in language usage*. Cambridge and New York: Cambridge University Press.

Brown, R. (ed.). (2000). *Social identity processes. Trends in theory and research*. London: Sage.

Brown, R. and Gilman, A. (1960). The pronouns of power and solidarity. In: T. A. Sebeok (ed.), *Style in language* (pp. 253—277). Cambridge, MA: MIT Press.

Bublitz, W. (1988). *Supportive fellow-speakers and cooperative conversations: Discourse topics and topical actions, participant roles and "recipient action" in a particular type of everyday conversation*. Amsterdam and Philadelphia, PA: J. Benjamins Co.

Bucholtz, M. (2002). Youth and cultural practice. *Annual Review of Anthropology*, 31, 525—552.

Bucholtz, M. and Hall, K. (2004). Language and identity. In: S. Duranti (ed.), *A companion to linguistic anthropology* (pp. 369—394). Oxford: Blackwell.

Bullock, M. (ed.). (1991). *The development of intentional action: Cognitive, motivational, and interactive processes*. Basel and New York: Karger.

Burr, V. (1995). *An introduction to social constructionism*. London: Routledge.

Buss, A. R. (1981). The trait-situation controversy and the concept of interaction. In: A. Furnham and M. Argyle (eds.), *The psychology of social situations. Selected readings* (pp. 227—249). Oxford: Pergamon.

Butler, J. (1990). *Gender trouble: Feminism and the subversion of identity*. New York: Routledge.

Buttny, R. (1993). *Social accountability in communication*. London and Newbury Park, CA: Sage Publications.

Caldas-Coulthard, C. R. and Coulthard, M. (eds.). (1996). *Texts and practices: Readings in critical discourse analysis*. London: Routledge.

Calsamiglia, H., Cots, J. M., Lorda, C., Nussbaum, L., Payrato, L. and Tuson, A. (1995). Communicative strategies and socio-cultural identities in talk shows. *Pragmatics*, 5(3), 325—339.

Canter, D. V. (1977). *The psychology of place*. New York: St. Martin's Press.

Cantor, N. and Kihlstrom, J. F. (eds.). (1981). *Personality, cognition, and social interaction*. Hillsdale, NJ: Lawrence Erlbaum Associates.

Cantor, N. and Mischel, W. (1979). Prototypes in person perception. In: L. Berkowitz(ed.), *Advances in experimental social psychology*, Vol. 12. New York: Academic Press.

Carbaugh, D. A. (2005). *Cultures in conversation*. Mahwah, NJ: Lawrence Erlbaum.

Carlson, D. and Apple, M. W. (eds.). (1998). *Power, knowledge, pedagogy. The meaning of democratic education in unsettling times*. Boulder, CO: Westview Press.

Casey, E. S. (1993). *Getting back into place: Toward a renewed understanding of the place-world*. Bloomington, IN: Indiana University Press.

Chafe, W. L. (1994). *Discourse, consciousness, and time: the flow and displacement of conscious experience in speaking and writing*. Chicago, IL: University of Chicago Press.

Chen, L. and Cegala, D. J. (1994). Topic management, shared knowledge, and accommodation: A study of communication adaptability. *Research on Language and Social Interaction*, 27(4), 389—417.

Cheng, W. (2003). *Intercultural conversation*. Amsterdam and Philadelphia, PA:

John Benjamins.

Cherny, L. (1999). *Conversation and community: Chat in a virtual world*. Stanford, CA: CSLI Publications.

Chouliaraki, L. (ed.). (2005). The soft power of war. Legitimacy and community in Iraq war discourses. Special issue of *Journal of Language and Politics*, 4(1).

Christie, F. and Martin, J. R. (eds.). (1997). *Genre and institutions: Social processes in the workplace and school*. London and Washington: Cassell.

Cicourel, A. V. (1973). *Cognitive sociology: Language and meaning in social interaction*. Harmondsworth, UK: Penguin Education.

(1992). The interpenetration of communicative contexts: examples from medical encounters. In: A. Duranti and C. Goodwin (eds.), *Rethinking context: Language as an interactive phenomenon* (pp. 291—310). Cambridge: Cambridge University Press.

Clark, H. H. (1996). *Using language*. Cambridge: Cambridge University Press.

Clayman, S. E. (1990). From talk to text: newspaper accounts of reporter-source interactions. *Media, Culture and Society*, 12, 79—103.

Cohen, I. J. (1996). Theories of action and praxis. In: B. S. Turner (ed.), *The Blackwell companion to social theory* (pp. 111—142). Oxford: Blackwell.

Coleman, J. S. (1990). *Foundations of social theory.* Cambridge, MA: Harvard University Press.

Collett, P. (1989). Time and action. In: D. Roger and P. Bull (eds.), *Conversation: An interdisciplinary perspective. Intercommunication series*, 3 (pp. 218—237). Clevedon, UK: Multilingual Matters.

Collins, J. (1987). Conversation and knowledge in bureaucratic settings. *Discourse Processes*, 10(4), 303—319.

Coser, R. L. (1991). In defense of modernity: *Role complexity and individual autonomy*. Stanford, CA: Stanford University Press.

Coulmas, F. (ed.). (1986). *Direct and indirect speech*. Berlin: Mouton De Gruyter.

Covarrubias, P. (2002). *Culture, communication, and cooperation: Interpersonal relations and pronominal address in a Mexican organization*. Lanham, MD: Rowman & Littlefield.

Damasio, A. (2000). *The feeling of what happens. Body, emotion and the making of consciousness*. London: Vintage Books.

De Certeau, M. (1985). *The practice of everyday life*. Berkeley, CA: University of California Press.

De Fina, A., Schiffrin, D. and Bamberg, M. (eds.). (2006). *Discourse and identity*.

Cambridge: Cambridge University Press.

De Saussure, F. (1962). *Cours de linguistique générale*, 3rd edition (first edition published 1915). Paris: Payot.

Devine, P. G. (1989). Automatic and controlled processes in prejudice. The role of stereotypes and personal beliefs. In: A. R. Pratkanis, S. J. Breckler and A. G. Greenwald (eds.), *Attitude structure and function* (pp. 181—212). Hillsdale, NJ: Erbaum.

Dias, P., Freedman, A., Medway, P. and Pare, A. (1999). *Worlds apart: Acting and writing in academic and workplace contexts*. Mahwah, NJ: Lawrence Erlbaum.

Dixon, J. and Durrheim, K. (2000). Displacing place-identity. A discursive approach to locating self and other. *British Journal of Social Psychology*, 39(1), 27—44.

Douglas, J. D. (1980). *Introduction to the sociologies of everyday life*. Boston: Allyn and Bacon.

(ed.). (1970). *Understanding everyday life*. Chicago, IL: Aldine.

Dovidio, J. F. and Gaertner, S. L. (eds.). (1986). *Prejudice, discrimination, and racism*. Orlando, FL: Academic Press.

Drew, P. (1991). Asymmetries of knowledge in conversational interactions. In: Ivana Marková and Klaus Foppa (eds.), *Asymmetries in dialogue* (pp. 21—48). Savage, MD: Barnes & Noble Books/Bowman & Littlefield Publishers.

Drew, P. and Heritage, J. (eds.). (1992). *Talk at work. Interaction in institutional settings*. Cambridge: Cambridge University Press.

Drew, P. and Sorjonen, M. L. (1997). Institutional dialogue. In: Teun A. van Dijk (ed.), *Discourse studies. A multidisciplinary introduction*, Vol. 2 (pp. 92—118). London: Sage.

Du Bois, J. W. (1992). Meaning without intention: Lessons from divination. In: J. H. Hill and J. T. Irvine (eds.), *Responsibility and evidence in oral discourse* (pp. 48—71). Cambridge: Cambridge University Press.

Dundes, A., Leach, J. W. and Özkök, B. (1972). The strategy of Turkish boys' dueling rhymes. In: J. Gumperz and D. Hymes (eds.), *Directions in sociolinguistics. The ethnography of communication* (pp. 130—160). New York: Holt, Rinehart and Winston.

Duranti, A. (1992a). Intentions, self and responsibility: An essay in Samoan ethnopragmatics. In: J. H. Hill and J. T. Irvine (eds.), *Responsibility and evidence inoral discourse* (pp. 24—47). Cambridge: Cambridge University Press.

(1992b). Language in context and language as context: The Samoan respect vocabulary. In: A. Duranti and C. Goodwin (eds.), *Rethinking context: Language as an interactive phenomenon* (pp. 77—99). Cambridge: Cambridge University Press.

(1994). *From grammar to politics: Linguistic anthropology in a western Samoan village*. Berkeley and Los Angeles, CA: University of California Press.

(ed.). (2001). *Linguistic anthropology: A reader*. Malden, MA: Blackwell.

(ed.). (2004). *A companion to linguistic anthropology*. Oxford: Blackwell.

(2006). The social ontology of intentions. *Discourse Studies*, 8(1), 31—40.

Duranti, A. and Goodwin, C. (eds.). (1992). *Rethinking context: Language as an interactive phenomenon*. Cambridge: Cambridge University Press.

Durkheim, E. (1964/1895). *The rules of sociological method*. New York: Free Press.

Eagly, A. H. and Chaiken, S. (1993). *The psychology of attitudes*. Fort Worth, TX: Harcourt Brace Jovanovich.

Eckert, P. (2000). *Linguistic variation as social practice*. The linguistic construction of identity in Belten High. Malden, MA: Blackwell.

Eckert, P. and McConnell-Ginet, S. (1992). Communities of practice: Where language, gender and power all live. In: K. Hall, M. Bucholtz and B. Moonwomon (eds.), *Locating power: Proceedings of the Second Berkeley Women and Language Conference*, Vol. 1 (pp. 89—99). Berkeley, CA: Berkeley Women and Language Group.

(2003). *Language and gender*. Cambridge: Cambridge University Press.

Eckert, P. and Rickford, J. R. (eds.) (2001). *Style and Sociolinguistic Variation*. Cambridge: Cambridge University Press.

Edwards, D. (1997). *Discourse and cognition*. Thousand Oaks, CA: Sage Publications.

Edwards, D. and Potter, J. (1992). *Discursive psychology*. London: Sage Publications.

Edwards, J. and Martin, J. (eds.). (2004). Interpreting tragedy: the language of 11 September 2001. Special issue, *Discourse & Society*, 15(2—3).

Ekehammar, B. (1974). Interactionism in personality from an interactional perspective. *Psychological Bulletin*, 80, 1026—1048.

Erickson, F. and Shultz, J. J. (1982). *The counselor as gatekeeper. Social interactionin interviews*. London: Academic Press.

Ervin-Tripp, S. M. (1972). Sociolinguistic rules of address. In: J. B. Pride and J. Holmes (eds.), *Sociolinguistics* (pp. 225—240). Harmondsworth, UK: Penguin Books.

Essed, P. (1991). *Understanding everyday racism: An interdisciplinary theory*. Newbury Park, CA: Sage Publications.

Essed, P. and Goldberg, D. T. (eds.). (2002). *Race critical theories. Text and context*. Malden, MA: Blackwell Publishers.

Fairclough, N. (1995). *Critical discourse analysis. The critical study of language.* London and New York: Longman.

Fardon, R. (ed.). (1985). *Power and knowledge. Anthropological and sociological approaches: Proceedings of a conference held at the University of St. Andrews in December 1982*. Edinburgh: Scottish Academic Press.

Farr, R. M. and Moscovici, S. (eds.). (1984). *Social representations.* Cambridge, New York and Paris: Cambridge University Press and Editions de la Maison des Sciences de l'Homme.

Firth, A. (ed.). (1995). *The discourse of negotiation: Studies of language in the workplace*. Oxford and New York: Pergamon/Elsevier Science.

Fisher, S. and Davis, K. (1993). *Negotiating at the margins. The gendered discourses of power and resistance.* New Brunswick, NJ: Rutgers University Press.

Fisher, S. and Todd, A. D. (eds.). (1983). *The social organization of doctor-patient communication*. Washington, DC: Center for Applied Linguistics.

Fishman, J. A. (1972). Domains and the relationship between micro- and macrosociolinguistics. In: J. J. Gumperz, and D. H. Hymes, (eds.), *Directions in sociolinguistics: The ethnography of communication* (pp. 435—464). New York: Holt, Rinehart and Winston.

Fiske, S. T. (1982). Schema-triggered affect: Applications to social perception. In: M. S. Clark and S. T. Fiske (eds.), *Affect and cognition: The 17th Annual Carnegie Symposium on Cognition* (pp. 56—78). Hillsdale, NJ: Erlbaum.

(1998). Stereotyping, prejudice, and discrimination. In D. T. Gilbert, S. T. Fiske and G. Lindzey (eds.), *Handbook of social psychology*, Vol. 2 (4th edn, pp. 357—411). New York: McGraw-Hill.

Fiske, S. T. and Taylor, S. E. (1991). *Social cognition* (2nd edn.). New York: McGraw-Hill.

Fiske, S. T., Lin, M. and Neuberg, S. L. (1999). The continuum model: Ten years on. In: S. Chaiken and Y. Trope (eds.), *Dual-process theories in social psychology* (pp. 231—254). New York: Guilford.

Forgas, J. P. (1979). *Social episode*s: The study of interaction routines. London and New York: published in cooperation with the European Association of Experimental Social Psychology by Academic Press.

Forgas, J. P., Williams, K. D. and Wheeler, L. (eds.). (2001). *The social mind. Cognitive and motivational aspects of interpersonal behavior*. Cambridge: Cambridge University Press.

Forrester, M. A. and Ramsden, C. A. H. (2000). Discursive ethnomethodology: Analysing power and resistance in talk. *Psychology, Crime and Law*, 6(4), 281—304.

Foucault, M. (1980). Power/Knowledge: *Selected interviews and other writings*, 1972—1977. New York: Pantheon.

Frake, C. O. (1972). "Struck by Speech" : The Yakan concept of litigation. In: J. J. Gumperz and D. Hymes (eds.), *Directions in sociolinguistics: The ethnography of communication* (pp. 106—129). New York: Holt, Rinehart and Winston.

Fraser, C. and Gaskell, G. (eds.). (1990). *The social psychological study of widespread beliefs*. Oxford and New York: Clarendon Press/Oxford University Press.

Frederiksen, N. (1972). Toward a taxonomy of situations. *American Psychologist*, 27, 114—123.

Friedrich, P. (1972). Social context and semantic feature: The Russian pronominal usage. In: J. Gumperz and D. Hymes (eds.), *Directions in sociolinguistics*(pp. 270—300). Oxford: Basil Blackwell.

Fuller, J. M. (2003). The influence of speaker roles on discourse marker use. *Journal of Pragmatics*, 35(1), 23—45.

Furnham, A. (ed.). (1986). Social behavior in context. Boston, MA: Allyn & Bacon.

Furnham, A. and Argyle, M. (eds.). (1981). *The psychology of social situations*. Oxford: Pergamon Press.

Gans, H. J. (1979). *Deciding what's news*. New York: Vintage Books/Random House.

Garfinkel, H. (1967). *Studies in ethnomethodology*. Englewood Cliffs, NJ: Prentice-Hall.

Garfinkel, H. and Sacks, H. (1970). On formal structures of practical actions. In: J. C. McKinney and E. A. Tiryakian (eds.) *Theoretical sociology: Perspectives and developments* (pp. 337—366). New York: Appleton-Century-Crofts.

Gergen, K. J. and Gergen, M. M. (1981). *Social psychology*. New York: Harcourt Brace Jovanovich.

Gibbs, R. W. J. (1987). Mutual knowledge and the psychology of conversational inference. *Journal of Pragmatics*, 11(5), 561—588.

Giddens, A. (1979). *Central problems in social theory. Action, structure and contradiction in social analysis*. Berkeley, CA: University of California Press.
(1984). *The constitution of society: Outline of the theory of structuration*. Cambridge: Polity Press.

(ed.). (1987). *Social theory today*. Stanford, CA: Stanford University Press.

Giles, D. C. (2002). Keeping the public in their place: Audience participation in lifestyle television programming. *Discourse & Society*, 13(5), 603—628.

Giles, H. (ed.). (1979). *Language and social psychology*. Baltimore: University Park Press.

(ed.). (1991). *Contexts of accommodation*. Developments in applied sociolinguistics. Cambridge and Paris: Cambridge University Press and Editions de la Maison des Sciences de l'Homme.

Glaser, B. G. and Strauss, A. (1967). *The discovery of grounded theory*. Chicago, IL: Aldine.

Glenberg, A. M. (1997). Mental models, space, and embodied cognition. In: T. B. Ward and S. M. Smith (eds.), *Creative thought: An investigation of conceptual structures and processes* (pp. 495—522). Washington, DC: American Psychological Association.

Goffman, E. (1956). *The presentation of self in everyday life*. Edinburgh: University of Edinburgh, Social Sciences Research Centre.

(1964). The neglected situation. *The American Anthropologist*, 66, 2, 133—136.

(1967). *Interaction ritual: Essays in face-to-face behavior*. Chicago, IL: Aldine Co.

(1974). *Frame analysis: An essay on the organization of experience*. Cambridge, MA: Harvard University Press.

(1979). *Gender advertisements*. London: Macmillan.

(1981). *Forms of talk*. Philadelphia, PA: University of Pennsylvania Press.

Goldberg, D. T. and Solomos, J. (eds.). (2002). *A companion to racial and ethnic studies*. Malden, MA: Blackwell.

Gollwitzer, P. M. and Bargh, J. A. (eds.). (1996). *The psychology of action: Linking cognition and motivation to behavior*. New York: Guilford Press.

Goodwin, C. (1984). Notes on story structure and the organization of participation. In: J. M. Atkinson and J. Heritage (eds.), *Structures of Social Action: Studies in Conversation Analysis* (pp. 225—246). Cambridge: Cambridge University Press.

Goodwin, C. and Duranti, A. (1992). Rethinking context: An introduction. In: A. Duranti and C. Goodwin (eds.), *Rethinking context: Language as an interactive phenomenon* (pp. 1—42). Cambridge: Cambridge University Press.

Goodwin, C. and Goodwin, M. H. (2004). Participation. In: A. Duranti (ed.), *A companion to linguistic anthropology* (pp. 222—244). Oxford: Blackwell.

Goodwin, M. H. (1990). *He-said-she-said: Talk as social organization among Black children*. Bloomington, IN: Indiana University Press.

Greenberg, J. (1990). *The theory of social situations: A Game-theoretic approach.*

Cambridge: Cambridge University Press.

Greenfield, L. (1968). Spanish and English usage self-ratings in various situational contexts. In: J. A. Fishman, R. L. Cooper, R. Ma et al. (eds.), *Bilingualism in the barrio*. New York: Yeshiva University.

Grice, H. P. (1989). *Studies in the way of words*. Cambridge, MA: Harvard University Press.

Gudykunst, W. B. (2003). *Cross-cultural and intercultural communication*. Thousand Oaks, CA: Sage Publications.

(ed.). (2005). *Theorizing about intercultural communication*. Thousand Oaks, CA: Sage.

Gumperz, J. J. (1977). Sociocultural knowledge in conversational inference. In: M. Saville-Troike (ed.), *Georgetown University Round Table on Languages and Linguistics 1977*. Washington, DC: Georgetown University Press.

(1982a). *Discourse strategies*. Cambridge: Cambridge University Press.

(ed.). (1982b). *Language and social identity*. Cambridge and New York: Cambridge University Press.

(1992). Contextualization and understanding. In: A. Duranti and C. Goodwin (eds.), *Rethinking context: Language as an interactive phenomenon* (pp. 229—252). Cambridge: Cambridge University Press.

Hackett, R. A. and Zhao, Y. Z. (1994). Challenging a master narrative: Peace protest and opinion. Editorial Discourse in the United-States press during the Gulf-War. *Discourse & Society*, 5(4), 509—541.

Hak, T. (1999). "Text" and "con-text" : Talk bias in studies of health care work. In: S. Sarangi and C. Roberts (eds.), *Talk, work and institutional order. Discourse in medical, mediation and management settings* (pp. 427—451). Berlin: Mouton-De Gruyter.

Hall, E. T. (1959). *The silent language*. Garden City, NY: Doubleday.

Hall, E. T. and Hall, M. R. (1987). *Hidden differences*. Doing business with the Japanese. Garden City, NY: Anchor Press/Doubleday.

Hamilton, D. L. (ed.). (2005). *Social cognition*. New York: Psychology Press.

Hamilton, V., Bower, G. H. and Frijda, N. H. (eds.). (1988). *Cognitive perspectives on emotion and motivation*. Dordrecht and Boston: Kluwer Academic Publishers.

Hanks, W. F. (1992). The indexical ground of deictic reference. In: A. Duranti and C. Goodwin (eds.), *Rethinking context: Language as an interactive phenomenon* (pp. 43—76). Cambridge: Cambridge University Press.

(1996). *Language & communicative practices.* Boulder, CO: Westview Press.

(2000). *Intertexts: Writings on language, utterance & context.* Lanham, MD: Rowman & Littlefield.

(2005). Pierre Bourdieu and the practices of language. *Annual Review of Anthropology*, 34, 67—83.

Harré, R. (1979). *Social being*. Oxford: Blackwell.

(1998). *The singular self: An introduction to the psychology of personhood*. Thousand Oaks, CA: Sage.

Harré, R. and Secord, P. F. (1972). *The explanation of social behavior*. Oxford: Blackwell.

Hassard, J. (1990). *The sociology of time*. London: Macmillan.

Hayduk, L. A. (1994). Personal space: Understanding the simplex model. *Journal of Nonverbal Behavior*, 18(3), 245—260.

Heath, C. and Luff, P. (2000). *Technology in action.* Cambridge: Cambridge University Press.

Heritage, J. C. (1984). *Garfinkel and ethnomethodology.* Cambridge: Polity Press.

(1985). Analyzing news interviews: Aspects of the production of talk for an overhearing audience. In: T. A. van Dijk (ed.), *Handbook of discourse analysis*, Vol. 3 (pp. 95—119). London: Academic Press.

(1987). Ethnomethodology. In: A. Giddens and J. Turner (eds.), *Social theory today*(pp. 224—272). Cambridge: Polity Press.

(2005). Conversation analysis and institutional talk. In: K. L. Fitch and R. E. Sanders (eds.), *Handbook of language and social interaction* (pp. 103—147). Mahwah, NJ: Lawrence Erlbaum Associates.

Heritage, J. C. and Watson, D. R. (1979). Formulations as conversational objects. In: G. Psathas (ed.), *Everyday language: studies in ethnomethodology* (pp. 123—162). New York: Irvington.

Heritage, J. C. and Watson, D. R. (1980). Aspects of the properties of formulations in natural conversations: Some instances analysed. *Semiotica*, 30(3—4), 245—262.

Hester, S. and Francis, D. (2001). Is institutional talk a phenomenon? Reflections on ethnomethodology and applied conversation analysis. In: A. McHoul and M. Rapley (eds.), *How to analyse talk in institutional settings. A casebook of methods* (pp. 206—217). London: Continuum.

Hewitt, J. P. (1991). *Self and society: A symbolic interactionist social psychology.* Boston, MA: Allyn and Bacon.

Hewstone, M. and Stroebe, W. (eds.). (2001). *Introduction to social psychology. A European perspective* (3rd edn.). Oxford: Blackwell.

Highmore, B. (ed.). (2002). *The everyday life reader*. London: Routledge.

Hill, J. H. and Irvine, J. T. (eds.). (1992). *Responsibility and evidence in oral discourse*. Cambridge and New York: Cambridge University Press.

Holland, D. and Quinn, N. (eds.). (1987). *Cultural models in language and thought*. New York: Cambridge University Press.

Holmes, J. and Meyerhoff, M. (eds.). (2003). *The handbook of language and gender*. Oxford: Blackwell.

Holstein, J. A. and Gubrium, J. F. (2004). Context: working it up, down, or across. In: C. Seale, G. Gobo, J. F. Gubrium and D. Silverman (eds.), *Qualitative research practice* (pp. 297—311). London: Sage.

Holt, E. (1996). Reporting on talk: The use of direct reported speech in conversation. *Research on Language and Social Interaction*, 29(3), 219—245.

Houston, M. and Kramarae, C. (eds.). (1991). Women speaking from silence. *Discourse & Society*, 2(4), special issue.

Huber, J. (1991). *Macro-micro linkages in sociology*. Newbury Park, CA: Sage Publications.

Hutchby, I. (1996). Power in discourse: the case of arguments on a British talk radioshow. *Discourse & Society*, 7, 481—497.

Hymes, D. (1962). The ethnography of speaking. In: T. Gladwin and W. C. Sturtevant (eds.), *Anthropology and human behavior* (pp. 13—53). Washington, DC: Anthropological Society of Washington (reprinted in J. A. Fishman (ed.), *Readings in the sociology of language*, pp. 99—138. The Hague: Mouton, 1968).

(1972). Models of the interaction of language and social life. In: J. J. Gumperz and D. Hymes (eds.), *Directions in sociolinguistics: The ethno-graphy of communication* (pp. 35—71). New York: Holt, Rinehart and Winston.

Irvine, J. T. (1974). Strategies of status manipulation in Wolof greeting. In: R. Baumanand J. Sherzer (eds.), *Explorations in the ethnography of speaking* (pp. 167—191). Cambridge: Cambridge University Press.

(1992). Insult and responsibility: verbal abuse in a Wolof village. In: J. H. Hill and J. T. Irvine (eds.), *Responsibility and evidence in oral discourse* (pp. 105—134). Cambridge: Cambridge University Press.

Jackson, J. B. (1994). *A sense of place, a sense of time*. New Haven, CT: Yale University Press.

Jaspars, J. M. F. and Fraser, C. (1984). Attitudes and social representations. In: R. M. Farr and S. Moscovici (eds.), *Social representations* (pp. 101—124). Cambridge: Cambridge University Press.

Jenkins, R. P. (2002). In the present tense: Time, identification and human nature. *Anthropological Theory*, 2(3), 267—280.

Johnson-Laird, P. N. (1983). *Mental models. Towards a cognitive science of language, inference, and consciousness.* Cambridge: Cambridge University Press.

Johnstone, B. (2000). The individual voice in language. *Annual Review of Anthropology*, 29, 405—424.

Jones, L. (2000). Immigration and parliamentary discourse in Great Britain. An analysis of the debates related to the 1996 Asylum and Immigration Act. In: R. Wodak and T. A. van Dijk (eds.), *Racism at the Top* (pp. 283—310). Klagenfurt: Drava Verlag.

Kamp, H. and Reyle, U. (1993). *From discourse to logic: Introduction to modeltheoretic semantics of natural language, formal logic and discourse representationtheory.* Dordrecht and Boston: Kluwer Academic.

Kataoka, H. C. and Kusumoto, T. (1991). *Japanese cultural encounters and how to handle them*. Lincolnwood, IL: Passport Books.

Keating, E. (1998). *Power sharing: Language, rank, gender and social space in Pohnpei, Micronesia*. Oxford: Oxford University Press.

Keating, E. and Egbert, M. (2004). Conversation as cultural activity. In: A. Duranti(ed.), *A companion to linguistic anthropology* (pp. 169—196). Oxford: Blackwell.

Keenan, E. (1974). Norm-makers, norm-breakers: Uses of speech by men and women in a Malagasy community (pp. 125—143). In: R. Bauman and J. Sherzer (eds.), *Explorations in the ethnography of speaking*. Cambridge: Cambridge University Press.

Kendon, A. (1992). The negotiation of context in face-to-face interaction. In: A. Duranti and C. Goodwin (eds.), *Rethinking context* (pp. 323—334). Cambridge: Cambridge University Press.

Kitzinger, C. (2005). "Speaking as a heterosexual" : (How) does sexuality matter fortalk-in-interaction? *Research on Language and Social Interaction*, 38(3), 221—265.

Klandermans, B. (1997). *The social psychology of protest*. Oxford and Cambridge, MA: Blackwell Publishers.

Knoblauch, H. (2001). Communication, contexts and culture. A communicative constructivist approach to intercultural communication. In: A. Di Luzio, S. Günthnerand F. Orletti (eds.), *Culture in communication. Analyses of intercultural situations* (pp. 3—33). Amsterdam and Philadelphia, PA: John Benjamins.

Knorr-Cetina, K. and Cicourel, A. V. (eds.). (1981). *Advances in social theory and methodology. Towards an integration of micro- and macrosociologies.* London: Routledge & Kegan Paul.

Komter, M. L. (1995). The distribution of knowledge in courtroom interaction. In: P. Ten Have and G. Psathas (eds.), *Situated order: Studies in the social organization of talk and embodied activities* (pp. 107—28). Washington, DC: University Press of America.

Kotthoff, H. and Wodak, R. (eds.). (1997). *Communicating gender in context.* Amsterdam and Philadelphia, PA: John Benjamins.

Krauss, R. M. and Fussell, S. R. (1991). Perspective-taking in communication: Representations of others' knowledge in reference. *Social Cognition*, 9(1), 2—24.

Kuper, A. (1999). *Culture. The anthropologists' account.* Cambridge, MA: Harvard University Press.

Kuper, A., and Kuper, J. (1986). *The social science encyclopedia*. London: Routledge.

Labov, W. (1972a). *Language in the inner city: Studies in the Black English vernacular.* Philadelphia, PA: University of Pennsylvania Press.

(1972b). *Sociolinguistic patterns*. Philadelphia, PA: University of Pennsylvania Press.

Lakoff, R. (1975). *Language and women's place.* New York: Holt, Rinehart and Winston.

Lakoff, G. and Johnson, M. (1980). *Metaphors we live by*. Chicago, IL: University of Chicago Press.

Lasswell, H. D. (1977). *Psychopathology and politics*. Chicago, IL: University of Chicago Press.

Lave, J. and Wenger, E. (1991). *Situated learning: Legitimate peripheral participation.* Cambridge: Cambridge University Press.

Lawrence, C. and Leather, P. (1999). Stereotypical processing: the role of environmental context. *Journal of Environmental Psychology*, 19(4), 383—395.

Lazar, M. (ed.). (2005). *Feminist critical discourse analysis. Gender, power and ideology in discourse*. Houndmills, UK: Palgrave Macmillan.

Lefebvre, H. (1971). *Everyday life in the modern world*. New York: Harper & Row (Harper Torchbooks).

Levelt, W. J. M. (1982). Linearization in describing spatial networks. In: S. Peters and E. Saarinen, (eds.) *Processes, beliefs and questions*. Dordrecht: Reidel.

Levinson, S. C. (1996). Language and space. *Annual Review of Anthropology*, 25, 353—382.

(2003). *Space in language and cognition. Explorations in cognitive diversity.* Cambridge: Cambridge University Press.

Light, A. and Smith, J. M. (eds.). (1998). *Philosophy and geography III: Philosophies of place*. Lanham, MD: Rowman and Littlefield, Inc.

Lindstrom, L. (1992). Context contests: debatable truth statements on Tanna (Vanuatu). In: A. Duranti and C. Goodwin (eds.), *Rethinking context: Language as an interactive phenomenon* (pp. 101—124). Cambridge: Cambridge University Press.

Litosseliti, L. and Sunderland, J. (eds.). (2002). *Gender identity and discourse analysis.* Amsterdam: John Benjamins.

Lofland, J. and Lofland, L. H. (1995). *Analyzing social settings. A guide to qualitative observation and analysis*. Belmont, CA: Wadsworth.

Magnusson, D. (1978). *On the psychological situation*. Stockholm: University of Stockholm Reports.

(ed.). (1981). *Toward a psychology of situations. An interactional perspective.* Hillsdale, NJ: Lawrence Erlbaum Associates.

Magnusson, D. and Endler, N. (eds.). (1977). *Personality at the crossroads: Current issues in interactional psychology*. Hillsdale, NJ: Lawrence Erlbaum Associates.

Mäkitalo, Å. and Säljö, R. (2001). Talk in institutional context and institutional context in talk: Categories as situated practices. *Text*, 22(1), 57—82.

Malone, M. J. (1997). *Worlds of talk: The presentation of self in everyday conversation.* Cambridge: Polity Press.

Markus, H. (1977). Self-schemata and processing information about the self. *Journal of Personality and Social Psychology*, 35, 63—78.

Martín Rojo, L. and Van Dijk, T. A. (1997). "There was a problem, and it was solved!" Legitimating the expulsion of 'illegal' immigrants in Spanish parliamentary discourse. *Discourse & Society*, 8(4), 523—567.

Maynard, D. W. (2003). *Bad news, good news. Conversational order in everyday talk and clinical settings*. Chicago, IL: University of Chicago Press.

Maynard, S. K. (1997). *Japanese communication language and thought in context.* Honolulu: University of Hawaii Press.

McCroskey, J. C. (ed.). (1987). *Personality and interpersonal communication.* BeverlyHills, CA: Sage Publications.

McElroy, J. C., Morrow, P. C. and Wall, L. C. (1983). Generalizing impact of object language to other audiences: Peer response to office design. *Psychological Reports*, 53, 315—322.

McGinty, S. (1999). *Gatekeepers of knowledge. Journal editors in the sciences and the social sciences*. Westport, CT: Bergin & Garvey.

McGrath, J. E. and Kelly, J. E. (1986). *Time and human interaction: Toward a social psychology of time*. New York: Guilford.

McGrath, J. E. and Tschan, F. (2003). *Temporal matters in social psychology. Examining the role of time in the lives of groups and individuals.* Washington, DC: American Psychological Association.

McHoul, A. and Rapley, M. (eds.). (2001). *How to analyse talk in institutional settings. A casebook of methods.* London: Continuum.

Mead, G. H. (1934). *Mind, self and society*. Chicago, IL: University of Chicago Press.

Merton, R. K. (1968). On sociological theories of the middle range. In: R. K. Merton (ed.), *Social theory and social structure* (pp. 39—71). New York: The Free Press.

Milgram, S. (1984). Cities as social representations. In: R. M. Farr and S. Moscovici(eds.), *Social representations* (pp. 289—309). Cambridge and Paris: Cambridge University Press and Editions de la Maison des Sciences de l'Homme.

Miller, G. A. (1956). The magical number seven, plus or minus two: Some limits on our capacity for processing information. *Psychological Review*, 63, 81—97.

Mills, C. W. (1959). *The sociological imagination.* Harmondsworth, UK: Penguin.

Milroy, L. (1980). *Language and social networks*. Oxford: Basil Blackwell.

Mitchell-Kernan, C. (1972). Signifying and marking: Two Afro-American speech acts. In: J. J. Gumperz and D. Hymes (eds.), *Directions in sociolinguistics: The ethnography of communication* (pp. 161—179). New York: Holt, Rinehart and Winston.

Mondada, L. (2000). *Décrire la ville. La construction des savoirs urbains dans l'interaction et dans le texte.* Paris: Anthropos.

Morrow, P. C. and McElroy, J. C. (1981). Interior office design and visitor response. *Journal of Applied Psychology*, 66, 630—646.

Moscovici, S. (2000). *Social representations. Explorations in social psychology*. New York: New York University Press.

Mühlen, U. (1985). *Talk als Show. Eine linguistische Untersuchung der Gesprächsführung in den Talkshows des deutchen Fernsehens*. Frankfurt am Main: Lang.

Mullings, L. (2005). Interrogating racism: Towards an antiracist anthropology. *Annual Review of Anthropology*, 34, 667—693.

Neisser, U. and Jopling, D. A. (eds.). (1997). *The conceptual self in context: Culture, experience, self-understanding*. New York: Cambridge University Press.

Nippert-Eng, C. E. (1996). *Home and work. Negotiating boundaries through everyday life*. Chicago, IL: University of Chicago Press.

Nystrand, M. (1987). The role of context in written communication. In: Rosalind Horowitz and S. Jay Samuels (eds.), *Comprehending oral and written language* (pp. 197—214). San Diego, CA: Academic Press.

Nystrand, M., Himley, M. and Doyle, A. (1986). *The structure of written communication: Studies in reciprocity between writers and readers*. Orlando, FL: Academic Press.

Oakes, P. J., Haslam, S. A. and Reynolds, K. J. (1999). Social categorization and social context: Is stereotype change a matter of information or of meaning? In: Dominic Abrams and Michael A. Hogg (eds.), *Social identity and social cognition* (pp. 55—79). Malden, MA: Blackwell.

O'Barr, W. M. and Conley, J. M. (1990). *Rules versus relationships: The ethnography of legal discourse*. Chicago, IL: University of Chicago Press.

Ochs, E. (1992). Indexing gender. In: A. Duranti and C. Goodwin (eds.), *Rethinking context: Language as an interactive phenomenon* (pp. 335—358). Cambridge: Cambridge University Press.

Ochs, E. and Capps, L. (2001). *Living narrative: Creating lives in everyday storytelling*. Cambridge, MA: Harvard University Press.

Olson, S. K. and Olson, P. M. (1993). *Communicating in the workplace*. Goshen, NY: Aloray.

Operario, D. and Fiske, S. T. (1999). Integrating social identity and social cognition: A framework for bridging diverse perspectives. In: D. Abrams and M. A. Hogg (eds.), *Social identity and social cognition* (pp. 26—54). Malden, MA: Blackwell.

Ortner, S. (1984). Theory in anthropology since the sixties. *Comparative Studies in Society and History*, 26, 126—166.

Owsley, H. H. and Scotton, C. M. (1984). The conversational expression of power by television interviewers. *Journal of Social Psychology*, 123, 261—271.

Paechter, C. F. (eds.). (2001). *Knowledge, power, and learning*. London and Thousand Oaks, CA: P. Chapman in association with Open University, Sage Publications.

Parsons, T. (1951). *The social system*. Glencoe, IL: The Free Press.

Perinbanayagam, R. (1974). The definition of the situation: An analysis of the ethnomethodological and dramaturgical view. *Sociological Quarterly*, 15, 521—542.

Peräkylä, A. and Vehviläinen, S. (2003). Conversation analysis and the professional stocks of interactional knowledge. *Discourse & Society*, 14(6), 727—750.

Pervin, L. A. (ed.). (1978). *Perspectives in interactional psychology*. New York: Plenum Press.

Philips, S. U. (1974). Warm springs "Indian Time" : How the regulation of participation affects the progress of events. In: R. Bauman and J. Sherzer (eds.), *Explorations in the ethnography of speaking*. New York: Cambridge University Press.

(2004). Language and social inequality. In: A. Duranti (ed.), *A companion to linguistic anthropology* (pp. 474—495). Oxford: Blackwell.

Philipsen, G. and Coutu, L. M. (2005). The ethnography of speaking. In: K. L. Fitch and R. E. Sanders (eds.), *Handbook of language and social interaction* (pp. 355—379). Mahwah, NJ: Lawrence Erlbaum Associates.

Planalp, S. and Garvin-Doxas, K. (1994). Using mutual knowledge in conversation: Friends as experts on each other. In: S. Duck (ed.), *Understanding relationship processes IV: The dynamics of relationships*. Newbury Park, CA: Sage.

Plummer, K. (1996). Symbolic interactionism in the twentieth century: The rise of empirical social theory. In: B. S. Turner (ed.), *The Blackwell companion to social theory* (pp. 223—251). Oxford: Blackwell.

Potter, J. (1996). *Representing reality: Discourse, rhetoric and social construction*. London and Thousand Oaks, CA: Sage.

(1998). Discursive social psychology: From attitudes to evaluations. *European Review of Social Psychology*, 9, 233—266.

Potter, J. and Wetherell, M. (1987). *Discourse and social psychology: Beyond attitudes and behaviour*. Beverly Hills, CA: Sage Publications.

Proshansky, H. M., Fabian, A. K. and Kaminoff, R. (1983). Place identity: Physical world socialization of the self. *Journal of Environmental Psychology*, 3, 57—83

Psathas, G. (1995). *Conversation analysis: The study of talk-in interaction*. Thousand Oaks, CA: Sage (Qualitative Research Methods 35).

Putnam, L. L. and Poole, M. S. (1987). Conflict and negotiation. In: L. L. Putnam and F. M. Jablin, (eds.), *Handbook of organizational communication: An interdisciplinary perspective* (pp. 549—599). London: Sage.

Ranyard, R., Crozier, W. R. and Svenson, O. (eds.). (1997). *Decision making: Cognitive models and explanations*. London and New York: Routledge.

Reicher, S. and Hopkins, N. (1996). Self-category constructions in political rhetoric: An analysis of Thatcher's and Kinnock's speeches concerning the British miners' strike (1984—1985). *European Journal of Social Psychology*, 26(3), 353—371.

Reisigl, M. and Wodak, R. (eds.). (2000). *The semiotics of racism. Approaches in critical discourse analysis.* Vienna: Passagen.

(2001). *Discourse and discrimination rhetorics of racism and antisemitism.* London and New York: Routledge.

Resnick, L. B. (1991). Shared cognition: Thinking as social practice. In: L. B. Resnick, J. M. Levine and S. D. Teasley (eds.), *Perspectives on socially shared cognition* (pp. 1—20). Washington, DC: American Psychological Association.

Resnick, L. B., Levine, J. M. and Teasley, S. D. (eds.). (1991). *Perspectives on socially shared cognition*. Washington, DC: American Psychological Association.

Rinck, M., Williams, P., Bower, G. H. and Becker, E. S. (1996). Spatial situation models and narrative understanding: Some generalizations and extensions. *Discourse Processes*, 21(1), 23—55.

Rodin, J. and Steinberg, S. P. (eds.). (2003). *Public discourse in America. Conversation and community in the twenty-first century*. Philadelphia, PA: University of Pennsylvania Press.

Ross, L. and Nisbett, R. E. (1991). *The person and the situation*. New York: McGraw-Hill.

Rucht, D., Koopmans, R. and Neidhardt, F. (eds.). (1999). *Acts of dissent. New developments in the study of protest.* Lanham, MD: Rowman & Littlefield.

Sacks, H. (1995 [1992]). *Lectures on conversation*, Vols. 1 and 2 (ed. G. Jefferson, with an Introduction by E. A. Schegloff). Oxford: Blackwell.

Sacks, H., Schegloff, E. A. and Jefferson, G. (1974). A simplest systematics for the organization of turn-taking in conversation. *Language*, 50(4), 696—735.

Salmond, A. (1974). Rituals of encounter among the Maori: Sociolinguistic study of a scene. In: R. Bauman and J. Sherzer (eds.), *Explorations in the ethnography of speaking* (pp. 192—212). Cambridge: Cambridge University Press.

Sarangi, S. and Roberts, C. (eds.). (1999). *Talk, work, and institutional order: Discourse in medical, mediation and management settings*. Berlin and New York: Mouton de Gruyter.

Saville-Troike, M. (2003). *The ethnography of communication. An introduction*. Malden, MA: Blackwell.

Schank, R. C. and Abelson, R. P. (1977). *Scripts, plans, goals, and understanding. An inquiry into human knowledge structures*. Hillsdale, NJ: Erlbaum.

Schank, R. C. and Langer, E. (eds.). (1994). *Beliefs, reasoning, and decision making: Psycho-logic in honor of Bob Abelson*. Hillsdale, NJ: Lawrence Erlbaum.

Scheff, T. J. (2005). The structure of context: Deciphering frame analysis. *Sociological Theory*, 23(4), 368—385.

Schegloff, E. A. (1987). Between micro and macro: contexts and other connections. In: J. C. Alexander, B. Giesen, R. Münch and N. J. Smelser (eds.), *The micro-macro link* (pp. 207—233). Berkeley, CA: University of California Press.

(1991a). Conversation analysis and socially shared cognition. In: L. B. Resnick, J. M. Levine and S. D. Teasley (eds.), *Perspectives on socially shared cognition*(pp. 150—171). Washington, DC: American Psychological Association.

(1991b). Reflections on talk and social structure. In: D. Boden and D. H. Zimmerman(eds.), *Talk and social structure: studies in ethnomethodology and conversation analysis* (pp. 44—71). Cambridge: Polity Press.

(1992a). In another context. In: A. Duranti and C. Goodwin (eds.), *Rethinking context: Language as an interactive phenomenon* (pp. 191—227). Cambridge: Cambridge University Press.

(1992b). On talk and its institutional occasions. In: P. Drew and J. Heritage (eds.), *Talk at work: interaction in institutional settings* (pp. 101—134). Cambridge: Cambridge University Press.

(1998). Reply to Wetherell. *Discourse & Society*, 9(3), 457—460.

(1999a). Naivete vs. sophistication or discipline vs self-indulgence: A rejoinder to Billig. *Discourse & Society*, 10(4), 577—582.

(1999b). "Schegloff's texts" as "Billig's data" : A critical reply. *Discourse & Society*, 10(4), 558—572.

Schegloff, E. A. and Sacks, H. (1973). Opening up closings. *Semiotica*, 8, 289—327.

Scherer, K. R. and Giles, H. (1979). *Social markers in speech*. Cambridge: Cambridge University Press.

Schneider, D. J., Hastorf, A. H. and Ellsworth, P. C. (1979). *Person perception* (2nd ed.). Reading, MA: Addison-Wesley.

Schober, M. F. and Clark, H. H. (1989). Understanding by addressees and overhearers. *Cognitive Psychology*, 21(2), 211—232.

Schutz, A. (1962). *Collected papers*. The Hague: M. Nijhoff.

(1967). *The phenomenology of the social world.* Evanston, IL: Northwestern University Press.

(1970). *On phenomenology and social relations. Selected writings.* Chicago, IL: University of Chicago Press.

Scollon, R. and Scollon, S. B. K. (1981). *Narrative, literacy, and face in interethnic communication*. Norwood, NJ: Ablex Pub. Corp.

Searle, J. (1969). *Speech acts: An essay in the philosophy of language*. Cambridge: Cambridge University Press.

Searle, J. R. (1995). *The construction of social reality*. New York: Free Press.

Seeger, A. (1986). Oratory is spoken, myth is told, and song is sung. But they are all music to my ears. In: J. Sherzer and G. Urban (eds.), *Native South American discourse* (pp. 59—82). Berlin: Mouton De Gruyter.

Seidman, S. (2003). *The social construction of sexuality*. New York: Norton.

Shore, B. (1996). *Culture in mind: Cognition, culture, and the problem of meaning*. New York: Oxford University Press.

Shotter, J. (1993). *Conversational realities. Constructing life through language*. London and Thousand Oaks, CA: Sage Publications.

Shotter, J. and Gergen, K. J. (eds.). (1989). *Texts of identity*. London and Newbury Park, CA: Sage Publications.

Shuman, A. (1992). "Get outa my face" : entitlement and authoritative discourse. In: J. H. Hill and J. T. Irvine (eds.), *Responsibility and evidence in oral discourse* (pp. 135—160). Cambridge and New York: Cambridge University Press.

Silverman, D. (1999). Warriors and collaborators: Reworking methodological controversies in the study of institutional interaction. In: S. Sarangi and C. Roberts (eds.), *Talk, work and institutional order. Discourse in medical, mediation and management settings*. Berlin and New York: Mouton de Gruyter.

Simmel, G. (1909). The problem of sociology. *American Journal of Sociology*, 15, 289—320.

Singh, R., Lele, J. K. and Martohardjono, G. (1995). Communication in a multilingual society: some missed opportunities. In: R. Singh, P. Dasgupta and J. K. Lele (eds.), *Explorations in Indian sociolinguistics* (pp. 105—123). New Delhi, India: Sage Publications.

Smith, M. P. (ed.). (2001). *City and nation. Rethinking place and identity*. New Brunswick, NJ: Transaction Publishers.

Speer, S. A. (2005). *Gender talk. Feminism, discourse and conversation analysis*. London: Routledge.

Sperber, D. and Wilson, D. (1995). *Relevance: Communication and cognition*. Cambridge, MA: Blackwell Publishers.

Stalnaker, R. C. (1999). *Context and content. Essays on intentionality in speech and thought*. Oxford: Oxford University Press.

Stebbins, R. A. (1967). A theory of the definition of the situation. *Canadian Review of Sociology and Anthropology*, Winter, 148—164.

Sternberg, M. (1990). Telling in time (I): Chronology and narrative theory. *Poetics Today*, 11(4), 901—948.

Stothard, P. (2003). *Thirty days. Tony Blair and the test of history*. New York: Harper Collins.

Stross, B. (1974). Speaking of speaking: Tenejapa Tzeltal metalinguistics. In: R. Bauman and J. Sherzer (eds.), . *Explorations in the ethnography of speaking* (pp. 213—239). Cambridge: Cambridge University Press.

Suchman, L. A. (1987). *Plans and situated actions: The problem of human-machine communication*. Cambridge and New York: Cambridge University Press.

Sundstrom, E. (1987). *Work places: The psychology of the physical environment in offices and factories*. New York: Cambridge University Press.

Tajfel, H. (1981). *Human groups and social categories*. Cambridge: Cambridge University Press.

(ed.). (1982). *Social identity and intergroup relations*. London: Cambridge University Press.

Tannen, D. (1990). *You just don't understand: Women and men in conversation*. New York: William Morrow.

(ed.). (1993). *Gender and conversational interaction*. London: Oxford University Press.

(1994). *Gender and discourse*. New York: Oxford University Press.

Ten Have, P. (1999). *Doing conversation analysis. A practical guide*. London: Sage.

Tetlock, P. E. (1999). Accountability theory: Mixing properties of human agents with properties of social systems. In: L. L. Thompson and J. M. Levine (eds.), *Shared cognition in organizations: The management of knowledge* (pp. 117—137). Mahwah, NJ: Lawrence Erlbaum Associates.

Thimm, C., Rademacher, U. and Kruse, L. (1995). "Power-related talk" : Control in verbal interaction. *Journal of Language and Social Psychology*, 14(4), 382—407.

Thomas, E. J. (ed.). (1979). *Role theory: Concepts and research*. Huntington, NY: R. E. Krieger Co.

Thomas, W. I. (1966/1928). Situational analysis: The behavior pattern and the situation. In: M. Janovitz (ed.), *W. I. Thomas on social organization and social personality*. Chicago, IL: Chicago University Press.

Thornborrow, J. and Morris, D. (2004). Gossip as strategy: The management of talk about others on reality TV show "Big Brother" . *Journal of Sociolinguistics*, 8(2),

246—271.

Tolson, A. (ed.). (2001). *Television talk shows: Discourse, performance, spectacle.* Mahwah, NJ: Lawrence Erlbaum.

Tomasello, M. (1999). *The cultural origins of human cognition.* Cambridge, MA: Harvard University Press.

Tuan, Y.F. (2001). *Space and place: The perspective of experience. Minneapolis*, MN: University of Minnesota Press.

Tuchman, G. (1978). *Making news: A study in the construction of reality.* New York: Free Press.

Turnbull, S. (2004). Perceptions and experience of time-space compression and acceleration. The shaping of leaders' identities. *Journal of Managerial Psychology*, 19(8), 809—824

Turner, J. C., Hogg, M. A., Oakes, P. J., Reicher, S. D. and Wetherell, M. S. (1987). *Rediscovering the social group: A self-categorization theory.* Oxford: Basil Blackwell.

Turner, R. H. (2002). Role theory. In: R. H. Turner (ed.), *Handbook of sociological theory* (pp. 233—254). New York: Kluwer Academic.

Tversky, B. (1991). Spatial mental models. In: G. H. Bower (ed.), *The psychology of learning and motivation: Advances in research and theory*, Vol. 27 (pp. 109—145). San Diego, CA: Academic Press.

(2004). Narratives of space, time, and life. *Mind & Language*, 19(4), 380—392.

Urry, J. (1996). Sociology of time and place. In: B. S. Turner (ed.), *The Blackwell companion to social theory* (pp. 369—395). Oxford: Blackwell.

Van Benthem, J. F. A. K. (1991). *Language in action: Categories, lambdas, and dynamic logic.* Amsterdam and New York: Elsevier.

Van Dijk, T. A. (1972). *Some aspects of text grammars. A study in theoretical linguistics and poetics*. The Hague: Mouton.

(1977). *Text and context. Explorations in the semantics and pragmatics of discourse.* London: Longman.

(1980). *Macrostructures: An interdisciplinary study of global structures in discourse, interaction, and cognition*. Hillsdale, NJ: Lawrence Erlbaum Associates.

(1981). *Studies in the pragmatic of discourse.* The Hague: Mouton.

(1984). *Prejudice in discourse. An analysis of ethnic prejudice in cognition and conversation.* Amsterdam and Philadelphia, PA: J. Benjamins Co.

(ed.). (1985). *Handbook of discourse analysis* (4 vols.). London: Academic Press.

(1987). *Communicating racism: Ethnic prejudice in thought and talk.* Newbury Park,

CA: Sage Publications.

(1988a). *News analysis: Case studies of international and national news in the press.* Hillsdale, NJ: Lawrence Erlbaum Associates.

(1988b). *News as discourse.* Hillsdale, NJ: Lawrence Erlbaum Associates.

(1990). Social cognition and discourse. In: H. Giles and W. P. Robinson (eds.), *Handbook of language and social psychology* (pp. 163—183). Chichester, UK: John Wiley & Sons.

(1991). *Racism and the press.* London and New York: Routledge.

(1992). Discourse and the denial of racism. *Discourse & Society*, 3(1), 87—118.

(1993a). *Elite discourse and racism.* Thousand Oaks, CA: Sage Publications.

(1993b). Principles of critical discourse analysis. *Discourse & Society* 4(2), 249—283.

(ed.). (1997). *Discourse studies. A multidisciplinary introduction* (2 vols.). London: Sage.

(1998). *Ideology. A multidisciplinary approach.* London: Sage.

(1999). Context models in discourse processing. In: H. van Oostendorp and S. R. Goldman (eds.), *The construction of mental representations during reading*(pp. 123—148). Mahwah, NJ: Lawrence Erlbaum Associates.

(2003a). *Dominación étnica y racismo discursivo en España y América Latina.* Barcelona: Gedisa.

(2003b). *Ideología y discurso. Una introducción multidisciplinaria.* Barcelona: Ariel.

(2003c). Knowledge in parliamentary debates. *Journal of Language and Politics*, 2(1), 93—129.

(2003d). Text and context of parliamentary debates. In: P. Bayley (ed.), *Crosscultural perspectives on parliamentary discourse* (pp. 339—372). Amsterdam: Benjamins.

(2003e). War rhetoric of a little ally. Political implicatures of Aznar's legitimization of the war in Iraq. *Journal of Language and Politics*, 4(1), 65—92.

(2005a). Contextual knowledge management in discourse production. In: R. Wodakand P. Chilton (eds.), *A new agenda in (critical) discourse analysis* (pp. 71—100). Amsterdam: Benjamins.

(2005b). *Discourse and racism in Spain and Latin America.* Amsterdam: Benjamins.

(2006a). Discourse and manipulation. *Discourse & Society*, 17(2), 359—383.

(ed.). (2006b). Discourse, interaction and cognition. *Discourse Studies*, 8(1), special issue.

(ed.). (2007). *Racismo y discurso en América Latina.* Barcelona: Gedisa.

(2008a). *Discourse and context. A sociocognitive approach.* Cambridge: Cambridge

University Press.

(2008b). *Discourse and power. Contributions to critical discourse studies.* Houndmills, UK: Palgrave Macmillan.

Van Dijk, T. A. and Kintsch, W. (1983). *Strategies of discourse comprehension.* New York: Academic Press.

Weber, M. (1978/1921). *Economy and society: An outline of interpretive sociology* (2 vols.). Berkeley, CA: University of California Press.

Wegner, D. M. and Bargh, J. A. (1998). Control and automaticity in social life. In: D. T. Gilbert and S. T. Fiske, (eds.), *The handbook of social psychology*, Vol. 2(4th edn., pp. 446—496). Boston, MA: McGraw-Hill.

Weiner, B. (2006). *Social motivation, justice, and the moral emotions. An attributional approach.* Mahwah, NJ: Lawrence Erlbaum Associates.

Weiss, G. and Wodak, R. (eds.). (2003). *Critical discourse analysis. Theory and interdisciplinarity.* Houndmills, UK and New York: Palgrave Macmillan.

Wenger, E. (1998). *Communities of practice. Learning, meaning and identity.* Cambridge: Cambridge University Press.

West, C. (1979). "Against our will" : Male interruptions of females in cross-sex conversation. *Annals of the New York Academy of Sciences*, 327, 81—97.

(1984). Routine complications: Troubles with talk between doctors and patients. Bloomington, IN: Indiana University Press.

Wetherell, M. (1998). Positioning and interpretive repertoires: conversation analysis and post-structuralism in dialogue. *Discourse & Society*, 9(3), 387—412.

Wiemer, B. (1997). Narrative units and the temporal organization of ordinary discourse. *Journal of Narrative and Life History*, 7(1—4), 245—250.

Wilson, J. (1990). *Politically speaking: The pragmatic analysis of political language.* Oxford, UK and Cambridge, MA: Basil Blackwell.

Wilson, P. A. (1999). A theory of power and politics and their effects on organizational commitment of senior executive service members. *Administration & Society*, 31(1), 120—141.

Wilson, T. P. (1991). Social structure and the sequential organization of interaction. In: D. Boden and D. H. Zimmerman (eds.), *Talk and social structure. Studies in ethnomethodology and conversation analysis* (pp. 22—43). Cambridge: Polity Press.

Wodak, R. (1987). "And where is the Lebanon?" A socio-psycholinguistic investigation of comprehension and intelligibility of news. *Text*, 7(4), 377—410.

(ed.). (1997). *Gender and discourse.* Thousand Oaks, CA: Sage Publications.

Wodak, R. and Meyer, M. (eds.). (2001). *Methods of critical discourse analysis*. London: Sage.

Wodak, R. and Reisigl, M. (1999). Discourse and racism: European perspectives. *Annual Review of Anthropology*, 28, 175—199.

Wodak, R. and Van Dijk, T. A. (eds.). (2000). Racism at the top. Parliamentary discourses on ethnic issues in six European states. Klagenfurt, Austria: Drava Verlag.

Wortham, S. E. F. (1996). Mapping participant deictics: A technique for discovering speakers' footing. *Journal of Pragmatics*, 25(3), 331—348.

Wyer, R. S. J., Swan, S. and Gruenfeld, D. H. (1995). Impression formation in informal conversations. *Social Cognition*, 13(3), 243—272.

Zacks, J. M., Tversky, B. and Iyer, G. (2001). Perceiving, remembering, and communicating structure in events. *Journal of Experimental Psychology: General*, 130(1), 29—58.

Zalk, S. R. (ed.). (1992). *Revolutions in knowledge: Feminism in the social sciences*. Boulder, CO: Westview Press.

Zerubavel, E. (1997). *Social mindscapes: An invitation to cognitive sociology*. Cambridge, MA: Harvard University Press.

主题索引

所有索引所标页码为英文版页码，即本汉译版的边码。

A

abuse 滥用，power 权力 139—140

academic discourse 学术话语，participants in 中的参与者 133—134

action 行动

as context-category 作为语境类别 79 及后续页

collective 集体 122

joint 联合 122

theory of 的理论 89—90

activity type 活动类型 38

actors 行为者，social 社会 65—80，129—142

actualization 实现，of context 语境的 114

agency 机构，and social structure 与社会结构 118—120

analysis 分析，contextual 语境的 20—22

antimentalism 反心理主义 186

appropriateness 恰当性 7，11，65—66

condition 条件 13—15

attitudes 态度 24，80

attributes of participants 参与者属性 140—141

awareness context 意识语境 91

B

behavior vs. conduct vs. action 举止、举动与行动 34 注释

behaviorism 行为主义 185

beliefs 信仰 6

as context category 作为语境类别 148—149

shared 共享的 24

social 社会的 22—23

Blair, T. 托尼·布莱尔 1—27，43—44，50，63，66，68—70，77，78，81，82，86，87，98，99，104—108，114，115，117，121，123—125，127，128，130，135—139，140，143，144，146，151—153，177，208，213—247，253

borders 边界 52

C

Conversation Analysis 会话分析，and CDA 与批评话语分析 110—113

categories 类别

context 语境 164—172

social 社会的 135

categorization 分类，social 社会 67—68

CDA 批评话语分析，and Conversation Analysis 与会话分析 110—113

CDA 批评话语分析，and context 与语境 110—113

circustances 情景 63—64

code-switching 语码转换 169

cognition 认知，social 社会的 80—83

cognitive processes 认知过程 4—5
collective action 集体行动 122
collectivities 集体性，types of 的类型 144—145
Common Ground 共同基础 8，13，16，32，80，250
communication participants 交际参与者 130—135
communicative roles 交际角色 74 及后续页
communicative situation 交际情境 4
communities 社区 142—145
community 社区 196
  of practice 的实践 144
component of speech 言语组成部分 160
Conservative Party 保守党 4，11，69，70，83，130，205，207—209，215，217，219，221，223，224，229，230，231，233，238，240，242，243，245，246，247
context 语境
  actualization of 的实现 114
  and CDA 与批评话语分析 110—113
  and circumstances 与情景 63—64
  and conversation analysis 与会话分析 102—110
  and culture 与文化 26—27，154—212
  and debate on Iraq 与关于伊拉克问题的辩论 213—247
  and ethnography of speaking 与言语民族志 158—162
  and ethnomethodology 与民族方法学 99—110
  and House of Commons 与下议院 213—247
  and institution 与机构 103—106
  and interaction 与互动 113—116，250
  and knowledge 与知识 148—149
  and media 与媒体 150—151
  and Members of Parliament 与议会成员 213—247
  and parliament debate 与议会辩论 213—247
  and political identity 与政治身份 213—219
  and politics 与政治 27—28
  and racism 与种族主义 201—211
  and social cognition 与社会认知 29 及后续页
  and social psychology 与社会心理学 29—30
  and society 与社会 24，86 及后续页
  and Systemic Functional Linguistics 与系统功能语言学 12—13
  and talk 与言谈 182—183
  and text 与文本 115—116
  and time 与时间 60—63
  as definition of the situation 作为情境定义 248
  as everyday experience 作为日常体验 249
  as interactional accomplishment 作为互动成果 113
  as mental model 作为心理模型 249
  categories 类别 164—172
  concept of 的概念 162—164
  cross-cultural study of 的跨文化研究 164—165
  cultural variation of 的文化差异 251
  definition of 的定义 3，181—182
  dimensions of 的维度 183
  dynamic nature of 的动态性质 249
  in linguistic anthropology 在语言人类学中 176—180
  interactional 互动的 102
  levels of 的层次 120—122
  micro- vs. macro 微观与宏观的 116—124
  of culture 文化的 154

of written discourse 书面话语的 115—116
planning 计划 250
schema 图式 249
states of 的状态 114—115
subjectivity of 的主观性 249
the concept of 的概念 1—2
theory of 的理论 248
universals 普遍性 155
verbal 言语的 2
vs. environment 与环境 56—60
vs. social situations 与社会情境 125
context model 情境模型 6—10，42—44，47，50—54，62，63，67—85，86，87，91，92，96—98，102，111—115，122—126，129，134，135，137，138，144—153，157，160，169，170，175，178，186，191，203—205，210—212，215，217，219，221—223，227，229—231，233—235，237—255
schema 图式 7，categories of 的类别 7—8
formation of 的形成 251
dynamic 动态的 8—9
‘context,’ the term “语境” 术语 248
context-free vs. context-sensitive scholarship 脱离语境与语境敏感的学术研究 248
contexts 语境，cultural diversity of 的文化多样性 155
contests 语境，functions of 的功能 253—254
contextual analysis 语境分析 20—22
contextual meaning 语境意义 14
contextualization cues 语境化线索 114
Conversation Analysis 会话分析 25，102—110
conversation 会话，and institution 与机构 103—106
conversational maxim 会话准则 13
coordination 协调，of action 行动的 122
co-text 上下文 2
cross-cultural study of context 语境的跨文化研究 164—165
cultural diversity of concept of context 语境概念的文化多样性 162—164
cultural diversity 文化多样性，of contexts 语境的 155
cultural models 文化模型 157
cultural variation 文化差异，of context 语境的 251
culture 文化，and context 与语境 26—27，154—212
culture 文化，definition of 的定义 156—158

D

decontextualization 去语境化 138
definition of the situation 情境的定义 5，92，248
objective vs. subjective 客观的与主观的 5
deictic expressions 指示语 48，62，195，198
dimensions 维度
of context 语境的 183
of situation 情境的 41
discourse 话语
production 生成 4—5
understanding 理解 4—5
racist 种族主义的 201—211
discursive psychology 话语心理学 30
dissent 异议 139—140
domains 领域，of language use 语言使用的 170
domination 统治 140
duality of structure 结构的二重性 119
Duranti, A. 杜兰蒂 180—194

Durkheim 杜克海姆 90—91，99—100
dynamic nature of context 语境的动态性 249

E

elites 精英 204—205
embodiment 体现 197
environment 环境 40，56—69
  vs. context 与语境 56—60
episodes 情节，social 社会的 97—98
episode memory 情节记忆 6
ethnography of speaking 言语民族志 26—27，158—162
ethnomethodology 民族方法学 25，99—110
everyday experience 日常体验，
  context as 语境作为 249
experiences 经历 6
explanation 解释 43

F

face 面子 15
Field 语场 12
field 场域，social 社会的 199—200
figure and ground 图形与背景 183—184
footing 立足点 130，172，178
forms of address 称呼形式 167—168
formulations 程式语 147—148

G

Garfinkel 加芬克尔 92，99—102
gender 性别 18，135
genre 语体 19—20，252
Giddens, A. 吉登斯 118—120
goals 目标 37，41—42
Goffman, E. 戈夫曼 93—94
Goodwin, C. 古德温 180—194
ground 背景，figure and 图形与 183—184
group 群体
  minds 思想 122—124
  social 社会的 142—145
  vs. community 与社区 142—143

H

habitus 惯习 196—200
Hanks, W. 汉克斯 194—201
home 家 52
House of Commons 下 议 院 1，2，8，10，14，20，43，49，66，86，105，114，117，125，127，130，135，144，151，152，153，214，215，219，224，226，230，231，232，238，239，240，241，253
Husserl, E. 胡塞尔 89

I

identity 身份
  practice 实践 72
  social 社会的 70—71，129—142
ideology 意识形态 24，80
illocution 言外 13
implication 蕴涵 14
implicature 隐含 14
indexicals 指示语 13，195
in-group vs. out-group 内群体与外群体 71
institution 机构，and conversation 与会话 103—106
intention 意图 8，39
interaction 互动
  and context 与语境 113—116，250
  as context category 作为语境类别 79—80，145—147
interactional accomplishment 互动成果，
  context as 语境作为 113
interactional context 互动语境 102
interactionism 互动主义 184
intersubjectivity 主体间性 91，96

Iraq 伊拉克 1—3，10，11，14，16，18，21，27，43，44，49，66，68，69，70，77，81，82，86，98，105，114，121，122，123，125，137，140，144，177，223—247

J

joint action 联合行动 122

K

knowledge 知识 6，8，16，17，24，80—83，100，250
  and context 与语境 148—149
  political 政治的 22

L

Labour Party 工党 3，11，21，66，68，69，77，86，115，125，135，136，139，143，151，212—219，230，233—237
levels 层次，of context 语境的 120—122
Liberal Democrats 自由民主党人 11，21，22，69，81，82，98，115，125，138，139，152，214—219，221—222，231，246
Life-world 生活世界 92，96
Linguistic anthropology 语言人类学 27

M

macro- vs. micro-contexts 宏观与微观语境 116—124
managing social identities 管理社会身份 76—77
manipulation 操纵 108
mass media 大众媒体，participants in 中的参与者 132—133
maxim 准则 14
Maya 玛雅 195—196，198
Mead, H. 米德 91
media 媒体，as context category 作为语境类别 150—151
Members of Parliament（下议院）议员 2，3，4，9，11，13，16，18，20，21，24，27，43，49，66，68，69，70，78，81，86，98，99，112，114，115，117，123，125，127，128，137—140，142—144，146，151，152，177，213—247
mental model 心理模型 5—6，249
metalinguistic vocabulary 元语词汇 171
micro- vs. macro-context 微观与宏观语境，116—224，250
minds 思想，group 群体 122—124
Mode 语式 12
model 模型
  context 语境，见 context model
  definition of 的定义 68
  mental 心理的 5—6
motivation 动机 42—44
MPs（下议院）议员，见 Members of Parliament

O

observability 可观察性 90
opinions 意见 81—83
orientation 定向 89—94，103，109
Other Minds 他者之心 8

P

parliamentary debate 议会辩论 213—247
Parsons, T. 帕森斯 91，99—101
participants 参与者，relations between 之间的关系 77—78
participants 参与者 37
  as context category 作为语境类别 164—165
  attributes of 的属性 140—141

communication 交际 130—135
in academic discourse 在学术话语中 133—134
relations between 之间的关系 77—78
participation structure 参与结构 130—135，172—174
performance 表现，of social identity 社会身份的 136—137
person model 人物模型 67—68
personal 个人的
experiences 体验 6
space 空间 47—48
phenomenology 现象学 88，92
place 地点 45—56，126—128，174—175
attitudes about 的态度 53—54
geographical 地理的 51—52
social 社会的 48 及后续页
structure of 的结构 54—55
types of 的类型 7 及后续页
plan 计划 39
politeness 礼貌 13，15，167
political 政治的
identity 身份 213—219
knowledge 知识 22
move 策略 11
politics 政治，and context 与语境 27—28
power 权力
abuse 滥用 139—140
social 社会的 139—140
practice 实践 175—176
pragmatics 语用学 7，13—15
vs. semantics 与语义学 48，62
precursors 先驱，of interactionism 互动主义的 184—185
prejudice 偏见 67，111—112
presupposition 预设 13，16
procedurally consequent 程序性结果 103
production 生成，discourse 话语 4—5
pronouns 代词 167
prototypes 原型 67
psychology 心理学，discursive 话语的 30
purpose 目的 37，39

R

racism 种族主义 71，111—112
and context 与语境 201—211
racist discourse 种族主义话语 201—211
Randall 兰德尔 238—245
reasons 理由 42—43
recipient roles 接收者角色 131
reflexivity 反身性 145—148，195
register 语域 19—20，252
relations between participants 参与者之间的关系 77
relevance 相关性 4，16，93—94
reproduction 重新产生，social 社会的 113
Rethinking Context 重新思考语境 180—194
role playing 角色扮演 136—137
roles 角色
recipient 接收者 131
social 社会的 129—142
societal 社会的 135—139
speaker 讲话者 130
routines 常规 98

S

scene 场景 36
schema 图式，context model 语境模型 7，249
Schutz, A. 舒茨 92—93，96—97，100
self-schema 自我图式 73—74
semantics vs. pragmatics 语义学与语用学，48，62
setting 背景 36，45—65，174—175

shared cognition 共同的认知 32
situation 情境
categories 类别 36 及后续页
communicative 交际的 4
definition of 的定义 5，92
dimensions of 的维度 41
social 社会的 22—23，88—99
structures of 的结构 35 及后续页
social actors 社会行为者 65—79，129—142
social beliefs 社会信仰 20—23
as context category 作为语境类别 148—149
social categories 社会类别 135
social cognition 社会认知 80 及后续页
and context 与语境 29 及后续页
social episodes 社交情节 97—98
social field 社会领域 199—200
social identity 社会身份 70—71，110，129—142
management of 的管理 76—77
stability of 的稳定性 72
theory of 的理论 30，136—137
social inequality 社会不平等 179
social microstructure vs. macrostructure 社会微观结构与宏观结构 26
social network 社会网络 143—144
social perception 社会感知 67—68
social places 社会场所 45—56，126—128，174—175
social power 社会权力 139—140
social psychology of language 语言社会心理学 30
social psychology 社会心理学，and context 与语境，29—30
social relations 社会关系，139—140
social representation 社会表征 9，30，251
social reproduction 社会重新产生 113
social roles 社会角色 129—142
social self 社会自我 73 及后续页
social settings 社会背景，126—129
social situation 社会情境 2，4，22—23，34—45，88—99
schema of 的图式 39
structures of 的结构 124—150
vs. context 与语境 125
social structure 社会结构，and agency 与机构 118—120
social roles 社会角色 135—139
society 社会，and context 与语境 24，86—153
sociocognitive theory 社会认知理论 1
sociolinguistics 社会语言学 17—19
space 空间 45—56，126—128，174—175
另见 place
personal 个人的 47—48
types of 的类型 47 及后续页
social cognition 社会认知 46
speaker role 发言者角色 130
speakers 发言者 74—75
SPEAKING grid 言语网格 159—161
speech act 言语行为 13
states 状态，of context 语境的 114—115
stereotypes 刻板印象 67，71，111—112
structuration theory 结构化理论 118—120
structures 结构，participation 参与 130—135
structures 结构，of social situations 社会情境的 124—150
style 风格 18—20，252
symbolic interactionism 符号互动主义 91
Systematic Functional Linguistics 系统功能语言学，and context 与语境 12—13

T

talk vs. text 言谈与文本 180

talk 言谈，另见 conversation

Tenor 语旨 12

text 文本

  and context 与语境 115—116

  vs. talk 与言谈 180

time 时间 60—63，128—129，174—175

types of 的类型

  collectivities 集体性 144—145

  places 地点 47 及后续页

Tzeltal 泽尔塔尔语 171

U

understanding 理解，discourse 话语 4—5

universals 普遍性，of context 语境的 155

Us vs. Them 我们与他们 52

V

V-vs. T-forms V- 与 T- 形式 167—168

variation 变异 17—19

W

Weber, M. 韦伯 89—90

written discourse 书面话语，and context 与语境 115—116

作者索引

A

Abell, J. 埃布尔 136
Abelson, R. P. 埃布尔森 114，197
Abrams, D. 艾布拉姆斯 30，71，73，74
Agnew, J. A. 阿格纽 46
Ahearn, L. 埃亨 176
Albert, E. M. 阿尔伯特 166
Alexander, J. C. 亚历山大 117
Altman 奥尔特曼 46，52
Antaki, C. 安塔基 43，121
Apple, M. W. 阿普尔 149
Argyle, M. 阿盖尔 34，35，36，41
Arkin, R. M. 阿金 21，203
Arminen, I. 阿尔米宁 103，106，107
Ashforth, B. E. 阿什福斯 75
Atkinson, J. M. 阿特金森 102，103
Auer, J. C. P. 奥尔 60，129
Augoustinos, M. 奥古斯蒂诺 30，201
Austin, J. L. 奥斯汀 13
Avedon, E. M. 埃夫登 36

B

Bailey, B. 贝利 155
Bakhurst, D. 巴克赫斯特 73
Bamberg, M. 班伯格 71
Bargh, J. A. 巴奇 43，67，79
Barkan, E. 巴坎 191
Barker, R. G. 巴克 40
Bartsch, R. 巴奇 60
Baum, A. 鲍姆 45
Bauman, R. 鲍曼 159
Baumeister, R. F. 鲍迈斯特 73
Becker, E. S. 贝克尔 46
Belk, R. 贝尔克 42
Bell, P. A. 贝尔 45，46，48，55，56
Benn, S. I. 本 126
Bennett, D. J. 贝内特 36
Bennett, J. D. 贝内特 36
Berger, P. L. 贝格尔 93
Bertolet, R. 贝尔托莱 130
Besnier, N. 贝尼耶 177
Bhatia, V. K. 巴蒂亚 20
Biber, D. 比伯 20
Bielby, D. D. 比尔拜 129
Billig, M. 比利希 111，203
Blom, J. P. 布洛姆 169
Blumer, H. 布卢默 34
Blum-Kulka, S. 布卢姆-库尔卡 127
Boden, D. 博登 103，129
Bower, G. H. 鲍尔 43，46
Brewer, M. B. 布鲁尔 74
Bronte, L. 勃朗特 52
Brown, P. 布朗 13，15，36，37
Brown, R. 布朗 71，167
Bublitz, W. 布勃利茨 132
Bucholtz, M. 布霍尔特兹 156，178

Bullock, M. 布洛克 43
Burr. V. 伯尔 71
Buss, A. R. 巴斯 35
Butler, J. 巴特勒 71
Buttny, R. 巴特尼 43

C

Caldas-Coulthard, C.R. 卡尔达斯-库尔撒德 111
Calsamiglia, H. 卡尔萨米利亚 132
Canter, D. V. 坎特 46
Cantor, N. 坎托 42，67，141
Capps, L. 卡普斯 127
Carbaugh, D. A. 卡博 18
Carlson, D. 卡尔森 149
Casey, E. S. 凯西 46
Cegala, D. J. 切加拉 150
Chafe, W. L. 蔡菲 60，128
Chaiken, S. 柴肯 81
Chen, L. 陈 150
Cheng, W. 程 18
Cherny, L. 彻尼 116
Chouliaraki, L. 舒利亚拉基 44，140
Christie, F. 克里斯蒂 50
Cicourel, A. V. 西库里尔 87，117，118，193
Clark, H. H. 克拉克 16，32，52，80，131，158
Clayman, S. E. 克莱曼 130
Cohen, I. J. 科恩 88，91
Coleman, J. S. 科尔曼 94
Collett, P. 科利特 129
Collins, J. 柯林斯 150
Conley, J. M. 康利 149
Coser, R. L. 科泽 75
Cots, J. M. 科特斯 132
Coulmas, F. 库尔马斯 130
Coulthard, M. 库尔撒德 111
Couper-Kuhlen, E. 库珀-库伦 60
Coutu, L. M. 库图 162
Covarrubias, P. 科瓦吕比亚 168
Crozier, W. R. 克罗泽 43

D

Damasio, A. 达马西奥 45
Davis, K. 戴维斯 140
De Certeau, M. 德塞尔托 97
De Fina, A. 德菲纳 71
Devine, P. G. 迪瓦恩 67
Dias, P. 迪亚斯 50
Dixon, J. 狄克逊 51
Douglas, J. D. 道格拉斯 97
Dovidio, J. F. 多维迪奥 202
Doyle, A. 多伊尔 116
Drew, P. 德鲁 103，104，114，132，150
Du Bois, J. W. 杜・博伊斯 173
Dundes, A. 邓兹 167
Duranti, A. 杜兰蒂 156，173，176，177，180，191
Durkheim, E. 涂尔干 99
Durrheim, K. 涂尔干 51

E

Eagly, A. H. 伊格利 81
Eckert, P. 埃克特 18，19，144
Edwards, D. 爱德华兹 30
Edwards, J. 爱德华兹 140
Egbert, M. 埃格伯特 177
Ekehammar, B. 埃克哈马尔 35
Ellsworth, P. C. 埃尔斯沃思 67
Endler, N. 恩德勒 35
Erickson, F. 埃里克森 103
Ervin-Tripp, S. M. 欧文-特里普 167，168
Essed, P. 埃塞德 135，202

F

Fabian, A. K. 费边 51

Fairclough, N. 费尔克劳 111
Fardon, R. 法顿 149
Farr, R. M. 法尔 30
Finegan, E. 法恩根 20
Firth, A. 弗思 50
Fisher, J. D. 菲舍尔 45
Fisher, S. 菲舍尔 103，140
Fishman, J. A. 菲什曼 170
Fiske, S. T. 菲斯克 30，66，67，69，70，73，135
Forgas, J. P. 福加斯 41，43，45
Forrester, M. A. 福里斯特 139
Foucault, M. 富科 149
Frake, C. O. 弗雷克 166
Francis, D. 弗朗西斯 106
Fraser, C. 弗雷泽 36，37，81
Frederiksen, N. 弗雷德里克森 42
Freedman, A. 弗里德曼 50
Friedrich, P. 弗里德里希 167，168
Frijda, N，H. 弗里达 43
Fuller, J. M. 富勒 130
Furnham, A. 弗纳姆 34，35，36，41，141
Fussell, S. R. 富塞尔 32，80

G

Gaertner, S. L. 盖特纳 202
Gans, H. J. 甘斯 133
Garfinkel, H. 加芬克尔 95，147
Garvin-Doxas, K. 加文-多克萨斯 150
Gaskell, G. 加斯克尔 81
Gauss, G. F. 高斯 126
Gergen, K. J. 格根 71，136
Gergen, M. M. 格根 71
Gibbs, R. W. J. 吉布斯 150
Giddens, A. 吉登斯 94，118，120
Giles, D. C. 吉勒斯 30，132
Gilman, A. 吉尔曼 167
Glaser, B. G. 格拉泽 91
Glenberg, A. M. 格伦伯格 46
Goffman, E. 戈夫曼 15，24，25，47，73，93，94，95，124，130，141，172，193
Goldberg, D. T. 戈德伯格 202
Gollwitzer, P. M. 戈尔维策 43
Goodwin, C. 古德温 130，178，180，184
Goodwin, M. H. 古德温 178
Graham, J. A. 格雷厄姆 34，36，41
Greenberg, J. 格林伯格 97
Greene, T. C. 格林 45
Greenfield, L. 格林菲尔德 170
Grice, H. P. 格莱斯 13，14，195
Gruenfeld, D. H. 格伦菲尔德 141
Gubrium, J. F. 古布里厄姆 121
Gudykunst, W. B. 古德孔斯特 18
Gumperz, J. J. 甘柏兹 71，114，150，155，159，169，190，196，212

H

Hackett, R. A. 哈克特 140
Hak, T. 哈克 105
Hall, E. T. 霍尔 47
Hall, K. 霍尔 178
Hall, M. R. 霍尔 163
Hamilton, D. L. 汉密尔顿 30
Hamilton, V. 汉密尔顿 43
Hanks, W. F. 汉克斯 154，183，187，191，194，197，198，212
Harré, R. 哈雷 45，71，73，118
Haslam, S. A. 哈斯拉姆 71，73
Hassard, J. 哈萨德 128
Hastorf, A. H. 哈斯托夫 67
Hayduk, L. A. 海杜克 47
Heath, C. 希思 107
Heritage, J. 赫里蒂奇 92，99，101，102，114，132

Heritage, J. C. 赫里蒂奇 100，101，102，103，104，147，189
Hester, S. 赫斯特 106
Hewitt, J. P. 休伊特 73
Hewstone, M. 休斯通 29，30
Highmore, B. 海默尔 97
Hill, J. H. 希尔 172
Himley, M. 希姆利 116
Hogg, M. A. 霍格 30，71，73
Holland, D. 霍兰 6，157
Holmes, J. 霍姆斯 18
Holstein, J. A. 霍尔斯坦 121
Holt, E. 霍尔特 130
Hopkins, N. 霍普金斯 137，215
Houston, M. 休斯顿 140
Huber, J. 胡伯 117
Hutchby, I. 赫奇比 139
Hymes, D. 海姆斯 158，159

I

Irvine, J. T. 欧文 170，172
Iyer, G. 伊耶 45

J

Jackson, J. B. 杰克逊 52，225，227
Jaspars, J. M. F. 贾斯帕斯 81
Jefferson, G. 杰斐逊 25，75，159
Jenkins, R. P. 詹金斯 129
Johnson, M. 约翰逊 61
Johnson-Laird, P. N. 约翰逊-莱尔德 5
Johnstone, B. 约翰斯通 186
Jones, L. 琼斯 207
Jopling, D. A. 乔普林 73

K

Kaminoff, R. 卡米诺夫 51
Kamp, H. 坎普 16
Kataoka, H. C. 片冈 48
Keenan, E. 基南 170
Kelly, J. E. 凯利 61
Kendon, A. 肯登 193
Kihlstrom, J. F. 希尔斯特伦 141
Kintsch, W. 金茨 5
Kitzinger, C. 基青格 109，110
Klandermans, B. 克兰德曼斯 215
Knoblauch, H. 诺布洛克 121
Knorr-Cetina, K. 诺尔-塞蒂纳 117，118
Komter, M. L. 科姆特 150
Koopmans, R. 库普曼斯 140
Kotthoff, H. 科特霍夫 109
Kramarae, C. 克拉马雷 140
Krauss, R. M. 克劳斯 32，80
Kruse, L. 克鲁泽 139
Kuper, A. 库珀 94，156
Kuper, J. 库珀 94
Kusumoto, T. 楠本 48

L

Labov, W. 拉波夫 17，159
Lakoff. G. 莱考夫 61
Lakoff, R. 莱考夫 18
Langer, E. 兰格 43
Lasswell, H. D. 拉斯韦尔 45
Lave, J. 拉韦 144
Lawrence, C. 劳伦斯 70
Lazar, M. 拉扎尔 111
Leach, J. W. 利奇 167
Leather, P. 莱瑟 70
Lefebvre, H. 勒费布尔 97
Lele, J. K. 莱勒 190
Levelt, W. J. M. 勒韦 48
Levine, J. M. 莱文 30，81
Levinson, S. C. 莱文森 13，15，48
Light, A. 莱特 58
Lin, M. 林 70

Lindstrom, L. 林德斯特伦 192
Litosseliti, L. 丽托瑟里蒂 136
Lofland, J. 洛夫兰德 126
Lofland, L. H. 洛夫兰德 126
Lorda, C. 洛尔达 132
Low, S. 洛 46，52
Luckmann, T. 卢克曼 93
Luff, P. 勒夫 107

M

Magnusson, D. 马格努森 35
Mäkitalo, Å. 梅基塔洛 103
Malone, M. J. 马隆 141
Markus, H. 马库斯 73
Martín, Rojo, L. 马丁 140
Martin, J. 马丁 140
Martin, J. R. 马丁 50
Martohardjono, G. 马托哈尔佐诺 190
Maynard, D. W. 梅纳德 107
Maynard, S. K. 梅纳德 163
McConnell-Ginet, S. 麦康奈尔-吉内 18，144
McCroskey, J. C. 麦克罗斯基 141
McElroy, J. C. 麦克尔罗伊 50
McGinty, S. 麦金蒂 134
McGrath, J. E. 麦格拉思 61
McHoul, A. 麦克霍尔 103
Mead, G，H. 米德 34
Medway, P. 梅德韦 50
Merton, R. K. 默顿 95
Meyer, M. 迈耶 140
Meyerhoff, M. 迈耶霍夫 18
Milgram, S. 米尔格拉姆 53
Miller, G. A. 米勒 61，160
Mills, C. W. 米尔斯 94
Milroy, L. 米尔罗伊 143
Mischel, W. 米歇尔 42，67
Mitchell-Kernan, C. 米切尔-克南 167
Mondada, L. 曼达德 128
Morris, D. 莫里斯 132
Morrow, P. C. 莫罗 50
Moscovici, S. 莫斯科维奇 30
Mühlen, U. 米伦 132
Müller, F. 米勒 60，129
Mullings, L. 马林斯 191

N

Neidhardt, F. 奈德哈特 140
Neisser, U. 奈塞尔 73
Neuberg, S. L. 纽伯格 70
Nippert-Eng, C. E. 尼伯特-恩格 126
Nisbett, R. E. 尼斯比特 34，35
Nussbaum, L. 努斯鲍姆 132
Nystrand, M. 尼斯特兰德 116

O

Oakes, P. J. 奥克斯 71，73
O'Barr, W. M. 奥巴尔 149
Ochs, E. 奥克斯 127，193
Olson, P. M. 奥尔森 50
Olson, S. K. 奥尔森 50
Operario, D. 奥佩拉里奥 30
Ortner, S. 奥特纳 174，176
Owsley, H. H. 奥斯利 139
Özkök, B. 厄扎柯克 167

P

Paechter, C. F. 佩希特 149
Pare, A. 佩尔 50
Parsons, T. 帕森斯 99
Payrato, L. 佩拉托 132
Peräkylä, A. 佩雷屈莱 150
Perinbanayagam, R. 佩林巴纳亚加姆 94，95
Pervin, L. A. 珀文 35，41
Philips, S. U. 菲利普斯 61，162，179
Philipsen, G. 菲利普森 162

Planalp, S. 普拉纳尔普 150
Plummer, K. 普卢默 91
Poole, M. S. 普尔 134
Potter, J. 波特 30，81
Proshansky, H. M. 普罗尚斯克 51
Psathas, G. 普萨塔 105
Putnam, L. L. 帕特南 134

Q

Quinn, N. 奎因 6，157

R

Rademacher, U. 拉德马赫 139
Ramsden, C. A. H. 拉姆斯登 139
Ranyard, R. 兰亚德 43
Rapley, M. 拉普利 103
Reicher, S. 莱克尔 137，215
Reicher, S. D. 莱克尔 30
Reisigl, M. 赖西格尔 202
Resnick, L. B. 雷斯尼克 30，32，81
Reyle, U. 赖尔 16
Reynolds, K. J. 雷诺兹 71，73
Rinck, M. 林克 46
Roberts, C. 罗伯茨 103
Rodin, J. 罗丁 126
Ross, L. 罗斯 34，35
Rucht, D. 鲁赫特 140

S

Sacks, H. 萨克斯 61，75，128，147
Säljö, R. 萨廖 103
Salmond, A. 萨蒙德 171
Sarangi, S. 萨朗吉 103
Saville-Troike, M. 萨维尔-特罗伊克 164，165
Schank, R. C. 尚克 43，114，197
Scheff, T. J. 谢夫 94
Schegloff, E. A. 谢格洛夫 61，75，85，99，103，104，111，128，190
Scherer, K. R. 谢勒 30
Schiffrin, D. 希夫林 71
Schneider, D. J. 施耐德 67
Schober, M. F. 肖伯 131
Schutz, A. 舒茨 92，96
Scollon, R. 斯科隆 171
Scollon, S. B. K. 斯科隆 171
Scotton, C. M. 斯科顿 139
Searle, J. 塞尔 13
Searl, J. R. 塞尔 95
Secord, P. F. 西科德 45
Seeger, A. 西格 170
Seidman, S. 赛德曼 136
Sherzer, J. 谢尔泽 159
Shore, B. 肖尔 6，157
Shotter, J. 肖特 136
Shultz, J. J. 舒尔茨 103
Shuman, A. 舒曼 173
Silverman, D. 西尔弗曼 104
Simmel, G. 西梅尔 89
Singh, R. 辛格 190
Smith, J. M. 史密斯 51
Smith, M. P. 史密斯 127
Solomos, J. 索洛莫斯 202
Sorjonen, M. L. 索尔约宁 103
Speer, S. A. 斯皮尔 109
Sperber, D. 施佩贝尔 16
Stalnaker, R. C. 斯托纳克尔 13，16
Stebbins, R. A. 斯特宾斯 93，95
Steinberg, S. P. 斯坦伯格 126
Sternberg, M. 斯滕伯格 62
Stokoe, E. H. 斯托克 136
Stothard, P. 斯托瑟德 214
Strauss, A. 斯特劳斯 91
Stroebe, W. 斯特罗比 29
Stross, B. 斯特罗斯 171

Suchman, L. A. 萨奇曼 114
Sunderland, J. 桑德兰 136
Sundström, E. 森德斯特伦 48
Svenson, O. 斯文森 43
Swan, S. 斯旺 141

T

Tajfel, H. 塔费尔 30，71，73，201
Tannen, D. 坦嫩 18，109
Taylor, S. E. 泰勒 30，67，73
Teasley, S. D. 提斯里 30，81
Ten Have, P. 登哈维 102，105
Tetlock, P. E. 泰特洛克 43
Thimm, C. 蒂姆 139
Thomas, E. J. 托马斯 138
Thomas, W. I. 托马斯 89
Thornborrow, J. 索恩博罗 132
Todd, A. D. 托德 103
Tolson, A. 托尔森 132
Tomasello, M. 托马塞洛 189
Tschan, F. 钱 61
Tuan, Y. F. 图安 46，52
Tuchman, G. 塔奇曼 133
Turnbull, S. 特恩布尔 129
Turner, J. C. 特纳 30
Turner, R. H. 特纳 135
Tuson, A. 图森 132
Tversky, B. 特韦尔斯基 45，46

U

Urry, J. 厄里 126

V

Van Benthem, J. F. A. K. 范本特姆 60
Van Dijk, T. A. 范戴克 1，5，7，12，18，28，31，48，52，62，64，71，81，82，87，111，121，133，140，142，143，146，148，158，159，172，201，202，205，206，207，208，209，213，227
Vehviläinen, S. 韦赫维莱宁 150

W

Walker, I. 沃克 30
Wall, L. C. 沃尔 50
Watson, D. R. 沃森 147
Weber, M. 韦伯 89
Wegner, D. M. 韦格纳 67
Weiner, B. 韦纳 43
Weiss, G. 韦斯 111
Wenger, E. 温格 144，145
West, C. 韦斯特 108，139，149，152
Wetherell, M. 韦瑟雷尔 111
Weherell, M. S. 韦瑟雷尔 30
Wheeler, L. 惠勒 43
Wiemer, B. 维默尔 62
Williams, K. D. 威廉姆斯 43
Williams, P. 威廉姆斯 46
Wilson, D. 威尔逊 16
Wilson, J. 威尔逊 52，216
Wilson, P. A. 威尔逊 109
Wilson, T. P. 威尔逊 99，102
Wodak, R. 沃达克 18，109，111，140，149，201，202，205
Wortham, S. E. F. 沃瑟姆 130
Wyer, R. S. J. 怀尔 141

Z

Zacks, J. M. 扎克斯 45
Zalk, S. R. 扎尔克 94
Zerubavel, E. 泽鲁巴维尔 87
Zhao, Y. Z. 赵 140
Zimmerman, D. H. 齐默尔曼 103

图书在版编目(CIP)数据

社会与话语:社会语境如何影响文本与言谈/(荷)特恩·A.范戴克著;唐斌,付添爵译.—北京:商务印书馆,2021
(语言学及应用语言学名著译丛)
ISBN 978-7-100-20195-7

Ⅰ.①社… Ⅱ.①特… ②唐… ③付… Ⅲ.①话语语言学—研究 Ⅳ.①H0

中国版本图书馆CIP数据核字(2021)第153059号

语言学及应用语言学名著译丛
社会与话语
社会语境如何影响文本与言谈
〔荷〕特恩·A.范戴克 著
唐斌 付添爵 译

商 务 印 书 馆 出 版
(北京王府井大街36号 邮政编码100710)
商 务 印 书 馆 发 行
北京市十月印刷有限公司印刷
ISBN 978-7-100-20195-7

2021年11月第1版 开本 880×1230 1/32
2021年11月北京第1次印刷 印张 10¾
定价:59.00元